메디컬 조선

메디컬 조선

1판 1쇄 발행 2021. 5. 24.
1판 2쇄 발행 2023. 6. 1.

지은이 박영규

발행인 고세규
편집 이한경 디자인 윤석진
발행처 김영사
등록 1979년 5월 17일(제406−2003−036호)
주소 경기도 파주시 문발로 197(문발동) 우편번호 10881
전화 마케팅부 031)955−3100, 편집부 031)955−3200 | 팩스 031)955−3111

값은 뒤표지에 있습니다.
ISBN 978−89−349−8837−3 03910

홈페이지 www.gimmyoung.com   블로그 blog.naver.com/gybook
인스타그램 instagram.com/gimmyoung   이메일 bestbook@gimmyoung.com

좋은 독자가 좋은 책을 만듭니다.
김영사는 독자 여러분의 의견에 항상 귀 기울이고 있습니다.

우리가 몰랐던 조선의 질병과 의료, 명의 이야기

Medical

朝鮮

박영규 지음

메디컬 조선

김영사

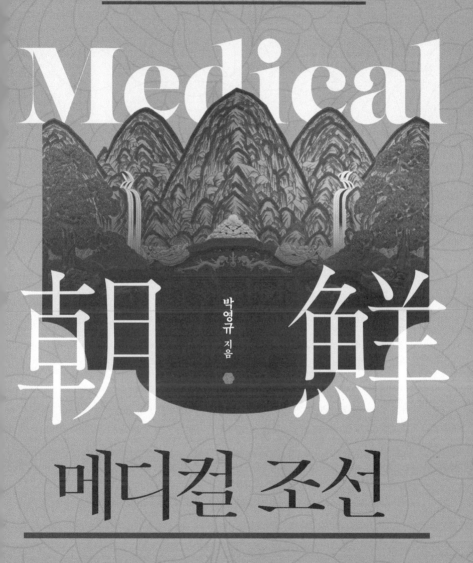

차례

3장 조선 왕들의 질병과 죽음

조선인들의 질병 투쟁기를 펴내며

그깟 감기 때문에?

"신에게 자식 하나가 있는데 지금 감기에 걸려 있습니다. 내약
방에 입직한 의원 조청에게 병을 보아주도록 명하시기를 원합
니다."

자식이 감기에 걸렸으니 어의를 보내달라는 이 황당한 발언은
대체 누가 한 것일까? 그 주인공은 바로 세종 시절에 형조판서
로 있던 김점이라는 인물이었다. 놀랍게도 김점이 이런 발언을
한 곳은 중신들과 함께 국가 중대사를 논의하던 어전회의 석상
이었다. 세종도 다소 황당했는지 정색을 하며 국사를 논하는 자
리에서 개인적인 부탁을 한다고 크게 화를 냈다.

그렇다면 김점은 왜 이런 행동을 했을까? 명색이 판서까지 오
른 사람인데 사리분별력이 없어서였을까? 현대인의 입장에서

본다면 고작 감기 정도의 가벼운 질병 때문에 이런 무모한 행동을 했을까 의아할 것이다. 물론 김점이 어전회의 석상에서 임금에게 어의를 보내달라고 요청한 것은 당시로서도 분명히 과한 행동이었다. 하지만 조선의 의료 환경을 감안한다면 김점의 행동을 전혀 이해하지 못할 바는 아니다. 지금이야 감기는 약국에서 쉽게 구입할 수 있는 약 몇 알로 간단히 치료 가능한, 대수롭지 않은 질병이지만 조선 사람들에겐 그렇지 않았다.

김점의 아들이 가벼운 감기가 아니라 독감에 걸렸다면 어땠을까? 사실, 현대에도 독감으로 인해 죽는 사람이 부지기수다. 미국같이 의학이 매우 발달한 선진국에서조차 매년 독감으로 수만 명이 죽는다. 그런데 조선시대엔 감기와 독감의 구분이 없었으니 감기를 매우 두려워할 수밖에 없었다. 그것도 하나뿐인 아들이 감기에 걸려 오랫동안 고통받고 있다면 아비로서 혹여 자식이 죽지나 않을까 염려할 수밖에 없었을 것이다.

조선시대에도 감기는 대개 6일에서 12일이 지나면 낫는 것으로 인식했고, 그런 유의 감기는 그다지 두려워하지 않았다. 하지만 13일 이상 계속되는 감기는 과경過經이라고 해서 몹시 겁을 냈다. 심지어 과경에 걸렸던 사람은 나은 후에도 100일 동안 부부관계를 금할 정도였다. 아마도 당시 김점의 외아들은 과경에 걸렸던 모양이다. 그래서 오랫동안 낫지 않고 심하게 앓자, 어전회의에서 부끄러움을 무릅쓰고 어의를 보내달라 요청한 것이다.

그런데 김점에게 화를 냈던 세종도 감기를 핑계로 명나라 사신을 피한 적이 있다. 당시 명나라 사신 일행 사이에서 열병이 유행 중이라는 소문이 있었는데, 세종은 혹여 사신을 만났다가 열병에 걸릴까 봐 어떻게든 사신을 대면하지 않으려고 했다. 그래서 핑계로 삼은 것이 바로 감기였다. 이렇듯 감기는 사신을 회피하는 수단이 될 정도로 당시 사람들에겐 두려운 질병이었다.

감기는 조선시대의 10대 질병 중에 첫 번째로 꼽을 만한 병마다. 매년 찾아오는 데다 가장 광범위하게 퍼지고, 인명 피해도 가장 컸다. 하지만 너무 흔하고 너무 익숙할 뿐 아니라 피할 수도 없었기에 그러려니 하고 버텨내는 질병이었다.

조선의 10대 질병과 팬데믹 대처법

감기 말고도 지금은 경미하게 취급하지만 조선시대엔 매우 심각한 병마로 인식되었던 질병이 많았다. 그중 대표적인 것이 바로 종기다. 종기는 당시 최고의 의료 혜택을 받았던 왕실 사람들과 양반들이 가장 두려워하던 질병이었다. 지금이야 간단한 외과 시술로 고칠 수 있는 종기가 27명의 조선 왕들 중 태종, 세종, 문종, 정조 등 열 명 이상을 사망으로 몰고 갔을 정도였다. 거기다 조선시대 정승의 대명사이자 90세까지 장수했던 황희조차 종기 때문에 몹시 고생했다. 종기가 얼마나 무서운 질병이었으면 아예 나라에서 치종청이라는 종기 전문 기관까지 뒀겠는가?

감기나 종기에 이어 10대 질병으로 꼽을 수 있는 병마로 치질, 소갈증(당뇨), 중풍(뇌졸중), 홍역, 천연두, 학질(말라리아), 염병(장티푸스), 나병(한센병) 등이 있었다.

이들 중 치질은 거의 조선의 모든 백성이 앓고 있던 질병이었다. 주로 바닥 생활을 하는 데다 거친 음식을 먹고, 목욕 시설이 발달하지 않은 탓에 치질은 당시 사람들로서는 피해갈 수 없는 병마였다. 양반이나 왕들 중에서도 치질을 앓는 경우는 흔했다. 노론의 거두 우암 송시열도 치질로 많은 고생을 했고, 문종과 성종도 치질 때문에 어전회의를 연기한 적이 여러 번 있었다. 조선 사람은 아니지만 성리학을 집대성한 주희도 치질에 시달렸다. 주희는 치질을 치료하는 과정을 자신의 문집에 남겼는데, 송시열은 그 문집을 보고 치질을 치료했다.

소갈증, 즉 당뇨는 흔히 '부자병'으로 불렸는데, 주로 잘 먹고 잘사는 양반이나 왕실 사람들이 걸리는 질병이었다. 당뇨 때문에 고생한 대표적인 인물은 세종이었다. 세종은 당뇨 합병증으로 망막증까지 걸려 앞을 제대로 못 본 것으로 잘 알려져 있다.

중풍은 흔히 '풍 맞았다'는 표현을 썼는데, 조선시대엔 풍을 맞았다고 하면 사람 구실이 끝났다고 인식했다. 그래서 중풍에 걸렸다 회복된 사람은 죽었다가 살아 돌아왔다고 할 정도였고, 회복된 기념으로 잔치를 열기도 했다.

이러한 감기, 종기, 치질, 당뇨, 중풍 등은 적어도 개인의 질병이었다. 하지만 홍역, 천연두, 학질, 염병, 나병은 역병, 즉 전염병이었다. 현대에 와서는 모두 백신이나 전문 의약품으로 치료가 가능하지만, 조선시대만 하더라도 모두 죽음의 악귀로 여겨졌다. 특히 홍역은 예방 백신 하나로 간단하게 해결되지만, 당시엔 10만 명 이상이 떼죽음을 당하는 병마로, 공포의 대상이었다. 이런 역병이 퍼졌다 하면 이른바 온 나라가 '대창궐', 즉 '팬데믹'에 빠졌다.

지금 코로나19 바이러스가 전 세계를 강타하는 바람에 지구촌은 팬데믹으로 고통받고 있다. 팬데믹을 해결하는 유일한 방책은 백신을 개발하여 하루빨리 바이러스에 대한 항체를 갖는 것일 게다. 그런데 조선시대엔 백신은 물론이고 바이러스에 대한 개념조차 없었으니 전염병이 얼마나 무서웠을지 짐작도 가지 않는다.

그렇다면 당시 사람들은 전염병이 창궐하면 어떤 조치를 취했을까? 백신이 개발되기 전 한동안 코로나19 바이러스의 대창궐에 대응하는 유일한 방법은 '강력한 사회적 거리 두기'였다. 그래서 시민들을 아예 집 밖으로 나오지 못하도록 봉쇄 조치를 감행한 나라도 있었다. 백신이 없던 조선시대에도 이는 마찬가지였다. 심지어 전염병이 퍼지면 봉쇄의 단계를 넘어 아예 마을을 버리고 산으로 피신하는 경우도 있었다. 돈 있는 양반들은 산속에 전염병 피신처를 구해 때때마다 그곳으로 달아나곤 했다. 나라에서는 외출을 금지하는 봉쇄령을 내렸고, 접촉 금지법을 마련해 행사를 중단하는 등 아예 사람들의 접촉 자체를 금지시켰다. 그때나 지금이나 서로 접촉하지 않음으로써 역병이 더 이상 퍼지지 않도록 강력한 거리 두기 정책을 시행한 것이다.

다섯 장에 나눠 담은 조선인들의 질병 투쟁기

조선시대엔 이런 전염병이 거의 매년 찾아왔다. 당시 사람들에겐 팬데믹이 일상이었던 셈이다. 그런 까닭에 조선시대의 평균 수명은 기껏해야 30대 중반에도 미치지 못했고, 기대 수명은 50대였으며, 장수의 기준은 고작 환갑을 넘기는 것이었다. 나이 일흔을 '예로부터 드물다'는 뜻의 '고희古稀'라고 부르는 것도 바로 이런 이유 때문이다. 하지만 소아 사망률이 엄청났던 것을 감안하면 평균 수명 30대도 질병에 대한 조선인들의 값진 투쟁의 성과라 해야 할 것이다. 사실, 당시 사람들도 손 놓고 무방비하게 질병의 공격에 당하고만 있지는 않았다. 현대 의학에 비할 바는 아니지만 조선시대에도 힘이 닿는 한에서 최대한 의료 시설을 갖추고, 의사도 양성했으며, 수많은 의학 서적을 편찬하여 질병을 이겨내기 위해 투쟁을 지속했다.

이 책 《메디컬 조선》은 조선인들의 질병에 대한 끈질긴 투쟁의 역사를 조명하기 위해 썼다. 아쉽게도 그 모든 내용을 전부 담을 수는 없기에 다섯 개의 장에 한정시켜 정리했다.

1장 '조선의 의료 체계와 의료 시설'에서는 조선의 의료 행정 중심 기관인 전의감을 비롯해 왕실 전담 병원인 내의원, 도성 백성들의 의료 기관인 혜민서, 도성 밖의 백성들을 위한 의료 기관인 동·서활인서, 질병 치료소로 이용되던 찜질방의 원조인 한증소, 최초의 서양식 병원인 제중원 등의 역할과 그에 얽힌 이야기들을 살펴보았다.

2장 '조선 백성들을 괴롭힌 10대 질병'에서는 감기와 치질, 중풍, 역병 등 조선 백성들이 가장 많이 걸렸던 질병 10가지를 추려서 그에 얽힌 사건과 관련 인물 및 당시의 처방책 등을 《조선왕조실록》과 《승정원일기》 및 개인 문집과 의학 서적의 내용을 통해 분석했다.

3장 '조선 왕들의 질병과 죽음'에서는 당시로서는 최고 수준의 의료 환경에서 지낸 왕들의 질병과 투병 이야기를 조명함으로써 왕이 병에 걸렸을 때 국가적으로 어떻게 대처했는지 알아보고, 이를 통해 조선의 의학 수준과 한계를 가늠하는 한편, 왕의 질병과 죽음이 역사에 어떤 영향을 끼쳤는지 살펴보았다.

4장 '조선을 풍미한 명의'에서는 질병과의 전투에서 최전선에 서 있었던 의사들의 면면을 밝힌다. 특히 조선을 대표하는 의사 가운데 왕의 치료를 전담했던 궁중 어의를 중심으로 다뤘는데, 이는 당시 최고의 의술을 가진 의사들이 모두 궁중 의사를 지냈기 때문이다.

5장 '조선 의학의 초석이 된 의서'는 조선 의학을 지탱한 대표적인 의학 서적들을 소개하기 위해 마련한 장이다. 동양 의학의 뿌리라고 할 수 있는《황제내경》에서 시작하여 우리나라에서 가장 오래된 의서인 고려시대의《향약구급방》, 조선 최초의 향약 사전인《향약집성방》, 조선 최대의 의학 사전《의방유취》, 동양 의학을 대표하는 명저《동의보감》등 10여 종의 의학 전문 서적을 소개하였다.

이제껏 역사에 관한 내밀한 내용을 담은 서적들이 많이 출간되었지만 조선의 의학사를 제대로 정리하고 대중에게 소개한 책은 드물었다. 그래서 이와 관련된 내용을 알고자 하여도 쉽게 접할 수 있는 책, 특히 대중의 입장에서 부담 없이 펼쳐볼 만한 책이 거의 없었다.《메디컬 조선》이 그 결핍을 조금이나마 메울 수 있으리라 믿는다.

의학 관련 서적이라 제목만 듣고 너무 전문적이고 딱딱할 것이라는 편견을 갖기 십상이겠다. 그러나 막상 책을 펼치면 우리가 미처 알지 못했던 우리 역사의 감춰진 속살과 풍속을 엿볼 수 있을 것이다. 모쪼록 조선인들의 질병 투쟁기가 조선 역사의 새로운 얼굴을 발견하는 계기가 되길 바란다.

2021년 5월 일산우거에서
박영규

Medical

1장

조선의 의료 체계와
의료 시설

朝鮮

현대에 비하면 조선시대의 의료 체계는 열악하기 그지없었다. 국가에서 운영하는 의료 기관이라고는 고작 전의감, 내의원, 혜민서, 활인서, 한증소 등이 전부였고, 이들 기관이 영향을 미치는 곳은 수도인 한성에 한정되었다.

한성 외의 지방에는 국가가 운영하는 별다른 의료 기관이 없었다. 도 행정을 총괄하는 감영에 중앙에서 파견된 의원이나 의녀 한두 명이 머무는 수준이었다. 그런 까닭에 지방 의료는 이른바 시골 의사로 불리는 향의들이 전담했다. 향의는 개인 의료 활동을 하는 의사들이었다. 이들은 각 고을에 의원을 차려놓고 환자를 치료했는데, 전문성이 매우 부족했다.

이렇게 시골에서 병자를 치료하는 향의는 지역마다 있었지만, 이들에 대한 구체적인 기록은 거의 남아 있지 않은 형편이다. 때문에 조선의 의료 체계와 의료 시설에 대해서는 국가에서 운영하던 전의감, 내의원, 혜민서, 활인서, 한증소 등으로 한정될 수밖에 없다. 이들 다섯 기관 외에 1885년에 개원한 서양식 국립병원인 제중원에 대해서도 간단하게 살펴본다.

조선 의료 행정의 중심, 전의감

업무와 조직

전의감典醫監은 조선 의료 행정과 의학 교육의 중심 기관이었다. 왕을 비롯한 왕실 사람들은 물론이고 조정 관료들의 진찰을 주관했을 뿐 아니라 약을 조제하고 약재를 재배하는 업무도 맡았다. 취재(전문 인력을 뽑는 시험)를 통해 의관을 선발하고 양성하는 일도 전의감 소관이었다.

전의감의 전신은 고려시대의 태의감이다. 태의감은 사의서, 전의서 등으로 불리다가 조선 건국 초기에 대대적인 관제 개혁을 거치면서 전의감으로 명칭이 바뀌었다.

전의감에 속한 관원은 시기마다 다소 변했으며, 조선 초기에서 후기로 갈수록 규모가 축소되는 경향이 있다. 조선 건국 초기에는 판사·감監·소감·승丞·주부·겸주부·직장·박사를 각 2인,

검약檢藥 4인, 조교 2인을 두었다. 그 뒤 몇 차례의 개혁을 거쳐 세조 12년(1466)에는 검약을 부봉사로, 조교를 참봉으로 고치고 겸정兼正·직장을 각각 1인씩 없애고, 판관 1인을 증원했다.

이후 성종 때 완성된 조선의 성문헌법인《경국대전》에는 정正·부정·첨정·판관·주부 각 1인, 의학교수·직장·봉사 각 2인, 부봉사·의학훈도 각 1인, 참봉 5인으로 관원을 정하여 인원을 축소했다. 영조 시절에 만들어진《속대전》에 따르면 다시 부정을 없애고 의학교수·봉사는 각 1인씩, 부봉사는 2인, 참봉은 3인을 두어 그 기구를 축소했다.

그러다 고종 4년(1867)에 간행된《육전조례》에 따르면 치종교수治腫敎授 1인, 침의 3인, 부사과 1인을 증원했다. 그리고 행정 업무 담당자인 이례吏隸로서 서원書員·고직庫直·대고직 각 1인, 사령 5인, 구종·군사 각 2인을 두었다. 이후 1894년 갑오개혁에 의하여 전의감은 태의원太醫院으로 개칭되었으며, 서양 의술이 보급되면서 그 역할이 점차 축소되었다.

의관 선발

조선시대 의관의 선발은 잡과의 하나인 의과를 통해 이뤄졌다. 잡과는 식년시와 증광시만 실시되었는데, 식년시는 3년에 1회씩 실시하는 정규 선발 시험을, 증광시는 나라에 경사가 있을 때 특별히 인재를 채용하는 비정기 시험을 의미한다. 의과 역시 잡과의 하나였기 때문에 식년시와 증광시 때만 치러졌다.

의과는 초시와 복시, 즉 1차 시험과 2차 시험이 있었다. 1차 시험인 초시는 식년의 가을에 전의감에서 실시했고, 2차 시험인 복시는 전의감과 예조가 함께 주관했다. 초시의 선발 인원은 18명이었으며, 이 중에 9명을 복시에서 선발하여 의관으로 양성했다.

시험은 총 열두 과목이었는데, 구체적으로 살펴보면《찬도맥纂圖脉》,《동인경銅人經》,《화제지남和劑指南》 등 세 과목은 외우는 시험이었고,《직지방直指方》,《득효방得効方》,《부인대전婦人大全》,《창진집瘡疹集》,《태산집요胎産集要》,《구급방救急方》,《화제방和劑方》,《본초本草》,《경국대전》 등의 과목은 시강施講을 해야 했다. 이 열두 과목은 초시와 복시에서 모두 평가했다.

한의학을 모르는 사람들에게는 매우 낯선 책들이므로 간단하게나마 소개할 필요가 있어 보인다. 우선 첫 번째 책인《찬도맥》은 진맥과 침구법에 관한 의서다. 책의 정식 명칭은《찬도방론맥결집성纂圖方論脈訣集成》인데, 원래 중국 남북조시대에 고양생이 쓴《찬도맥결纂圖脈訣》을 허준이 선조의 명에 따라 교정하고 이희헌과 윤지미 등이 감수하여 광해군 4년(1612)에 간행한 책이다.

두 번째 책인《동인경》은 침구서로, 중국 송나라의 왕유덕이 편찬한 것으로 전해진다. 침구鍼灸라는 것은 침과 뜸을 의미하는데,《동인경》에는 침과 뜸의 원리와 구체적인 적용법이 기록되어 있다.

세 번째 책인 《화제지남》은 화제和劑에 관한 책이다. 화제란 쉬운 말로 약방문이라고 하며 한방에서 약을 짓기 위해 필요한 약의 이름과 분량 등을 적은 종이를 지칭한다. 그래서 방문, 화제, 약화제 등의 명칭으로 불리는데, 요즘 말로 하자면 처방전이다. 이 화제의 규격은 일정하지 않았고, 대개는 한지나 화선지를 잘라 사용했다. 쓰는 방법을 보면 오른쪽에서 왼쪽으로, 위에서 아래로 약 이름을 쓰고, 그다음으로 약재의 이름과 분량을 차례로 기입했다.

이런 《찬도맥》, 《동인경》, 《화제지남》 등의 과목은 외우는 시험으로 평가했는데, 그만큼 늘 숙지해야 하는 내용이었기 때문이다. 나머지 시강을 해야 하는 아홉 과목은 의료 행위 시 구체적으로 알아야 할 내용을 담고 있는 책들이다.

이렇듯 열두 과목으로 된 의과 시험의 성적 평가는 과목마다 통通 · 약略 · 조粗 등 3등급으로 나눠 통은 2분, 약은 1분, 조는 반분으로 계산했으며, 총점이 높은 순서대로 순위를 매겼다. 이후 복시에 최종 합격한 사람에게는 예조인禮曹印이 찍힌 백패白牌를 주었다.

의과 합격자는 지금의 인턴에 해당하는 전의감 권지權知로 배속되었는데, 순위에 따라 품계가 달랐다. 1등은 종8품계, 2등은 정9품계, 3등은 종9품계를 받았으며, 이미 품계가 있는 의관이 의과에 합격할 경우에는 그 품계에서 1계를 올려주었다.

의관 중에는 의과 합격자 외에도 특별 채용된 일반 의원이 있었다. 그들은 대개 각 도의 감사가 뽑아서 올린 의원들이었는데, 의과 출신자보다는 대우가 약했다. 의과 출신자들은 대개 전의감 의관으로 선발되었지만, 의과 출신이 아닌 자들은 전의감 산하기관인 제생원이나 혜민국에 소속되었다. 그만큼 의과 출신자들을 우대했다는 뜻이다.

약재 재배와 관리

전의감의 주요 업무 중 하나는 바로 약재를 재배하고 관리하는 것이었다. 원래 고려 때와 조선 초기까지만 해도 약재를 재배하는 것은 전의감의 업무가 아니었다. 약재 재배는 단순히 의료 지식만으로 가능하지 않고, 근본적으로 농사에 해당하기 때문에 종약색이라는 전문 관청이 따로 있었다. 그런데 태종 때 관제 개혁이 이뤄지면서 종약색을 없애고, 전의감에서 직접 약재 재배를 관장하도록 했다.

단순히 궁궐에 진상하기 위해서만 약재를 재배하는 것이 아니었다. 명나라에도 약재를 진상했기 때문이다. 명나라에 진상한 대표적인 약재는 인삼, 숙지황, 당귀, 백출 등이었다. 그런데 인삼을 비롯한 여러 약재들의 생산지는 전국 각지에 흩어져 있었다. 특히 당귀는 영월에서 생산하는 것이 최고였는데, 생산 뒤에

흙만 떨어내고 원형 그대로 보존해야 약재의 효능이 있다고 하여 진상 과정이 몹시 까다로웠다. 또 숙지황은 가공 방법에 따라 여러 약재를 만들 수 있기 때문에 다루기가 매우 골치 아픈 약재였다. 실록에 기록된 숙지황 증작법을 소개하면 이렇다.

숙지황 증작법은 이렇습니다. 생지황을 서리가 오기 전에 풀로 덮어두었다가, 한두 차례 서리가 온 뒤에 나무못으로 캐서, 노두蘆頭를 떼어 버리고 잔뿌리와 연한 잎사귀는 각각 따로 나누어 두고, 큰 뿌리만을 가려서 깨끗이 씻을 때, 물속에 잠기는 것이 지황地黃으로 상품이 되고, 반은 뜨고 반은 잠기는 것이 인황人黃으로 그다음이며, 수면에 뜨는 것이 천황天黃으로 또 그다음입니다.

지황을 택하여 햇볕에 말릴 때, 가는 뿌리와 푸른 잎사귀를 짓찧어 짜서 즙을 낸 다음, 이에 지황을 담가 빛이 검어지기를 기다려서 말린 후, 돌솥에 버들시루로 이를 찝니다. 처음에 잠깐 술에 담가 윤기를 통하게 하고, 포대에 넣어서 시루에 안치고는, 그 포대 위에 물에 불린 쌀 10여 알을 놓고 베布로 덮어 찌는데, 한 번 쪄서 아직 미숙未熟한 것을 일증—烝이라 이르고, 이를 내어 볕에 말리려 아직 건조乾燥하지 않은 것을 일건—乾이라 합니다. 이와 같이 아홉 번 찌고 아홉 번 말리게 마련인데, 두 번째부터는 술에 담그지 않고 다만 술을 뿌리기만 하며, 만약에 시루굽이 뾰족하고 짧아서 솥물이 끓어올라 지황을 다리게 되면 쓸 수 없게 되므로, 그 법 그대로 해야 합니다. 또 흑두黑豆를 끓여 빛깔을 위장하는 것이 천하의 공통된 수법으로 되어 있사오나, 법대로 쪄서 만들어야 비로소 가품佳品이라 할 수 있습니다. 그러하오니, 외방 의원에서 지황을 쪄서 만든 것은 비록 빛이 검고 윤기가 흐른다 해도, 법에 의해 된 것인지 여부는 알 수 없는 것입니다.

종약할 때엔 색지황色地黃은 백화염白花鹽으로 조작하는 것인데, 7월에 잎사귀를 과다하게 따서 매년 부실하오니, 외방에서 공납貢納하는 생지황은 으레 8월 상순에 예조에 보고하고, 9월에 얼음이 얼기 전에 상납하게 하며, 9월 보름 후에 오는 것은 이를 물리치게 하소서.

이는 세종 16년(1434) 1월 30일에 전의감 제조 황자후가 올린 양제 진상법과 조제법의 일부다. 숙지황 하나만 하더라도 재배와 조제, 진상법이 매우 까다로웠던 것을 알 수 있다. 인삼이나 백출, 당귀도 마찬가지였다. 조선 초기에는 이런 업무를 종약청에서 맡았지만, 태종 이후에는 전의감에서 직접 관장했기 때문에 전의감의 일이 크게 늘어난 셈이었다.

내의원에서 밀려나면 전의감으로?

전의감은 명실공히 조선 의료 행정을 상징하는 기관이었다. 의사가 되고자 하는 자는 누구나 전의감에 들어가길 원했다. 하지만 전의감에서의 의사 생활이 그렇게 호락호락한 것은 아니었다. 조선에는 기본적으로 기술직을 천시하는 풍조가 있었고, 의사도 기술직의 하나로 보았기 때문에 대우가 크게 좋지는 못했던 것이다. 거기다 전의감 의사는 늘 내의원 의사보다 한 급 낮은 대우를 받았다. 체계상으로는 내의원이 전의감 산하 기관이었지만 실상은 상급 기관처럼 운용되고 있었기 때문이다. 심지어 전의감은 내의원에서 인정받지 못한 의사들이 밀려나서 근무하는 곳으로 인식되기까지 했다. 이와 관련하여 태종 8년(1408) 12월 25일 자 실록에 다음과 같은 기록이 남아 있다.

내약방 의원 평원해와 조청을 내쫓아 전의감에 근무하게 하였으니, 임금이 편치 못한데 원해 등이 약 조제를 바르게 하지 못하였기 때문이다.

내약방은 내의원의 전신이다. 이 기록에서 보듯 전의감은 내의원 의사들보다는 한 급 낮은 의사들이 근무하는 곳으로 여겨졌다.

동물 치료도 병행한 전의감 의사들

조선 초에는 수의사가 따로 없었기 때문에 동물을 치료할 때도 전의감 의사들을 동원했다. 이들이 치료한 동물은 주로 말과 소였다. 그래서 전의감 의사들이라면《우마방서牛馬方書》를 반드시 익혀야 했다.《우마방서》는 동물 치료를 위한 수의학 책으로 특히 소와 말에 대한 치료를 중점적으로 다룬다.

조선시대에 수의사는 주로 말을 치료했기 때문에 대개 마의馬醫라고 불렸다. 마의는 조선에서 매우 귀한 존재였다. 조선 초기의 기록에 따르면 마의의 수는 기껏해야 손에 꼽을 정도였다. 그런데 당시 조선에 필요한 말은 수만 마리였고, 그중에 상품上品은 명나라에 진상했기 때문에 마의 양성이 시급했다. 거기다 중국에 사신을 보낼 때면 반드시 마의가 있어야 했다. 사신과 그 일행이 모두 말을 타고 다녔기 때문인데 사신이 행차할 때면 대개 마의 두 명이 따라다녔다. 하지만 그 무렵에는 마의가 부족하여 사신 행렬에 마의가 한 명밖에 가지 못할 때도 많았다. 그래서 태종은 마의를 양성하기 위해 재위 13년(1413)에 혜민국 조교 김경진 등 4인을 말과 수레를 관리하는 기관인 사복시에 속하게 하여《마의방馬醫方》을 익히도록 명했다.

이후에도 마의의 필요성은 점점 커졌다. 그러자 세종은 재위 9년(1427)에 아예 사복시의 관련 부서를 없애고 전의감의 모든 의원에게《우마방서》를 익히도록 명했다. 말하자면 전의감 소속 모든 의사로 하여금 수의사를 겸하게 했던 것이다.

그러나 전의감 소속 의사들에게 모두《우마방서》를 익히게 한다고 해서 그들이 모두 마의 역할을 할 수 있는 것은 아니었다.

의서를 읽는 것만으로 당장 말을 치료할 수 있는 것이 아니거니와 전의감 의사들이 마의가 되는 것을 몹시 꺼렸기 때문이다. 마의는 일반 의관들보다 천직으로 여겨졌으니 꺼리는 것도 당연했다. 그런 까닭에 조선에선 늘 마의가 부족할 수밖에 없었다. 세종은 결국 이런 문제를 해결하기 위해 마의를 별도로 선발하여 사복시에 배치했다. 이후로 마의 10인을 사복시 관원으로 삼았고, 성종 대에 완성된 《경국대전》에도 이 내용이 명시되었다.

왕실 전담 병원, 내의원

업무와 조직

내의원內醫院은 왕실을 전담하는 의료 기관으로 태종 때 설치된 내약방이 그 모체다. 이후 세종 25년(1443)에 내의원으로 개칭하고 관원 16인을 배치함으로써 비로소 독립 기관이 되었다. 그리고 세조 때 관제 개혁이 이뤄지면서 정과 첨정 1인씩이 배치되고, 판관과 주부가 각 2인, 직장 3인, 봉사와 부봉사, 참봉 등이 각 2인씩 배치되었다.

이들 관원 외에 산관散官(일정한 직무가 없는 벼슬)이 많았는데, 당상과 당하 12인, 침의 12인, 의약동참 12인, 어의 3인 등이 있었다. 내의원에 소속되는 산원散員 의관에는 정원이 없어서 필요에 따라 인원을 늘릴 수 있었다. 이는 왕실 사람들의 수가 일정하지 않았기 때문이었다.

내의원에는 서원 23인, 종약서원 2인, 대청직 2인, 본청사령 7인, 임시사령 5인, 의약청사령 1인, 침의청사령 2인, 급수사령 1인, 군사 2인, 물을 길어 나르는 수여공 2인, 동변군사 3인, 삼청군사 18인이 별도로 배치되었다. 또 이곳에 근무하는 의녀의 수는 18인이었다.

내의원은 특별히 왕의 약을 짓는 관청이기에 의원 중에서도 실력이 출중한 자들을 가려 뽑았다. 이곳의 실제적인 일을 맡아 보는 장관으로는 정3품 내의원 정正 1인이 있었다. 위로는 의견을 내는 도제조, 제조, 부제조가 있었는데 이들은 모두 겸직이라 실무자는 아니었다. 도제조는 왕이나 국방, 외교 등과 관련해서 중요하다고 생각되는 기관에 두었던 정1품의 겸직이며, 삼정승 중 한 사람이 맡았다. 제조는 종2품 벼슬이 겸직했고, 부제조는 승지가 겸임했기 때문에 내의원은 승정원의 지배 아래 있는 셈이었다.

평소에는 내의원과 전의감에서 왕실의 의약을 관장했으나 왕과 왕비의 병환이 위중할 때는 특별히 시약청과 의약청을 임시로 설치하여 담당자를 궁중에 상주하게 하고 치료와 투약에 신중을 기했다.

내의원의 실질적 수장, 어의

어의御醫는 임금과 왕족을 치료하던 의원으로 의사로서는 최고로 영예로운 직책이었다. 어의를 태의라고도 했는데, 태의 중에 가장 높은 이를 수태의라고 불렀다. 또 수태의를 줄여서 수의首醫, 즉 '우두머리 의사'라는 의미로 부르기도 했다.

어의는 한마디로 나라에서 가장 실력이 출중한 의사로 인정받은 사람이다. 이들은 왕을 치료하는 것은 물론이고, 때론 왕의 명령으로 중요한 신하들을 치료했다. 세종은 양녕대군이 학질을 앓고 있을 때 어의를 보내 치료하게 했고, 자신의 친척이었던 원주 목사 조박이 아플 때도 어의 어승진과 김지수를 보내 치료하게 했다. 왕이 신하에게 어의를 보내 치료하게 한다는 것은 그만큼 신하를 아낀다는 의미였다. 세종뿐 아니라 조선의 왕들은 아끼는 신하나 중요한 신하가 병을 앓으면 의당 어의를 보내 치료하게 했다.

어의는 왕이 가장 신뢰하는 사람 중 하나였다. 하지만 조선의 의원들은 대개 양반 출신이 아니었다. 양반 출신의 의원을 유의儒醫라고 하는데, 양반들은 유의에게 치료받는 것을 선호했다. 하지만 유의는 흔하지 않았고 내의원에 속한 의원의 대다수는 평민이나 중인 출신이었다. 때로는 천민 출신의 의관도 있었다. 그래서 의원들의 벼슬은 종3품이 한계였다. 하지만 왕의 병을 고치는 데 큰 공을 세운 사람에겐 1품 벼슬이 내려지기도 했다. 대표적인 인물이 《동의보감》의 저자 허준이다. 허준은 서자 출신으로 의관이 되었는데, 임진왜란 때 선조를 보필한 공으로 종

1품 숭록대부 벼슬을 받았다. 심지어 선조의 중병을 치료한 공을 인정받아 정1품 보국숭록대부 벼슬을 받을 뻔했는데, 선조의 뜻과 달리 신하들의 맹렬한 반대로 정1품에는 오르지 못했다.

어의의 삶에 영광만 있는 것은 아니었다. 그토록 선조의 총애를 받던 허준이었지만 그는 막상 선조가 죽자 그 책임을 지고 유배당하는 처지가 되고 만다. 이는 허준만이 아니라 내의원 어의라면 누구라도 겪을 수 있는 일이었다. 침술로 유명했던 신가귀는 효종의 병을 고쳐 큰 영예를 누렸지만, 효종이 침을 맞고 피가 멈추지 않는 상태에서 죽는 바람에 결국 교수형에 처해졌다. 이렇듯 어의라는 자리는 내의원의 꽃이기도 했지만 언제 목숨을 내놓아야 할지 모르는 위태로운 자리이기도 했다.

내의원에서 발생한 도난 사건

내의원은 임금과 왕실 사람들의 건강을 책임지는 곳이므로 당연히 값비싼 약재가 즐비했다. 그렇다 보니 내의원의 약재를 호시탐탐 노리는 자들이 생기기 마련이었다. 세종 27년(1445) 3월 14일의 사건도 그런 종류의 도난 사건이었다. 내의원에서 일하던 공노비 희도와 중화가 주사朱砂와 침향沈香을 도둑질하여 바깥에 팔다가 발각된 것이다.

그들이 훔친 주사와 침향은 당시로선 매우 비싼 약재였다. 주사는 부적을 쓸 때 사용하는 붉은 모래로, 한약재나 안료로 쓰였다. 주로 정신질환에 사용했는데 특히 조증에 효과적이었다고 한다. 그래서 한의학에서는 정신질환 계통에 주사를 필수적으로 사용했다(하지만 실제 약효에 대해선 검증된 바가 없다). 주사는 전량 중국에서 수입했기 때문에 매우 귀해서 아주 작은 조각만 팔아도 꽤 큰돈을 받을 수 있었다.

침향 역시 중국에서 수입해온 매우 귀한 약재였다. 침향은 인도나 말레이시아, 중국 남부 지역에서만 자라는 목재로, 은은한 향기를 가지고 있다. 표면은 흑갈색이며 약간의 광택이 있는데, 이 나무를 침향이라고 하는 것은 질이 단단하여 물에 담갔을 때 가라앉기 때문이다. 침향은 동물실험에서는 진정작용이 있음이 확인되었고, 침향을 달인 물은 결핵균을 억제하고 티푸스균·적리균에 대해서도 억제 효과가 탁월한 것으로 알려져 있다. 침향은 특히 비뇨기 계통의 질병에 많이 썼다. 여성의 경우 하복부에 냉감이 느껴지며 월경불순이 있을 때 사용했고, 남성의 경우 정력 감퇴나 잦은 소변을 치료하는 데 사용했다. 그 외에 만성 기관지천식이나 급성 위장염, 허약한 노인의 기운을 돋우는 탕약에도 들어갔다. 대표적인 처방으로는 침향강기산이 있다.

이런 귀한 약재를 훔쳤으니, 이들을 살려둘 리 만무했다. 희도와 중화는 곧 의금부에서 형신을 당했고, 그 내막이 밝혀지자 참형에 처해졌다. 그리고 이 사건을 계기로 세종은 약재를 지킬 방책을 마련하라며 이렇게 말했다.

"옛날 태종 때에는 약재가 매우 귀하여 비록 소합원蘇合元이라도 제조하기가 쉽지 않았더니, 그 뒤에 여러 가지 약재를 중국에서 사 올 수 있어서 한 가지도 미비한 것이 없으므로 따로 내의원을 설치하고, 겸해서 구임관久任官을 설치하여 이를 맡아보게 하였다. 그런데 지금 간사한 도둑이 이러하니, 필시 방비가 미진한 까닭이다. 만약에 중국의 길이 막혀서 통하지 못하면 비록 내가 약을 쓰려 하여도 쉽게 얻을 수가 없을 것이다. 그 방비하는 방법을 자세하게 갖추어서 마련하게 하라."

이후로 내의원 약재는 더욱 엄격하게 관리되었다. 그런데 내의원에 있는 값나가는 물건은 약재만이 아니었다. 약재를 달이는 그릇인 탕관도 값이 만만치 않았는데, 특히 내의원에서 사용하는 탕관은 은으로 만든 값비싼 것들이었다. 은관을 쓰는 것은 독을 확인하기 위함으로, 이는 내의원의 탕약이 왕이나 왕실 사람들을 위한 것이었기 때문이다.

그런데 성종 13년(1482)에 내의원 소속 관원인 안소산이 은탕관을 몰래 훔쳐 다시 주조하여 팔다가 발각된 사건이 있었다. 이 일로 형조에서는 법에 따라 안소산을 참형으로 다스려야 한다고 했지만 성종의 명으로 사형은 면할 수 있었다. 아마도 성종은 안소산과 개인적인 친분이 있었던 모양이다.

서민 의료 전담 병원, 혜민서

업무와 조직

내의원이 왕실 및 고위 관료를 위한 의료 기관이었다면 일반 서민을 위한 병원 구실을 한 것이 바로 혜민서다. 혜민서는 조선 초기까지만 해도 제생원과 혜민국으로 나뉘어 있었다. 제생원에서는 백성을 위한 의료나 의약, 특히 지방의 약들을 수납하고 보급하는 일을 도맡았다. 의학 교육과 편찬 사업도 병행했다. 의학 교육과 관련해서는 태종 6년(1406)에 어린 여자 관비 수십 명을 선발하여 부인병을 치료하는 여의女醫를 양성했는데, 이것이 의녀 제도의 시초가 되기도 했다.

제생원이 주도하여 편찬한 의서 중에는 《향약제생집성방》이 있다. 정종 1년(1399)에 김희선 등이 중심이 되어 편찬한 이 책은 총 30권으로 구성되는데, 이 책을 기초로 세종 15년(1433)에는 방대한 의학 백과사전인 《향약집성방》이 편찬될 수 있었다.

이렇듯 제생원은 조선 초기 의학 발전에 크게 기여했지만, 세조 5년(1459)에 관제 개혁이 이뤄지면서 혜민국에 합병되었다. 이후 혜민국은 조직이 확대되어 혜민서로 이름을 바꾸고 조선의 중앙 의료 기관으로 자리매김한다.

혜민서는 지금의 국립중앙의료원 정도로 이해하면 된다. 혜민서의 전신은 고려시대의 혜민국이다. 혜민국은 조선 개국 이후 혜민고국으로 명칭이 변경되었다가 태종 14년(1414)에 다시 혜민국이란 명칭을 사용했다.

혜민국 관원으로는 판관·영·승·주부·녹사를 두었는데, 혜민국이라 개칭하며 승·부정·녹사·부녹사를 두었다. 그러다 세조대에 제생원을 흡수하고 혜민서로 개칭되어 조직이 확대 개편되었다. 이후 제조 2인 아래 관원으로 주부 1인, 의학교수·직장·봉사·의학훈도 각 1인, 참봉 4인을 두었다. 또한 관원 외에 산원으로 치종교수 1인, 위직 2인, 형조월령 1인, 사헌부월령 1인, 내국월령 2인, 침의 1인, 서원 1인, 고직 1인, 사령 5인, 구종 2인, 군사 약간 명, 의녀 31인을 두었다.

의녀 선발과 교육

조선의 의사 중에서 특별히 여자로만 구성된 집단을 의녀라고 했다. 이들은 부인병 치료를 위해 국가 차원에서 양성되었는데,

의녀를 선발하고 양성하는 임무를 맡은 기관이 바로 혜민서였다. 물론 혜민서는 전의감의 산하기관이기 때문에 의녀 선발과 교육에 대해서도 전의감의 지시에 따라야 했지만, 실질적인 의녀 양성기관은 혜민서였다.

조선 초기에 의녀 교육을 맡은 곳은 물론 앞에서 언급한 제생원이었다. 이후 제생원이 혜민서에 통합되면서 의녀 교육은 혜민서의 몫이 되었다.

의녀로 선발할 수 있는 대상은 15세 이하의 어린 관비였다. 말하자면 여자 공노비 중에서 똑똑한 아이들을 골라 의녀로 삼았다. 별도의 선발 시험은 없었다. 단지 명민한 관비를 선발하여 의학 교육을 시키고, 그중에서 무사히 교과 내용을 이수하고 시험을 통과한 자들을 의녀로 양성했다.

의녀 교육은 두 명의 교수가 중심이 되어 이뤄졌고, 교수 외에 훈도들이 보조 역할을 했다. 교수는 모두 문신이며, 그 아래에 의원들이 배치되었다.

의녀에는 총 3단계가 있었다. 첫 단계는 초학의初學醫라고 하여, 오직 학업에만 전념하는 시기다. 이 기간은 대개 3년이다. 의녀들은 이 3년 동안 《천자문》, 《효경》, 《정속편正俗篇》 등의 책으로 글을 익히고, 《인재직지맥仁齋直指脈》, 《동인침혈침구경銅人鍼穴鍼灸經》, 《가감십삼방加減十三方》, 《태평혜민화제국방太平惠民和劑局方》 등의 의서와 산부인과 관련 의서인 《산서産書》를 배워야 했다. 지방에서 중앙으로 올라오는 의녀들은 지방에서 먼저 글을 익힌 후 중앙으로 보내졌다.

초학의 기간에 이루어지는 학습 진행은 이렇다. 제조가 매월 상순에 책을 강독하고, 중순엔 진맥과 약을, 하순엔 혈의 위치를 교육받았다. 그리고 연말에는 제조가 방서方書와 진맥, 명약名藥, 점혈點穴 등을 총체적으로 강의한 후 1년 동안 강의에서 받은 점수를 계산하여 성적에 따라 조치했다. 불통이 많아 성적이 낮게 나온 사람은 봉족奉足*을 박탈하는데, 첫해는 대상자가 1인이고, 둘째 해는 대상자가 2인이었으며, 셋째 해에도 불통이 개선되지 않으면 원래 신분인 관노의 자리로 돌려보냈다. 이때 생긴 빈자리는 비자婢子 중에 한 명을 택해서 채웠다.

또 초학의 기간 동안 3개월 이내에 불통 점수를 3회 이상 받은 사람은 혜민서의 다모茶母로 보내고, 다모 생활을 하면서도 여전히 공부를 게을리하여 성적이 좋지 않으면 역시 본역인 관비의 신분으로 돌아가야 했다.

초학의 3년 기간이 끝나면 간병의看病醫가 된다. 이 기간엔 말 그대로 간병을 하며 의원을 보조하고 병에 대해 익혔다. 간병의

● 봉족이란 국역 편성의 기본 조직으로 나랏일을 보기 위해 복무하는 집안에 붙여주는 일종의 공익 요원이다. 원래 16세 이상 60세 이하의 모든 평민은 군역을 담당해야 하는데, 이들 중 군역에 동원되지 않은 사람은 봉족을 맡았다. 봉족으로 충당된 사람은 배치된 집안에 가서 일을 도와야 했다. 이는 곧 경제적 혜택과도 같았다. 의녀의 집안에도 봉족이 주어졌는데, 의녀의 봉족을 줄인다는 것은 의녀의 급료를 줄이는 것과 같은 조치였다.

생활은 기간이 따로 정해져 있지 않았다. 빨리 특정 분야를 익혀 뛰어난 의술을 보이면 내의로 발탁되고, 그렇지 않으면 40세가 될 때까지 간병의로 남아야 했다. 그리고 40세가 지났는데도 전문 분야가 없으면 본역인 관비 신세로 돌아갔다. 간병의 중에 성적이 뛰어난 4인을 매달 뽑아 그들에게만 급료를 주었다.

간병의 중 뛰어난 능력을 보인 2인을 택하여 내의녀內醫女로 임명한다. 내의가 되어야 비로소 월급이 나왔다. 또 녹전綠田은 없지만 계절에 한 번씩 녹봉을 받을 수 있는 체아직遞兒職**에 임명될 수 있었다. 명실공히 관직을 얻게 되는 것이다.

내의녀 중에서 뛰어난 의녀는 임금을 보살피는 어의녀로 삼는다. 대개 어의녀는 내의녀 가운데 최고 고참이 맡는데, 개중에는 60세가 넘도록 근무한 사람도 있었다. 조선시대의 대표적인 어의녀 대장금은 무려 20여 년 동안 어의녀를 지냈다.

의녀의 임무

의녀의 기본 임무는 간병이다. 그리고 부인병에 대해서는 의원으로서 진맥, 시침을 하고 임산부에겐 조산원의 역할을 했다. 그

●● 체아직이란 특별한 경우에 녹봉을 주기 위해 만든 관직이다. 정해진 액수는 없으나 1년에 네 차례 근무 평정에 따라 녹봉이 주어졌고, 직책은 보장되지 않았다. 의녀에게는 체아직 벼슬밖에 내리지 못했는데, 이는 《경국대전》에 규정된 사항이었다. 조선시대의 무반직 중 하급직 대부분과 기술 관료도 체아직이었다. 체아직엔 전체아와 반체아가 있는데, 전체아는 1년 동안 자리가 보장되었으며, 반체아는 6개월마다 근무를 평정해 연장 여부를 결정했다.

러나 처방은 의원을 통해서 해야 하며 직접 약 처방을 지시할 수는 없었다. 이렇듯 의녀는 부인병에 한정하여 일정 정도 의사로서 활동했고, 대개의 임무는 병자를 간호하는 일이었다.

그런데 의녀의 임무는 단순히 의료와 관련된 일만 있는 것은 아니었다. 중종 38년(1543) 2월 10일에 병조판서 임권, 형조판서 신광한, 포도대장 김공석 등이 도적의 발생 원인과 야간 순시에 관해 올린 글에는 이런 내용이 있다.

"도적이 사족의 집에 숨어 있으면 먼저 아뢰고 나서 잡는 것이 예사인데, 계품하느라 왕래하는 동안 도망하여 달아나는 폐단이 없지 않습니다. 앞으로는 군사로 그 집을 포위해놓고 부인들은 피하여 숨게 하고서 체포한 뒤에 그들의 체포 여부를 아뢰게 해주소서. 또 도적이 부인들의 차림으로 변장하고 숨는 일도 있으니 의녀를 시켜 부인의 면모를 살펴보게 함으로써 도적들이 도망하지 못하게 하는 것이 어떻겠습니까?"

이 글에서 보듯 의녀는 여자 경찰 역할을 겸했다. 경찰로서의 의녀의 임무는 이것만이 아니다. 조선시대에는 결혼 혼수를 과다하고 사치스럽게 하는 것을 국가에서 금지했는데, 왕실 척족들 간의 혼인에는 유달리 예물이 지나쳤다. 이런 사건이 보고되면 부인들의 방은 남자들이 드나들 수 없는 터라 의녀로 하여금 조사토록 했다. 또 종친 중에 어머니나 부인의 병을 핑계로 종학에 나오지 않는 자가 있으면 사실 여부를 확인하기 위해 의녀를 종친의 집으로 파견하여 여자들을 진찰하도록 했다.

여성이 범죄를 저질렀을 때 여성의 몸을 살피는 것도 의녀들의 몫이었다. 이때 의녀는 죄인의 몸을 수색하는 것은 물론이고 맥을 짚어 임신 여부를 판별하기도 했다. 만약 사형당할 여성 죄수가 임신을 했으면 출산 때까지 집행을 연기했다가 아이를 낳은 후에 집행했다. 또 임신 중에 형신을 가하면 임신부와 아이가 모두 죽을 수 있으므로 여성 죄수의 경우 반드시 의녀들이 임신 여부를 먼저 판별하도록 했다.

궁녀 등 궁중의 여관女官이 죄를 지었을 때 그들을 체포하는 일도 의녀가 맡았다. 갇힌 여관에게 음식을 가져다주고, 건강 상태를 확인하여 보고하는 것도 의녀의 일이었다. 그러나 죄지은 사람이 궁중의 나인이나 상궁이 아닌 비자라면 의녀가 그들을 시중들지 않았다.

후궁이나 어린 왕자를 잡아들이는 일도 의녀가 했다. 광해군 때 영창대군을 끌어낸 것도 여관들이 아니라 바로 의녀들이었다.

의녀를 약방기생이라고도 불렀는데 이는 주로 혜민서의 의녀를 지칭하는 것이었다. 연산군 때 혜민서 의녀들을 동원하여 기생처럼 술을 따르고 음악을 연주하도록 했는데, 연산군이 내쫓긴 뒤에도 의녀를 여악女樂으로 쓰는 일이 잦았다. 중종 12년(1517)에 의녀를 사대부의 연회장에 데려가지 못하도록 지시했지만 쉽게 고쳐지지 않았다. 거기다 의녀는 소속 기관인 혜민서의 상관들에게도 시달려야 했다. 의녀를 가르치는 훈도나 교수, 혜민서의 관리들이 사사롭게 의녀를 불러 잔치를 벌이는 것은 예사고, 심지어 성 상납을 강요하기까지 했다.

왕비의 능을 옮기거나 조성할 때도 의녀가 동원되었다. 왕비의 능은 남자가 시위할 수 없었기 때문에 왕비나 후궁의 무덤을 지키는 일도 의녀들이 맡았다. 왕이 밤에 궁궐 바깥에서 거동할 때 횃불을 드는 역할도 의녀의 몫이었고, 죽은 후궁의 제문을 읽는 역할도 의녀에게 주어졌다.

이렇듯 의녀는 단순히 의술에 관한 일만이 아니라 온갖 잡다한 일을 수행해야 했다. 때로는 이런 일에 의녀를 동원하는 것이 불합리하다는 상소가 올라오기도 했다. 그때마다 왕은 의녀 본분의 일만 의녀에게 시키도록 명했으나 끝내 시정되지 않았다.

사건으로 본 혜민서의 역할

혜민서는 내의원과 달리 백성을 상대하는 병원이었기 때문에 잡다한 일이 많았다. 그중에는 의료 행위와 관련된 것도 있지만, 그렇지 않은 일도 있었다.

세조 12년(1466) 4월 12일에 어떤 사람이 숭례문 밖에 어린아이를 버려두고 사라진 일이 발생했다. 그래서 아이는 혜민서에서 기르도록 하고, 아이를 버린 자는 잡아다 형벌을 주도록 했다. 그런데 혜민서 관리가 아이를 잠시 맡았다가 그만 죽게 하고 말았다. 실록은 그 아이가 어떤 상황에서 죽었는지 기록하지 않았지만, 구료救療를 잘못하여 목숨을 잃게 했다고 한 것으로 보아 아이는 발견 당시부터 몹시 아픈 상태였던 모양이다. 게다가 아이가 발견된 지 단 하루 만에 사망했으니 중병이었던 것이 분명했다. 하지만 어쨌든 혜민서 관리가 아이를 맡았다가 죽었기에 형조에서는 그 관리를 잡아다 국문하고 형벌을 내렸다.

혜민서는 광증을 앓는 떠돌이들을 보호하고 치료하는 역할도 했다. 같은 해 8월 17일에 있었던 사건도 그중 하나다.

임금이 충순당忠順堂에 나아갔는데, 성城 북쪽에서 우는 소리가 있음을 듣고서 사람을 보내어 이를 찾아보니 곧 미친 여인 두 사람이 서로 싸워서 우는 것이었다.

이에 왕이 전교하였다.

"미친 여인들이 초야草野에서 노숙하니 진실로 불쌍히 여길 만하다. 비록 집은 없더라도 반드시 친구는 있을 것이니 그들에게 곡진히 구료를 베풀게 하라."

마침내 명하여 근본 내력을 찾아 물어보게 하니, 그 한 사람은 삭녕에서 왔고, 한 사람은 개성에서 왔는데, 모두가 광증에 걸려 사는 곳도 없이 돌아다니면서 남에게 빌어먹고 있었다. 임금이 이들을 혜민서에 두고 구료하도록 하고 내의로 하여금 가서 살펴보도록 하여 날마다 주식酒食과 어육魚肉을 주도록 하였다.

혜민서의 의원은 전옥서에 갇힌 죄인들의 건강을 돌보는 역할
도 맡았는데, 이 일은 혜민서에서 가장 낮은 직급의 의관이 담당
했다. 다음은 전옥서 전담 의관과 관련된 중종 29년(1534)의 실
록 기록이다.

　　승정원에 전교하였다.
　　"요즈음 형관들이 형옥刑獄을 신중히 다루지 않아 죄수들이 매양
　2~3차 형문에 그만 죽고 마니, 국가에서 형벌을 신중히 처리해야
　하는 본뜻을 너무도 잃고 있다. 전옥서의 관리들은 한겨울이나 무
　더위를 당해서도 치료를 전혀 해주지 않고 있다. 형조의 관리와 전
　옥서의 관원과 월령의원 등을 전부 행공 추고하도록 하라."

　여기에 등장하는 월령의원이 바로 혜민서 소속의 전옥서 죄인
전담 의관이다. 월령의원은 혜민서 의관들이 번갈아서 맡게 되
어 있었다. 말하자면 당직 의관인 셈이었는데, 실제로 전옥서 당
직은 항상 혜민서의 최말단 의원이 도맡았다. 그런데 이때 죄인
들을 제대로 돌보지 않아 형조에 끌려가 심문을 받게 된 것이다.
　월령의원을 둔 곳은 비단 전옥서만은 아니었다. 종친부를 비
롯하여 여러 관청에도 월령의원을 두었으나, 그중에서도 전옥서
월령의원의 직급이 가장 낮았다.

행려병자 구제를 위한 시설, 활인서

업무와 조직

활인서活人署는 도성의 병자들을 구료하는 것이 주요 업무였는데, 병원이라기보다는 갈 곳 없는 행려병자를 수용하는 시설에 가까웠다. 물론 돌볼 사람이 없는 환자도 함께 수용했다. 활인서는 행려병자 구제 이외에도 혜민서와 함께 역병 구제를 담당했으며, 도성의 병든 군인을 치료하는 일도 도맡았다. 버려진 시체들을 매장하는 일도 활인서의 주된 임무였다.

활인서의 전신은 대비원大悲院이다. 대비원은 고려시대부터 있었는데, 조선 개국 이후에도 그 명칭을 그대로 썼다. 그런데 대비원이라는 이름이 불교 용어에서 유래했기 때문에 불교에 대한 억압 정책이 본격화된 태종 때 활인원으로 명칭이 변경되었다. 이후 세조 때 활인서로 개칭되었다.

활인서는 동소문과 서소문 밖에 각각 한 곳을 뒀는데, 그래서 동활인서와 서활인서로 불렀다. 활인서의 관원으로는 제조 1인, 별제 4인, 참봉 2인, 서리 4인이 있었으며, 이들 관원에는 의원이 포함되었다. 관원 외에 서원 2인과 고직 1인, 사령 5인, 구종 1인이 별도로 있었다.

활인서는 연산군 때 잠시 철거되기도 했다. 연산군은 도성 주변에 금표를 세우고 사냥터를 만들었는데, 활인서가 금표 내부에 있다는 이유로 철거하게 했다. 이후 중종 때에 이르러 다시 활인서를 열었다. 그러다가 임진왜란 때 일시적으로 문을 닫았는데, 그 외에는 1882년에 완전히 사라질 때까지 수백 년간 유지된 구휼 기관이었다.

활인서의 터줏대감 무녀들

활인서엔 여러 명의 무녀도 기거했다. 원래 무녀는 도성 안에 들이지 못하게 했는데, 갈 곳이 없던 무녀들이 활인서로 찾아들었고, 그러다 아예 활인서에 터전을 잡게 된 것이다.

활인서에 무녀들을 머물게 한 데엔 그 나름의 속사정이 있었다. 활인서에는 행려병자들이 많이 찾아왔는데, 이들 중에는 정신질환을 앓는 사람이 많았다. 무녀는 바로 그런 병자를 안심시키고 보살피는 역할을 했다. 또 활인서는 늘 일손이 부족했기 때문에 무녀들을 머물게 하면서 그들의 노동력을 활용하기도 했다. 활인서를 찾은 병자는 많을 땐 1,000명도 넘었기 때문에 늘 일손이 부족했고, 그 부족한 일손을 무녀들이 채웠던 것이다. 그러자 무녀들은 활인서에 머물면서 주변 백성을 상대로 영업을 하여 돈을 벌었다. 이에 조정에서는 무녀에게 무세를 거둬 활인서 운영 비용을 충당했다.

어쨌든 활인서에 무녀들이 몰려들자, 조정에서는 일정 수의 무녀를 제외한 나머지 무녀들은 도성에서 200리 이상 떨어진 지방 관청에 배속하여 내쫓았다. 그러나 이후에도 활인서로 찾아드는 무녀는 늘 넘쳤고, 나중에는 무녀들이 활인서 운영에 꼭 필요한 존재가 되고 말았다. 심지어 활인서를 운영하는 비용을 모두 무녀들의 수입에서 충당할 지경이었다. 그야말로 무녀들이 활인서의 터줏대감 노릇을 한 것이다.

버려진 시신들

활인서의 또 다른 역할은 버려진 시체를 거둬 매장하는 일이었다. 당시 백성 중에는 가난하여 무덤 자리를 마련하지 못한 사람이 많았다. 그 바람에 시신을 몰래 버리는 경우가 허다했는데, 활인서에서 이 버려진 시신들을 매장했다. 특히 전염병이 돌거나 추위가 심할 때는 버려지는 시체가 워낙 많아 일꾼을 임시로 고용하여 시체를 묻어야 할 정도였다. 이와 관련하여 실록은 명종 2년(1547) 5월 10일 자에 이런 기록을 남기고 있다.

전교하였다.

"지금 예조의 서계를 보니 도성 내에 전염병을 앓는 사람이 60여 명이라 하였다. 별도로 의원에게 명하여 십분 노력하여 살리도록 하는 것이 좋겠다."

또한 활인서의 관원 및 오작인仵作人(시신을 검시하는 공노비) 등을 추고하라고 명하였다. 이때 굶주려 구걸하는 사람이 길에 가득하였고 길바닥에는 굶어 죽은 시체가 서로 잇닿을 만큼 널려 있었으며, 도성 밖에는 죽은 시체가 서로 포개어져 있었다.

명을 내려 묻어주도록 하고서 때로 들춰 조사하였으나 해당 관리는 견책만을 면하려고 거두어 묻기를 독려하였다. 오작인들이 일일이 다 묻을 수 없자 시체를 쌓아놓고서 불태웠는데 냄새가 도성까지 퍼져 사람으로서는 차마 맡을 수 없었다. 이에 경조京兆(한성부)에서 이런 것들을 가지고 추고하여 다스릴 것을 계청했던 것이다.

이 사건을 두고 당시 사관은 이렇게 한탄했다.

"슬프다! 굶주려 죽은 백성이 이와 같은데도 온전히 살려내지도 못하면서, 거기에다가 불태우기까지 한단 말인가. 도성에서도 이러한데 더구나 외딴 지방에서 죽어가는 사람이야 구제할 생각이나 하였겠는가?"

이렇듯 활인서는 전염병이 돌거나 가뭄 또는 홍수로 백성의 삶이 어려워지면 시체 치우기에 여념이 없는 관서였다. 사정이 이렇다 보니 활인서는 조선의 의관들이 가장 꺼리는 곳이기도 했다. 의관뿐 아니라 일반 관리도 활인서에 배치되는 것을 극도로 싫어했다. 심지어 활인서가 유배지처럼 활용되기도 했다. 연산군은 자기가 부리던 내관 김속호가 말투가 공손하지 못하다며 활인서 근무를 명했는데 이는 김속호를 활인서로 유배를 보낸 셈이었다. 그만큼 활인서의 근무 환경이 열악했던 것이다.

조선시대의 찜질방, 한증소

승려가 관리한 치료소

혜민서나 활인서 외에도 일반 백성의 질병 치료를 목적으로 설립된 또 하나의 장소가 있었다. 바로 한증소汗蒸所다. 한증소는 말 그대로 땀을 내기 위해 몸을 데우는 곳으로, 일종의 사우나 시설이다. 요즘으로 보자면 찜질방과 유사한데 조선시대엔 무료로 운영되었다.

한증소가 설치된 것은 세종 시절인데, 때론 한증소에서 병을 치료하다가 환자가 죽는 사태가 벌어지기도 했던 모양이다. 이 때문에 한증소가 무익하니 폐지하자는 주장이 제기되었다. 이와 관련하여 세종은 재위 4년(1422) 8월 25일에 다음과 같은 지시를 내렸다.

"병든 사람이 한증소에 와서 당초에 땀을 내면 병이 나으리라

하였던 것이, 그로 인하여 사망한 자가 흔히 있게 되었다. 그것이 좋은 것인지 나쁜 것인지를 널리 물어보아, 이익이 없다면 폐지시킬 것이요, 만일 병에 이로움이 있다면, 잘 아는 의원을 보내어 매일 가서 보도록 하되, 환자가 오면 그의 병증을 진단하여, 땀낼 병이면 땀을 내게 하고, 병이 심하고 기운이 약한 자는 그만두게 하라."

하지만 얼마 뒤에 또 한증소에서 땀을 내다 환자가 죽는 사태가 발생했다. 그래서 같은 해 10월 2일에 예조에서 이런 보고를 하였다.

"동·서활인원과 서울 안의 한증소에서 승인僧人이 병의 증상은 묻지 않고 모두 땀을 내게 하여, 왕왕 사람을 죽이는 데까지 이르게 하니, 이제 한증소를 문밖에 한 곳과 서울 안에 한 곳을 두고, 전의감·혜민국·제생원의 의원을 한 곳에 두 사람씩 차정差定하여, 그 병의 증세를 진찰시켜 땀을 낼 만한 사람에게는 땀을 내게 하되, 상세히 살피지 않고 사람을 상해시킨 자는 의원과 승인을 모두 논죄하게 하소서."

당시 한증소는 도성 밖 동서 양쪽의 활인원에 하나씩 두고, 도성 안에도 하나 설치되어 있었다. 세종은 세 곳의 한증소를 그대로 운영하게 하되 예조의 요청대로 한증소에 의관을 배치했다.

사실, 한증소에 의관이 배치되기 전에는 한증소를 찾는 환자를 불고 승려들이 관리했다. 당시 지금의 마포구 아현동에 있던 서활인원과 성북구 동소문동에 있던 동활인원엔 많은 승려들이 배치되어 있었다. 활인원에 배치된 승려들의 역할은 부족한 의원을 대신하여 환자를 돌보고 관리하는 일이었다. 특히 한증소의 관리는 승려에게 전담시켰는데, 이런 승려들을 한증승이라고 했다. 그런데 의학에 대한 전문지식이 없던 승려가 환자들을 관리하는 바람에 때론 한증소에서 지나치게 땀을 내다가 죽는 환자가 발생했다. 예조에서는 이런 사태를 방지하기 위해 한증소에도 의원을 배치하도록 요청했던 것이다.

한증소는 사라졌을까?

한증소에 남녀와 귀천 할 것 없이 환자가 많이 모이자 세종 11년(1429)에는 예조에서 동활인원의 공문에 따라 한증소를 더 설치하려고 한다며 지원을 건의하기도 했다. 그런데 실록에서 한증소에 관한 기록은 세종 14년(1432)의 다음 내용을 끝으로 보이지 않는다.

한성부에서 아뢰었다.

"중의 무리들이 도성 안팎에서 물건을 판매하며 횡행하면서 군역을 면하려고 하니, 지금부터는 선종·교종, 귀후소(장례 업무를 담당하던 관청)에서 매골하는 중, 서책을 장정하고 주자소에서 각자刻字하는 중, 한증소와 별요別窯의 중 외에 임무가 없는 중은 모두 논죄하고 군대에 충당하소서.”

이에 그대로 따랐다.

그렇다면 한증소는 이 이후로 완전히 사라진 것이었을까? 비
록 나라에서 운영하던 한증소는 사라졌지만 민간에서는 한증막
이라는 이름으로 명맥이 유지되었다.

한증막과 관련해서 정조 때의 재판 기록인《심리록》에는 다음
과 같은 내용이 남아 있다. 정조 1년(1777)에 일어난 함경도 영
흥 사람 김종대의 옥사에 대한 기록이다.

김종대가 주영기 등과 모여 이야기하던 중 용맹을 과시하여 장난
삼아 한 번 발길질했는데, 16일 만에 죽게 하였다.

 • 상처: 척려脊膂에 피멍이 들고 약간 딱딱했으며 청적색青赤色이
   었다.

 • 실인: 발에 채인 것이다.

정유년 5월에 옥사가 이루어졌다.

 • 본도의 계사: 한증막에서 한담하였으니 애당초 악의는 없었
   고, 장난삼아 우연히 발길질했으니 고의적인 범행이 아님은
   명백합니다. 죄인의 심리를 신중히 다루는 정사로 보아 참작
   하여 처리하는 것이 합당할 듯합니다.

- 형조의 계사: 장난삼아 발길질한 것이 명백한 듯하고, 도신의 계사도 참작해야겠습니다. 그러나 장난치다 살인한 것 역시 목숨으로 보상해야 하니, 옥사의 체모로 볼 때 가벼운 죄로 의논하기는 어려울 듯합니다.

이 기록에 따르면 사건이 일어난 장소가 바로 한증막이었다. 따라서 18세기에도 한증막이 있었음을 알 수 있다. 또 19세기 후반의 화가 김준근이 한증막을 그린 그림이 남아 있는 것으로 봐서 조선 말기까지 한증막이 지속되었던 것으로 보인다. 이후 한증막은 일제강점기를 거쳐 오늘날까지 이어지고 있다. 그런 의미에서 보자면 조선시대의 한증소는 현재 성행하는 찜질방의 원조가 아닐까 싶다.

한국 최초의 서양식 국립병원, 제중원

탄생 과정과 개원

제중원濟衆院은 우리나라 최초의 서양식 국립병원이다. 1885년에
처음 문을 열었는데, 개원 당시의 명칭은 광혜원廣惠院이었다. 이
름 그대로 백성에게 널리 의료 혜택을 주기 위한 병원으로 자리
매김하는 것이 목표였다.

광혜원의 개원은 개화 혁신 작업의 일환으로 추진되었다. 조
선 조정은 1876년에 일본과 강화도조약을 맺고 개화를 서둘렀
는데, 서양식 병원을 개원하는 사업도 이때 구상되었다.

광혜원의 모델은 일본의 서양식 병원이었다. 조선 조정은 강
화도조약 후 문호를 개방하면서 일본의 신문명을 시찰하기 위해
1881년에 조사시찰단을 일본에 파견했다. 그 과정에서 일본에
건립된 서양식 병원을 탐색했고, 국가 차원에서 광혜원 설립을

모색하게 되었다.

광혜원은 병원 기능 외에도 의과 교육 기관의 기능도 겸하도록 설계되었다. 말하자면 국립병원이자 의과대학 구실을 하게 할 요량이었다. 이는 전의감과 같은 국가 의료 기관이 교육 기관을 겸하도록 했던 전례를 따르는 일이었다. 이와 관련하여 조선 조정은 1884년에 국가 기관지인 〈한성순보〉 사설에 서양의학 교육 기관의 설립과 양의洋醫 양성의 필요성을 역설하기도 했다.

그러나 광혜원은 설계 단계에서부터 어려움을 겪었다. 인력 수급과 자금 조달이 문제였다. 서양식 의사를 키우려면 당연히 서양식으로 교육받은 의사를 채용해야 했는데 마땅한 인물이 없었다. 또 설사 의사를 채용하여 광혜원을 연다고 해도 운영 자금을 제대로 조달할 수 없었다. 당시 조선 조정의 재정 상태는 매우 열악한 수준이었다.

다행히 1884년에 미국 북감리회 소속 선교사 로버트 매클레이Robert Maclay가 조선 조정에 서양식 병원 설립을 제안해왔다. 그런 상황에서 갑신정변이 발발해 당시 조정을 이끌고 있던 민씨 외척 세력의 중심인물인 민영익이 중상을 입었다. 이때 민영익을 치료한 인물이 미국 북장로회 소속 의료 선교사 알렌Horace N. Allen이었다. 알렌은 민영익의 상처를 직접 치료했는데, 당시의 일을 자신의 일기에 이렇게 기록했다.

민영익은 오른쪽 귀 측두골 동맥에서 오른쪽 눈두덩이까지 칼자국이 나 있었고, 목 옆쪽 경정맥에도 세로로 상처가 났지만 경정맥이 잘리거나 호흡기관이 절단된 것은 아니었다. 상처는 등 뒤로 나 있었는데, 척추와 어깨뼈 사이로 근육표피를 자르며 깊은 상처가 있었다. 예리한 칼자국이 난 부위는 구부러져 있었다. 나는 피가 흐르는 측두골 동맥을 관자놀이로 이어 명주실로 봉합했고, 귀 뒤 연골과 목 부분, 그리고 척추도 모두 봉합했다.

그는 너무나 탈진 상태에 있었으므로 지혈을 하지 않을 수 없었다. 상완부는 피부가 벗겨져 있었고, 팔꿈치에서 팔뚝까지 난 약 8인치의 깊은 상처는 명주실로 네 바늘 꿰매었다. 그의 왼쪽 팔에도 두 군데 상처가 나 있었는데, 손목 바로 윗부분과 팔뚝 부분이었다. 손목 바로 위의 상처는 피부가 벗겨진 상태였고, 팔뚝엔 새끼손가락으로 이어지는 힘줄이 끊어져 있었다. 나는 상처 부위를 깨끗이 소독하고 더 이상 출혈이 일어나지 않도록 스펀지로 감싸서 곡선 모양으로 붕대를 감았는데, 길이가 2인치나 되었다.

이렇게 환자를 임시로 응급 치료하고, 날이 밝으면 환자의 상태가 호전되는 대로 완전하게 붕대로 감아서 치료할 작정이었다. 오른쪽 귀 뒤에 자그만 상처가 나 있었는데, 상처 길이가 표피 약 1인치 반이나 되었다.

넓적다리와 오른쪽 무릎에도 길이 약 6인치의 긴 상처가 있었는데, 이것도 모두 봉합했다. 어두운 난리 통에 그의 머리 장식은 헝클

어져 있었다. 그래서 나는 머리꼭지 부분에 상처가 난 것을 몰랐다. 그의 정수리에는 계란 크기 정도의 큰 혹이 있었다. 이 부위의 머리를 모두 잘라내고 상투는 그대로 매달아놓았다. 혹은 머리 중앙 부위까지 뻗어 있었는데 둔중하고 예리한 무기에 얻어맞은 듯했다. 만약 그가 몸을 피하지 아니했더라면 목이 달아났을 것이다.

나는 새벽 두 시에서 세 시까지 한 시간 동안 내 가족을 돌보기 위하여 집에 다녀온 것을 빼고는 밤새도록 그를 치료하며 간호했다.

알렌의 치료에 민영익은 매우 흡족했던 모양이다. 민영익은 치료비로 알렌에게 10만 냥을 주었고, 자기보다 두 살 연상인 알렌을 친형으로 모시겠다는 말까지 했다. 그러자 알렌은 조선에 서양식 병원을 개원할 포부를 비쳤다. 민영익이 도와준다면 병원 설립이 어렵지 않겠다고 판단했던 것이다. 그의 바람처럼 민영익은 서양식 병원 설립을 적극 지원했고, 고종과 왕비 민씨 역시 적극적이었다. 그 덕분에 1885년 2월 29일(음력) 한성 재동에 광혜원House of Extended Grace을 열 수 있었다.

초대 병원장으로 취임한 알렌

광혜원이 건립된 곳은 지금의 헌법재판소가 있는 홍영식의 집이었다. 홍영식은 갑신정변에 가담했다가 목숨을 잃었는데, 대역죄인으로 처리되어 재산이 모두 몰수된 상태였다. 그래서 그의 집을 광혜원으로 쓰게 된 것이다.

광혜원의 원장은 물론 민영익을 치료했던 선교사 알렌이 맡았다. 병원 건설안을 낸 것도 바로 그였다. 알렌의 병원 건설안은 미국 공사관부 해군무관으로 재직하면서 당시 미국 대리공사를 맡고 있던 포크George Foulk에 의해 조선 조정에 제출되었다. 포크는 1885년 1월 27일에 알렌의 병원 설치안을 제출하면서 조선 조정에 이런 부탁을 했다.

본인은 미국 공사관부 의사 알렌 박사가 서울에 병원을 설치하겠다는 제의를 했다는 사실을 귀국 정부에 알리면서 이를 선처해주시기 바랍니다.

알렌 박사의 제의는 아주 훌륭한 생각이며, 그것은 순전히 비이기적 동기이기 때문에 귀국 국민의 복지 향상에 크게 기여하게 될 것입니다.

알렌 박사가 최근 서울에서 벌인 진료 사업이 훌륭한 성과를 거두었으므로 본인이 이제 새삼스러이 알렌 박사의 성격과 능력에 대해 찬사를 늘어놓을 필요는 없습니다.

알렌 박사의 병원 개설안을 호의적으로 수락해주기 바라며, 이는 곧 미국 국민이 조선 신민의 복지를 향상하는 우의의 표징이 될 것입니다.

알렌이 제출한 병원 설립안의 핵심은 조선에 서양식 병원이 꼭 필요하며, 조선 조정에서 병원을 열어주기만 한다면 봉급도 받지 않고 자체적으로 운영하겠다는 것이었다. 병원의 명칭은 조선왕실병원이 될 것이라고 덧붙였다.

알렌의 예상대로 병원 건설안은 민영익에게 전달되었고, 그 덕분에 병원 설립 계획은 빠르게 현실화되었다. 그의 병원 설립 계획에 대해서는 개화 지식인들뿐 아니라 한성의 한의사들까지 찬성했다.

알렌은 조선에서 의사 생활을 원활히 하기 위해 조선어 교사를 들여 조선어도 공부했다. 곧이어 알렌은 조선 조정으로부터 병원 건설안 승인을 통보받았다. 그리고 마침내 1885년 4월 10일 (음력 2월 29일)에 광혜원을 개원하고 알렌이 초대 병원장으로 취임했다. 광혜원이라는 명칭은 설립 2주 만에 폐기되고 제중원으로 간판을 바꿨다.

제중원의 시작과 끝

제중원의 운영 비용은 조선 조정에서 지원했는데, 이와 관련하여 1885년(고종 22) 3월 20일 자 실록에 이런 기록이 남아 있다.

통리교섭통상사무아문에서 아뢰었다.

"제중원이 지금 이미 설치되었으니, 원院 안의 수용需用에 대하여 조치하지 않을 수 없습니다. 전 혜민서와 활인서에 호조와 선혜청에서 획송劃送한 쌀, 돈, 무명의 조목을 제중원에 옮겨 배정하여 공용公用을 넉넉하게 하도록 하는 것이 어떻겠습니까?"

이에 윤허하였다.

이렇게 국가 비용으로 운영한 국립병원 제중원은 백성에게 큰 인기를 얻었다. 첫 개원한 날 환자 20명이 찾아왔는데, 그중에는 절단 수술을 해야 할 환자가 3명이나 있었다. 그만큼 제중원이 개원 초기부터 조선 백성의 두터운 신뢰를 얻었다는 뜻이다.

알렌의 명성이 날로 높아가자 환자 수는 점점 늘어났고, 환자가 많이 몰릴 때는 하루에 260명 이상이 찾아오기도 했다. 그쯤 되자 알렌은 혼자 모든 환자를 감당할 수 없다고 판단하고, 미국 감리교회 선교사인 스크랜턴William Scranton의 도움을 받거나 추가로 파견된 선교의 혜론John Heron과 함께 진료하기도 했다. 또 개원 이듬해인 1886년에는 미국에서 여성 의사 엘러스Annie Elless가 파견되었다. 제중원에 부인부婦人部를 신설하고 왕실 여인들을 진료하기 위해서였다.

이후 제중원을 찾는 환자가 점점 늘어나자 조선 조정은 병원을 확대·이전했다. 1886년 10월경 한성 남부 동현의 왕실 소유 부지(지금의 을지로 입구와 2가의 중간, 구 한국외환은행 본점 자리)로 제중원을 옮겼다. 이 무렵 제중원 산하에 제중원의학당을 개교하여 의료 인력을 양성하려 했지만, 별다른 성과는 거두지 못했다.

그런데 이듬해인 1887년 가을에 제중원 진료진에 변화가 일어났다. 알렌이 미국특파전권대사가 된 박정양의 수행원이 되어 미국으로 떠나는 바람에 헤론이 원장 역할을 하게 되었다. 또 부인부를 맡고 있던 엘러스가 결혼을 하며 제중원을 그만뒀고, 다른 여성 의사인 호턴L. S. Horton이 새로 부임했다.

박정양이 미국에서 귀국할 때 알렌도 함께 돌아왔지만, 그 무렵의 알렌은 병원 진료는 하지 않고 미국 공사관 서기 업무에 주력했다. 또 1890년에 헤론이 병으로 죽자 캐나다에서 파견된 빈턴Charles Vinton이 원장이 되었다. 빈턴은 이후 3년간 홀로 병원 업무를 전담하다가 1893년 추가로 파견된 에비슨Oliver Avison에게 업무를 넘기고 떠났다.

1894년 6월 갑오개혁의 일환으로 행정 관제 개혁을 실시할 때 제중원은 내무아문 아래 위생국을 설치하면서 종두種痘 및 의약, 전염병 예방 업무를 담당하는 시설로 변경되었다. 그러면서 제중원은 미국의 선교 사업 기관으로 분리되었고, 경영권도 미국 북장로교 선교부로 이관되었다. 이후 미국인 사업가 세브란스Louis Severance에게 재정을 지원받은 제중원은 1904년에 남대문 밖 도동에 새로 현대식 건물을 짓고 간판을 세브란스 병원으로 바꿔 달았다. 이에 제중원은 역사의 뒤안길로 완전히 사라지게 되었다.

Medical

2장

조선 백성을
괴롭힌 10대 질병

朝鮮

통계청에 따르면 최근 한국인의 기대 수명은 83.3세로 세계 상위권 수준이다. 사람이 80세 이상 산다는 것은 조선시대엔 생각하기 쉽지 않은 일이었다. 조선시대엔 만 60세, 즉 환갑이 장수의 기준이었다. 기대 수명이 80세를 훌쩍 넘긴 지금으로 선 적어도 90세는 넘어야 장수했다고 할 수 있을 것이다. 말 하자면 기대 수명보다도 10년 이상은 더 살아야 장수했다고 말할 수 있는 셈이다. 그런 점을 감안한다면 조선시대의 기대 수명은 대략 50세 전후였을 것이다. 장수의 기준 60세에서 10년을 뺀 수치다.

조선시대의 기대 수명은 조선 건국 당시인 14세기 말부터 조선 몰락 때인 20세기 초까지 거의 변함이 없었다. 즉, 20세 기 초까지 한국인의 기대 수명은 50세 전후였다는 뜻이다. 그 런데 불과 100여 년 만에 기대 수명이 30년 이상 늘어났다. 도대체 무엇이 한국인의 수명을 30년이나 연장했을까?

그 핵심은 무엇보다도 질병의 극복일 것이다. 조선시대엔 죽음의 공포를 선사하던 질병들이 급속한 의학의 발달 덕에 대수롭지 않은 질병으로 전환된 것이다. 예컨대 지금은 그저 해마다 겪는 일상으로 여겨지는 감기조차 조선시대엔 무서운 질병으로 여겨졌을 정도니, 당시 사람들이 얼마나 많은 질병으로 고통받았을지 짐작하고도 남을 일이다.

감기뿐 아니라 지금은 경미한 질병의 하나로 치부되는 종기가 온갖 의료 혜택을 받았던 왕실 사람들과 양반들이 가장 무서워하는 병마 중 하나였다는 사실도 매우 낯선 일이다.

이렇듯 현대 의학에선 너무나 간단하게 치료되는 질병들이 조선시대엔 수많은 사람을 지독하게 괴롭히는 공포의 병마였다. 물론 조선 사람들이 두려워하던 질병 중에 지금도 여전히 두려움의 대상으로 남아 있는 것도 있다. 그 대표적인 질병 열 가지를 추려서 그에 얽힌 이야기와 함께 살펴본다.

의외로 무서운 질병으로 인식된 감기

어전회의에서 아들 감기를 고쳐달라고 호소한 형조판서

지금도 그렇지만 감기感氣는 조선시대에도 뭇사람들을 괴롭힌 대표적인 질병이었다. 특히 당시에는 감기와 독감의 구분이 없었기 때문에 감기에 대한 두려움이 컸던 모양이다. 이는 세종 1년(1419) 12월 11일 자 실록의 다음 기사가 잘 시사한다.

인정전에 나아가 조회를 받고 편전에서 정사를 보는데, 김점이 갑자기 자리를 떠나 땅에 엎드려 말했다.

"신에게 자식 하나가 있는데 지금 감기에 걸려 있습니다. 내약방에 입직한 의원 조청에게 병을 보아주도록 명하시기를 원합니다."

임금이 정색하면서 말했다.

"여러 중신들과 시종신들이 정사를 아뢰는 편전은 신하를 맞이하여 정사를 모의하는 곳인데, 이에 공공연하게 자기의 사정私情을 말하며 부끄러워하지 않으니, 짐은 본디 말할 것도 못 되거니와, 대간의 관원이 곁에 시좌侍坐하여 듣고서도 감히 규탄하지 못하니, 그 또한 비겁한 것이로다."

당시 김점은 형조판서였다. 그런데 자식이 감기로 고생을 하자 안타깝고 두려운 나머지 정사를 논의하는 편전에서 세종에게 내약방의 의원을 보내 자기 아들을 치료해달라는 청탁을 했다. 일국의 장관이 정사를 논하는 자리에서 한낱 아들의 감기 때문에 왕에게 꾸지람을 듣는 것을 보면 김점이라는 사람은 오늘날 기준으로는 황당하기 그지없다. 그런데 과연 김점이 쉽게 치료할 수 있는 가벼운 감기 때문에 왕에게 이런 불손한 행동을 했을까? 아니면 정말 자식이 사경을 헤맬 정도로 심한 독감에 걸려 있어서 절박한 심정으로 그랬을까? 감기와 독감이 제대로 구분되지 않던 시절이라 단언할 순 없지만, 아마도 김점의 아들은 심한 독감에 걸려 있던 것이 아닌가 싶다.

조선시대 사람들은 감기와 독감을 구분하지 못한 까닭에 감기를 몹시 두려워했다. 감기에 잘못 걸리면 건강을 크게 해쳐 제대로 생활할 수 없거나 다른 큰 병으로 이어지기 십상이라고 여겼기 때문이다. 감기와 관련하여 조선 인조 때 문인 최립이 쓴 《간이집》엔 이런 글이 실려 있다.

지난해 가을이 겨울로 바뀌면서 날씨가 변덕을 부릴 즈음에 건강 관리를 제대로 하지 못한 탓으로 그만 감기에 걸리고 말았다. 그리하여 무려 4, 50일 동안이나 낫지 않고 질질 끌다가 올봄이 지난 뒤에야 겨우 나은 것 같기도 하나, 원기가 모두 빠져나가서 다시 회복되질 않고 있다. 게다가 습기濕氣가 점점 극성을 부리는 시절을 맞게 되었으므로, 두양頭瘍과 각위脚痿 등의 병증 역시 시간이 갈수록 더해지기만 할 뿐 나아질 기미를 보이지 않고 있다. 그래서 살살 걸어다니면서 출입하는 일도 익히지 못하고 있으니, 이것이 어찌 사람답게 사는 모습이라고 하겠는가. 오직 다리와 무릎이 오그라들어 펴지지 않는 가운데 통증과 마비만이 더욱 심해지는 것을 느끼고 있을 따름이다.

이렇듯 병약해진 최립은 건강 문제로 절필을 하고 말았다. 당시 최립은 주변의 부탁을 받아 글을 써주며 생계를 이어가던 선비였는데, 건강이 극도로 나빠지자 더 이상 글을 쓸 수 없는 상태가 되고 말았다. 그 심정을 최립은 〈절필문〉이라는 제목 아래 이렇게 적었다.

지난 정미년(1607) 봄에도 감기에 걸려 앓은 적이 있었지만, 그때에는 그래도 일단 병이 낫고 나서 얼마 뒤에 다시 붓을 잡으면 이따금씩 볼만한 문자가 나오곤 하였다. 그런데 지금은 이와 같은 꼴이 되고 말았으니, 이는 어쩌면 조물자造物者가 "이제 살 만큼 살아서 나이도 이미 많이 먹었으니 붓을 영영 잡지 못하게 한들 무슨 여한이 있겠냐"고 생각해서 이렇게 해준 것인지도 모르겠다. 그러니 이제부터는 남의 약속을 저버렸다는 부담을 면해보려고 안달할 것이 또 뭐가 있다고 하겠는가.

감기를 핑계로 사신을 피한 세종

감기는 조선시대 사람들에게 절대 만만치 않은 질병이었다. 더구나 감기는 전염성이 강하기 때문에 감기에 걸린 사람을 만나는 것을 무척 꺼리는 문화가 형성되었다. 심지어 왕도 그런 문화에 편승하여 만나기 싫은 사람을 회피한 경우가 있었다. 세종 13년(1431) 8월 12일에 세종은 안숭선에게 이런 말을 했다.

"사신의 행차에 열병이 그치지 않으니 서로 접촉하면 전염될까 깊이 염려되는데, 점쟁이가 일찍이 액厄이 있겠다고 일컬은 말은 내가 믿지 아니하나, 열병은 서로 접촉하면 아니 되니, 내가 의정부·육조와 더불어 의논하고자 한다."

세종은 혹 명나라 사신 일행을 만났다가 열병에 전염될까 걱정해 어떻게 해서든 그들을 만나지 않으려 했고, 그래서 회피할 방도를 구하려 했다. 사실, 이 문제로 이미 조정 대신들은 대책을 세워놓았다. 안숭선이 그 대책을 거론하며 이렇게 대답했다.

"비록 다시 의논하지 아니할지라도 전일에 대신들의 의논이 이미 정하였사오니, 그 의논대로 따르시어 병을 칭탁稱託하고 피하시는 것이 가하옵니다."

말인즉, 병에 걸렸다고 핑계를 대고 만나지 않는 것이 좋겠다는 의견이었다. 그러나 세종은 그저 막연히 병에 걸렸다고 하는 것이 내키지 않았다.

"망령되게 병을 칭탁함은 마음에 미안스러운 바이다."

세종은 막연히 병에 걸렸다고 하기보다는 좀 더 설득력 있는 말이 필요하다고 생각했다. 이에 대해 안숭선이 세종의 뜻을 제대로 헤아리지 못하고 이런 말을 했다.

"전하의 일신은 종사의 안위가 달렸사온데 만일 전염되면 후회한들 무엇하겠습니까?"

그러자 세종은 하는 수 없이 속내를 드러냈다.

"13일 문소전 별제 뒤에 풍한감기風寒感氣에 걸렸다 하고 회피함이 어떨까?"

결국 세종이 구체적인 병명을 생각해냈는데, 바로 그 병명이 감기였다.

그러자 안숭선은 좋은 생각이라며 이렇게 맞장구를 쳤다.

"오늘부터 병이 있다고 칭탁하시면 사신이 대제도 오히려 친히 행하지 못하셨으니 반드시 거짓말이 아니라고 할 것이옵니다."

사신 일행을 만나기에 앞서 세종은 문소전과 헌릉에 올릴 제사에 참여하기로 되어 있었다. 그러니 당장 이 제사부터 중지해야 명나라 사신 일행이 세종이 감기에 걸렸다는 것을 사실로 믿지 않겠느냐는 것이 안숭선의 의견이었다. 세종은 안숭선의 말에 동조하여 문소전과 헌릉의 별제를 중지시켰다. 물론 이후에 감기를 핑계로 명나라 사신들도 만나지 않았다.

감기에 대한 의학적 인식과 치료

당시 사람들은 감기를 어떤 병으로 알고 있었을까?《동의보감》에 따르면 조선시대 사람들은 감기의 원인을 찬 기운 탓이라 여겨, 가을에 서리가 내리는 상강 이후부터 봄이 시작되는 춘분 이전에 잘 걸리는 병으로 알았다. 또 대개는 6일에서 12일이 지나면 낫는 것으로 인식했다. 하지만 13일이 지나도 낫지 않는 감기는 과경過經이라고 해서 매우 염려했다. 아마도 과경은 지금의 독감처럼 취급했던 것으로 보인다. 그래서 과경이라고 판단되면 여러모로 주의를 기울였다. 심지어 과경은 나은 후에도 100일 동안 부부간에 성관계를 하지 않을 정도로 조심하는 병이었다.

그렇다면 당시 사람들은 감기에 걸렸을 때 어떤 대증요법을 썼을까? 우선 감기 초기에는 두꺼운 이불을 덮고 땀을 내는 것이 일반적이었다. 이때 파 뿌리와 메주, 생강을 넣고 달여 마신 후에 땀을 내면 금방 낫는다고 여겼다. 또 파 뿌리를 잘게 썰어 따뜻한 술에 담갔다가 마시는 방법을 쓰기도 했다.

감기에 걸렸을 때 금기 사항으로 여기는 일도 있었다. 우선 아침에 너무 일찍 일어나는 것을 피하고, 머리를 빗거나 세수를 하는 것도 꺼렸다. 말을 너무 많이 하거나 주변 일에 신경을 쓰는 것도 금했다. 말하자면 오직 감기를 낫게 하는 데만 집중했던 셈이다. 그래서 감기에 걸렸다고 하면 관리들은 출근하지 않아도 되었다. 전염성이 있으므로 동료에게 옮길까 염려한 측면도 있고, 감기가 심해져 다른 큰 질병으로 확대될 것을 두려워한 까닭이기도 했다.

이렇듯 감기에 대한 두려움이 컸기 때문에 아끼는 신하가 심한 감기에 걸리면 왕은 내의원 의관을 신하의 집으로 보내 치료에 도움을 주는 것이 일반적이었다. 실록의 세종 6년(1424) 10월 11일 자 기록도 그런 사례 중 하나다.

> 원접사遠接使 이맹균이 글을 올려 말했다.
>
> "이번 10월 초10일에 안성참에서 잤는데, 밤중에 정사 이낭중이 갑자기 천만喘滿(숨이 차서 가슴이 답답한 것)과 해수咳嗽(기침병)가 발작하여 증세가 중하나, 입은 의복이 매우 얇고 다시 더 입힐 옷도 없습니다. 어제 비바람에 감기가 든 듯합니다."
>
> 이에 곧 직집현전 유상지와 의원 양홍수에게 명하여 약과 면주유의縣紬襦衣 한 벌을 주어 보내게 하였다.

천민에서 왕까지 쉽게 피하지 못한 치질

송시열을 괴롭혔던 고질병

조선시대엔 치질痔疾 환자가 없는 집이 드물었다. 지금보다 훨씬 거친 음식을 많이 먹었고 주로 바닥에 앉아서 생활하는 일이 잦았기 때문이다. 천민들은 태반이 치질을 앓았고, 양반 중에도 치질로 고생하는 사람이 많았다. 심지어 치질을 앓은 왕도 있었다. 그만큼 치질은 조선시대 사람들에게 흔한 질병이었다.

조선시대 서인 노론의 영수였던 우암 송시열도 치질 환자였는데, 그의 문집인 《송자대전》의 〈남운로에게 답함〉이라는 글에 이런 내용이 실려 있다.

작년 8월에 멀리서 서한을 보내고 이어 별지別紙의 가르침을 주었기에 되풀이해서 음미해보니, 글의 뜻이 더욱 성실하여 보통 수작에 비할 바가 아니었네.

그윽이 듣건대 제주도 대정으로 들어간 이후로 독서와 궁리 窮理에 전념하여 날로 새로워지는 공효가 있다 하였는데, 지금 이로써 헤아려보니 참으로 빈말로 하는 것이 아니라 존경과 감탄을 금할 길 없네.

시열은 지난겨울부터 갑자기 치질이 발생하였기에 속약 俗藥을 써보았으나 조금도 효과가 없고, 해가 바뀐 뒤로는 더욱더 심하여가네. 요사이 《주자대전》을 보다가 다행히 선생께서 치료하던 처방을 얻고, 약재를 모아 시험하려 하였네. 그러나 지금처럼 귀양살이로 궁핍한 시기에 목숨을 탕제에 의탁하려 하니, 혹 귀신이 옆에서 보다가 벌렁 누워서 크게 웃어댈지도 모르겠네.

송시열이 편지를 보낸 당사자인 남운로는 남구만으로, 그는 송시열의 사촌인 송준길의 문인이었다. 남구만은 당시 제주도 대정에 유배되어 있던 송시열에게 안부를 묻는 편지를 보냈는데, 이 글은 그 답서의 일부다.

송시열은 유배 생활을 하면서 치질이 생겨 고생이 심했던 모양이다. 세간에서 쓰는 각종 약재를 사용해봤지만 치료에 진전이 없었다. 그러던 차에 송나라의 대학자이자 성리학을 성립한 주희의 글을 모아놓은 《주자대전》을 읽다가 치질에 대한 처방을 발견하고, 처방에 쓰인 약재를 모아 치료하고 있다는 것이었다.

사실, 주희도 치질을 앓았다. 주희는 공중지輩仲至에게 준 글에서 이런 말을 했다.

"치질은 사람마다 흔히 있는 고질로, 나 역시 겪은 바가 있다. 칼이나 독약을 사용하는 예가 있는데, 이는 도리어 큰 해를 초래한다. 다만 황련黃連, 지각枳殼 등의 약을 복용하는 한편 마람채馬藍菜를 끓여 찜질하니 효험이 있는 것 같았다."

송나라 때 학자들도 치질 때문에 고생이 많았던 것인데, 주희를 흠모하던 송시열은 주희가 치질을 앓았다는 사실을 알고 그가 남긴 처방으로 자신의 병을 치료하려 했던 것이다.

치질 때문에 원접사를 바꾸다

치질이 조선시대에 흔한 질병이었다는 것은 실록의 성종 7년 (1476) 1월 27일 자 다음 기록에서도 확인된다.

노사신이 와서 아뢰었다.

"신은 그전부터 치질을 앓고 있는데, 중도에서 다시 발생할까 염려됩니다."

이에 상이 전교하였다.

"과연 치질을 앓고 있다면 될 수가 없다. 윤 정승(윤자운)이 여러 번 그 임무를 겪었으니 지금 또 보내는 것이 어떤가?"

그러자 원상 등이 아뢰었다.

"정승을 원접사로 삼는 것은 옛날의 예가 아닙니다. 벼슬이 2품에 이른 사람이면 될 것이며, 또 중국 사신이 만약 시詩를 잘하는 사람이라면 반드시 응대해야만 할 것이니, 서거정을 보내는 것이 어떻겠습니까?"

임금이 말하였다.

"만약 그대들이 시詩를 잘한다면 종사관은 갈 필요가 없다."

이에 서거정을 원접사로 삼고, 임원준을 서거정을 대신하여 평양 선위사로 삼았다.

원접사란 의주에서 중국 사신을 맞아들이는 역할을 하는 관리를 지칭한다. 대개 2품 관리로서 학문적인 능력이 있는 사람에게 맡겼다. 특히 시를 잘 짓는 문인 관료를 택했는데, 이는 시를 짓는 데 능한 중국 사신이 있을 경우 이에 응대하기 위함이었다. 노사신은 《삼국사절요》와 《동국통감》 편찬에 참여했던 당대의 학자였고 시인이기도 했다. 또 당시 2품 관료로 있었기에 적임자였다. 그런데 하필 치질을 앓고 있어 원접사로 나갈 수 없으니 서거정을 대신 보냈다는 내용이다.

이렇듯 조선 전기의 학자 노사신과 조선 후기의 학자 송시열이 모두 치질로 고생을 했다는 것으로 미뤄 조선의 학자 중에는 치질 때문에 고생한 인물이 많았다는 것을 알 수 있다.

치질로 고생한 문종과 성종, 토끼 똥을 발랐을까?

치질 때문에 고생한 사람 중에는 왕도 있었다. 문종은 부왕 세종이 죽고 나서 초막 생활을 하다가 치질을 얻었는데, 이후로 툭하면 치질이 재발하여 애를 먹었다. 그래서 때론 정사를 물리치고 치질 치료를 한 기록도 있다. 다행히 문종의 치질 증세는 아주 심하지는 않았다. 그러나 성종은 상황이 좀 달랐던 모양이다. 성종은 원래 술을 즐겼기 때문에 치질이 잘 낫지 않았던 듯한데, 이와 관련하여 성종 20년(1489) 2월 12일 자 실록 기사에 아래와 같은 내용이 있다.

> 승정원에 전교하였다.
>
> "내가 사헌부의 말에 따라 경연에 나가고 조회를 보려고 하였으나, 다만 치질과 이질痢疾이 함께 일어나서 실행하지 못한다."

기존에 있던 치질에다 이질까지 겹쳤으니 성종이 경연을 열지 못한 것은 당연했다. 이질은 끊임없이 설사를 해대는 병이고 치질은 제대로 앉아 있을 수 없는 병이니, 경연은 끔찍한 자리일 수밖에 없었을 것이다.

이렇듯 조선시대엔 천민에서 왕까지 치질로 고통을 받고 있었으나, 마땅한 치료약이 없었다. 송나라 사람 당신미가 지은 《증류본초證類本草》에서는 치질 치료제로 토끼 똥을 추천한다. 토끼 똥은 완월사玩月砂라고도 하는데, 그 모양이 흡사 보름달 같고 입자가 모래처럼 곱다는 특징 때문에 생긴 별칭이다. 이 토끼 똥을 몇 가지 약제와 섞어서 항문에 잘 바르면 치질에 효험이 있다는 것인데, 그렇다고 특효약이라고 할 수는 없다. 그런 까닭에 조선시대엔 마땅한 치질 약을 찾지 못했고, 그래서 치질을 고질병으로 안고 사는 사람이 많았다.

걸리면 인생 종 쳤다고 생각한 중풍

중풍에 걸리면 벼슬에서 물러나는 것이 관례

흔히 중풍中風으로 불리는 뇌졸중은 조선시대나 지금이나 상당히 심각한 병이다. 조선시대엔 중풍을 풍風병의 한 종류로 생각했다. 풍병이란 바람이 몸속으로 들어와서 일으키는 병을 통칭하는데, 그 종류만 해도 무려 42종이나 되었다. 현대 의학에서 보면, 하나의 범주로 묶을 수 없는 많은 질병을 모두 바람에 의해 일어나는 병이라고 믿었던 셈이다. 예컨대 머리에 비듬이 생기는 것을 두풍이라 했고, 얼굴에 종기가 생기는 것을 독풍이라 했으며, 건망증과 함께 잘 놀라는 것을 심풍, 바람을 쐰 후에 콧물이 흐르고 목이 쉬는 감기 증세를 상풍, 문둥병으로 알려진 나병조차 풍병의 하나로 보아 대풍이라고 했다. 그래서 풍병을 만병의 근원으로 취급했다.

그렇지만 풍병이라고 하면 대개는 중풍을 지칭했다. 중풍에 걸리면 흔히 '풍 맞았다'는 표현을 썼는데, 손발을 제대로 쓰지 못하거나 입과 눈이 한쪽으로 쏠리는 증상이 생길 때 주로 이렇게 말했다. 그래서 조선시대엔 누군가 '풍 맞았다'고 하면 더 이상 운신을 제대로 할 수 없다는 뜻이었다. 심지어 중풍은 누워 있다가 죽는 병으로 여겼다. 그래서 중풍을 앓다가 회복하면 죽을병에 걸린 사람이 소생한 것처럼 신기하게 생각하기도 했다.

세종 즉위년(1418) 11월 5일 자 실록 기사는 당시 사람들이 중풍을 어떻게 생각했는지 잘 보여준다.

> 총제摠制 이춘생이 중풍으로 목숨이 끊어졌다가 다시 살아나니,
> 상왕(태종)이 말했다.
> "요사이 중풍으로 갑자기 죽은 사람이 20여 인이나 되니, 마땅히 응급 치료의 방문方文을 써서 대궐 안과 병조에 방榜을 붙이게 할 것이다."

중풍이란 병이 대개는 죽음으로 이어지며, 그중에서 회복하는 사람은 극히 드물었다는 것을 여실히 보여주는 대목이다. 그래서 이춘생이 중풍을 이겨내고 살아나자 그 치료법을 널리 알리도록 한 것이다.

중풍이 그만큼 중병이었던 만큼 관리들은 중풍에 걸리면 관직

에서 물러나는 것이 관례였다. 세종 27년(1445) 1월 7일에 개성부 유수 권맹손도 사직 상소를 올리며 이런 말을 한다.

"지금 신을 개성부 유수에 제수하였사온데, 유수는 명망이 높고 책임이 중하와 그 고르는 것이 가볍지 않삽거늘, 은혜로운 명령이 신에게 미치시니 감사하고 명심함이 어찌 끝이 있사오리까. 오직 생각하옵건대, 신이 갑인년(1434)에 아비의 상고로 여막에 거처하여 처음 중풍을 앓았고, 정사년(1437)에 강원 감사의 임명을 받자와 무오년(1438) 겨울에 이르러 또 어미의 상고를 당하여 여막에 거처할 때에 풍병이 크게 발작하여 전신이 쑤시고 아파서 거의 죽게 되었삽더니, 특별히 거룩하신 은혜로 의원을 보내어 치료해주심을 받자와 가물거리는 목숨을 보전할 수 있었사온데, 신유·임술 양년(1441~1442)에 연달아 경기·경상 감사의 임명을 받자왔으며, 계해년(1443)에는 사명을 받들고 북경에 가게 되어서, 10년 동안에 조금도 편할 해가 없었사오며, 이로 연유하여 옛날 병 증세가 날로 더하고 의원과 약의 효력이 없기로 한가하게 조리하여 오래된 병을 가시어 버리고자 생각한 지가 오래되옵니다."

권맹손은 중풍을 이유로 사직을 했지만, 사실은 권맹손이 아팠던 것이 아니었다. 실제 아픈 사람은 그의 아내였다. 그의 아내는 당시 병으로 사경을 헤매고 있었는데 권맹손은 자신이 중풍을 앓고 있다고 핑계를 대고 사직을 청해 허락을 받았던 것이다. 그만큼 중풍은 사직하려는 관리에겐 좋은 핑곗거리였다.

성종 8년(1477) 12월 12일 자 다음 기사도 중풍에 걸려 사직
한 사례다.

> 우의정 윤자운이 와서 아뢰었다.
>
> "신이 왼쪽 뺨에 작은 통증이 있어서 언어가 이상한데, 이것이 중
> 풍의 징후가 아닌가 염려됩니다. 청컨대 겸임한 예조판서의 직을
> 사임하게 해주소서."
>
> 이에 허락하고, 더불어 휴가와 약을 내려주도록 명하였다.

이렇듯 조선시대의 관리들은 중풍에 걸리면 즉시 직에서 사임
하는 것이 일반적이었다.

중풍 치료약으로 쓴 누금원과 속명탕

조선시대 사람들은 중풍을 어떻게 치료했을까? 성종 10년(1479)
12월 20일 자 실록 기사는 중풍을 치료한 사례 중 하나다.

> 정승 등에게 교지를 내려 전했다.
>
> "전일에 덕원군이 내 앞에 있다가 갑자기 중풍증을 만나게 되어서
> 곧 부축하여 나갔는데, 두 다리가 땅에 드리워져 끌렸지마는 침질
> 을 하고 뜸질을 해서 곧 낫게 되었다."

이 기록에 근거할 때 조선시대 사람들이 중풍에 주로 쓴 치료법은 침과 뜸이었음을 알 수 있다. 침과 뜸으로 치료하지 못할 때 따로 약을 쓰는 경우도 많았다. 어떤 약을 썼는지는 성종 15년(1484) 2월 21일 자 기사에서 확인할 수 있다.

행부사과行副司果 김유가 글을 올려 아뢰었다.
"저의 어미가 중풍에 걸려 모든 약의 효험이 없으니, 청컨대 누금원婁金圓을 내려주소서."
이에 명하여 40환을 내려주었다.

누금원이 어떤 약인지는 정확히 알 수 없으나, 당시로서는 꽤 명약으로 소문이 난 귀한 약이었던 모양이다. 또한 환 단위로 내려 줬다는 것으로 보아 환약으로 제조하여 먹는 약이었다는 것을 알 수 있다.

중풍 치료약과 관련하여 《사가집》에는 이런 시구가 보인다.

나는 지금 몸조섭을 잘못하여
얼굴에 종기가 많이 났는데
친구의 진중히 여기는 후의로
나에게 속명탕을 보내주었네
증현은 옛날 대추를 즐겨 먹었고

공성은 생강을 끊이지 않았으니

머리 조아리고 후한 선물 받아서

밤낮으로 마음껏 잘 복용하려네

我今失調攝 我面多生瘡

故人珍重意 遺我續命湯

曾賢昔嗜棗 孔聖不輟薑

稽首拜嘉貺 日夕滿意嘗

《사가집》은 서거정의 시문집인데, 이 시에 등장하는 속명탕續命湯은 수명을 연장하는 탕약이란 뜻으로, 특히 중풍에 잘 들었다고 전한다.

홍귀달 등이 연산군 5년(1499)에 간행한 《구급이해방》이라는 책에는 속명탕에 대해 이렇게 기술하고 있다.

소小속명탕은 중풍으로 인해서 오는 반신불수, 입이 돌아가 말이 어눌한 증상을 치료한다. 매번 물 한 잔 반에 생강 다섯 쪽, 대추 한 개를 넣고 한 잔이 될 때까지 달이는데, 조금 뜨겁게 식전에 복용한다.

소속명탕 처방에 관해서 《동의보감》 〈잡병〉 편 권2 '풍'에서는 《의학입문》을 인용하여 다음과 같이 적고 있다.

졸중풍으로 정신을 차리지 못하고, 눈과 입이 비뚤어지며 몸 한쪽을 쓰지 못하고, 말을 하지 못하며, 팔다리에 감각이 둔해지고, 어지러운 것과, 중풍의 초기에 땀이 나지 않는 표실증表實證 등과 모든 풍증을 다 치료한다.

방풍 한 돈 반, 방기·육계·행인·황금·백작약·인삼·천궁·마황·감초 각각 한 돈, 부자 다섯 푼을 썰어서, 생강 세 쪽, 대추 두 알과 함께 달여서 먹는다. 어떤 처방에는 방기와 부자가 없고 당귀와 석고가 있다. 열이 있으면 백부자를 넣어서 쓴다.

졸중풍이란 중풍의 한 종류로, 흔히 '풍 맞았다'는 병이 졸중풍이다. 현대 의학의 관점에서 보면 졸중풍은 뇌혈관이 막히거나 터져서 의식을 잃고 쓰러지는 뇌졸중을 의미하는데, 대개는 손발을 제대로 쓰지 못하거나 사람을 잘 알아보지 못하게 된다.

한의학에서는 졸중풍이 생겼을 경우, 응급처치로 코 아래 인중을 엄지손가락으로 강하게 누르거나, 손발을 위에서 아래로 주물러서 풍을 흩어내도록 했다. 또한 뾰족한 바늘로 열 손가락 끝을 찔러 피를 내기도 했다. 이때 구급약으로 주로 이용되는 것이 '우황청심원'이다. 만약 환자가 치아를 꽉 다물고 있으면 나무 숟가락으로 입을 벌린 후 보호자가 꼭꼭 씹어서 입에 넣어주는 방법을 취했다.

세종과 황희를 평생 괴롭힌 종기

종기로 고생한 세종

세종은 각종 질병에 시달린 것으로 유명한데, 종기腫氣도 그중 하나다. 세종의 몸에 종기가 처음 발생한 것은 왕위에 오른 직후였다. 이때 발등에 종기가 나서 중국 사신을 접대하지 못했다는 기록이 있다. 이후 다른 부위에도 퍼졌는데, 이 때문에 세종은 늘 종기 치료를 받아야 했다. 이와 관련해 세종 6년(1424) 5월 9일 자 실록 기사가 남아 있다.

지신사 곽존중에게 명하여 이조판서 허조, 예조참판 이명덕 등을 불러 전지하였다.

"근일에 내 왼쪽 겨드랑이 밑에 작은 종기가 나서, 비록 아프지는 않으나 재계齋戒하는 데 전심할 수 없도다. 그러나 대상은 큰일이므로 악차幄次(왕이 거둥할 때 임시로 머무는 장막)에 나아가서 옷을 바꾸어 입고 돌아오고자 하는데, 경 등이 의논하여 알리라."

이에 허조 등이 아뢰었다.

"무릇 종기는 기운을 쓰면 반드시 통세痛勢가 나는 것입니다. 이번 행차에 비록 말은 타지 않으시지마는, 군사와 말의 기운이 번갈아 치솟고, 또 참신參神과 사신辭神할 적에 반드시 아프게 될 것이오니, 신 등은 종기가 이 때문에 더욱 심해질까 염려됩니다. 비록 대상에 친히 행차하지 않으시더라도 담제禫祭 전에 또 삭망제가 있습니다."

이렇듯 신하들이 거둥을 만류했지만, 세종은 종기의 증세가 심하지 않다며 기어코 대제에 행차했다. 하지만 이후에 종기가 심해져 사신 접대를 세자에게 맡기는 상황이 되었다. 세종의 종기는 어깨와 등으로도 퍼졌고, 점점 고질병으로 악화되었다.

종기 때문에 사직을 청한 황희

종기는 세종 때의 정승 황희를 괴롭힌 질병이기도 했다. 실록에 따르면 세종 18년(1436) 6월 2일에 황희는 사직을 청하면서 이렇게 말했다.

"신은 천성이 원래 용렬하고 어두운 데다가 학술조차 거칠고 엉성하오는데, 근일에는 귀마저 어둡고, 노병老病이 갈마들어 공격하오며, 오랜 종기로 피가 그치지 아니하고 현운증眩暈症이 더하여, 생각하는 것이 흐리멍덩하고, 정사를 밝게 하는 바가 없이 외람되게 모두 쳐다보는 자리에 있어, 특히 대신의 직책을 다하지 못하여 도리어 재이災異를 부르게 하고, 주야로 걱정하심을 드리게 되오니 참으로 황공하와 몸둘 바를 알지 못합니다. 바라옵건대, 신의 직을 파하여주소서."

당시 황희의 나이는 74세로 공직에서 물러날 때가 이미 지나 연로했는데 게다가 종기까지 매우 심했던 모양이다. 황희를 힘들게 했던 종기는 면종面腫이었다. 면종은 얼굴에 생긴 종기를 말하는데, 특히나 치료가 쉽지 않은 부위였다. 하지만 세종은 그의 사직을 허락하지 않았다. 종기를 치료하면서 공직에 그대로 머물러 있으라는 것이었다.

세종은 내의원 의관을 보내 황희를 치료하게 했다. 하지만 이후에도 종기는 계속 황희를 괴롭혔다. 종기가 머리로 번져 애를 먹은 것이다. 12년 뒤인 세종 30년(1448)에 또다시 면종이 생겨 제대로 출근도 하지 못하는 지경에 처했다. 하지만 황희는 종기가 생길 때마다 적절한 치료를 하고 휴식을 취한 덕에 90세까지 장수했다.

종기 치료약으로 쓰인 고약과 거머리

옹저, 즉 종기는 발생 부위에 따라 이름을 따로 붙인다. 얼굴에 난 종기는 면종, 엉덩이에 생긴 종기는 둔옹, 아랫배나 고환 안에 생긴 종기는 낭옹, 발끝에 생겨 살을 썩게 만드는 것은 탈저 등이다. 그렇다면 조선시대엔 이런 종기에 어떤 약재를 사용했을까? 가장 많이 쓴 약재는 복룡간, 국화, 황기, 인동덩굴, 백지, 참외씨 등이었다고 전해진다.

복룡간이란 오래된 아궁이의 바닥에서 채취한 누런 황토를 말한다. 이 복룡간을 계란 노른자나 식초로 개서 종기에 붙이거나 또는 마늘을 갈아서 함께 붙이면 효과가 있다고 한다.

국화는 주로 발가락이나 사타구니에 나는 종기에 사용했다. 국화의 잎과 줄기를 찧어서 붙였는데, 종기의 고름을 빨아내는 구실을 했다.

복룡간이나 국화가 주로 종기에 직접 붙여서 고름을 빼내는 작용을 했다면 황기는 몸을 보하는 약재였다. 황기를 진하게 달여서 꾸준히 마시면 종기 치료에 도움을 준다는 것이다. 인동덩굴 역시 일단 찧어서 즙을 짠 후에 따뜻하게 데운 술에 타서 먹었다.

이렇게 종기를 없애는 과정에서 새살이 돋지 않으면 구릿대 뿌리인 백지를 사용했다. 또 참외씨는 배 속에 생긴 옹저를 치료하는 약으로 쓰였는데, 참외씨 한 움큼을 가루로 만들어 술에 타서 먹었다.

그 외에도 마늘이나 달래를 찧어 참기름으로 반죽한 후에 종기에 붙이는 방법도 있었는데, 이 치료법은 종기 때문에 생기는 통증이 현저히 경감된다고 전해진다. 익모초나 흰봉선화, 입속의 침, 식초, 붉은 팥 등도 종기 치료에 사용되었다.

이처럼 종기 치료엔 고약과 탕약이 병행되었다. 특히 고약은 종기 치료에 특효약으로 쓰인 경우가 많았다. 고약은 환부에 바르는 약제를 통칭하는데, 연고軟膏와 경고硬膏로 나뉜다. 연고는 부드러운 제형으로 직접 환부에 발랐고, 경고는 딱딱한 제형이라 녹여서 쓰는 고약을 이른다.

정조 시절 의관 피재길은 고약으로 종기를 치료한 명의였다. 그는 원래 한낱 지방 의원에 불과했지만 고약 하나로 어의가 된 인물이다. 이와 관련하여 실록은 정조 17년(1793) 7월 16일 자 이런 내용을 남겼다.

상의 병환이 평상시대로 완전히 회복되었다. 지방 의원인 피재길이 단방單方의 고약을 올렸는데 즉시 신기한 효력을 내었기 때문이었다. 재길을 약원藥院의 침의鍼醫에 임명하도록 하였다.

고약 외에도 동물을 통해 종기를 치료하기도 했다는데, 대증 요법으로 많이 쓰인 것이 거머리를 잡아 종기의 피를 빨게 하는 방법이었다. 이와 관련한 기록이 기대승의 문집《고봉전서》속 집 2권에 전한다.

강렴은 안변 사람입니다. 영락 연간에 그의 아버지 회조가 대변이 막혀 통하지 않는 병을 앓았습니다. 이에 강렴은 벼슬을 버리고 돌아와 아버지의 병을 간호하였는데, 4년 동안이나 계속해서 손수 변기를 받들었고 심지어 대변을 맛보아 병세의 차도를 증험하기까지 하였습니다.

그의 아버지가 또 종기를 앓았는데, 의원이 말하기를 "거머리를 잡아다가 피를 빨리면 종기를 치료할 수 있다" 하였습니다. 한창 추운 때였음에도 불구하고 강렴은 연못가에 나아가 울부짖으면서 얼음을 깨고 거머리를 찾았습니다. 그러자 갑자기 거머리 두세 마리가 손가락에 붙어 나오기에 이것을 가지고 돌아와 종기를 빨렸더니, 아버지의 병이 곧 나았습니다. 이 일을 조정에 아뢰자 정려를 내려 표창하였습니다.

신비의 제독제 흡독석

종기 치료에 쓰인 또 다른 특별한 약재가 있다면 흡독석吸毒石이다. 이와 관련하여 조선 후기 군관 최덕중이 청나라 연경을 다녀와서 쓴《연행록》에 이런 기록이 있다.

이른바 흡독석이라는 것은 그 모양과 크기가 마치 엄지손가락 한 마디만 하다. 납작하고 빛은 푸르고도 검다. 그 유래를 말하면 다음과 같다. 소서양小西洋에 독사 한 종이 있는데, 그 머릿속에 돌 하나가 난다. 크기가 편두인(한약재로 덩굴콩의 일종)만 한데 각종 독기를 뽑아 없앨 수 있으니 이것이 자연적으로 생성된 흡독석이다.

토인土人이 이 돌을 가져다가 빻아, 그 독사의 독과 본토本土의 흙을 함께 가루로 만들고 섞어서 돌 하나를 만든다. 모양이 마치 바둑돌과 같은데, 이것이 만들어진 흡독석이다.

그 용도를 보면, 이 돌은 능히 뱀이나 전갈, 지네 등 독충에 물린 것을 고치고, 또 모든 종기와 종기의 독과 악성 부스럼을 치료하는데 그 효험이 몹시 빠르다. 만일 이러한 병에 걸리면 바로 이 흡독석을 가져다 물린 곳이나 종기나 악성 부스럼이 난 위에 놓는다. 흡독석이 능히 그 독을 빨아낸다.

흡독석에 관한 이야기는 박지원의 《열하일기》의 〈동란섭필〉에도 나오는데, 이렇게 서술하고 있다.

흡독석은 크기가 대추만 하고 검푸른 빛깔이다. 소서양에 있는 일종의 독사 머릿속에 든 돌인데, 이 돌은 능히 사갈蛇蝎과 지네 같은 여러 가지 독충들에게 물린 상처를 낫게 하고, 발치와 일체의 독종과 악창을 고친다. 이 돌을 종기 부위에 놓으면 종기 부위에 붙어 떨어지지 않다가 독기를 다 빨아내면 돌이 저절로 떨어지고 종기는 당장에 낫는다 한다. 그러나 반드시 사람의 젖 한 종지를 준비했다가 떨어진 돌을 빨리 집어넣어 젖빛같이 약간 노란색이 날 때까지 담가둔 후 맑은 물에 잘 씻고 닦아서 다음번에 쓸 수 있도록 한다. 만일 너무 오랫동안 젖에 담가두면 돌의 독이 모두 빠져서 오랜 뒤에는 영험이 없어진다 한다.

이 흡독석이 정확히 무엇을 의미하는지는 알 수 없다. 다만 홍대용도 《담헌서》 〈연기〉 편에 자신이 직접 흡독석 두 개를 선물받았다는 기록을 남긴 것으로 보아 가상의 물건이 아닌 것은 분명하다.

부자들이 가장 무서워하던 소갈증

부자들만 걸리던 병

소갈증消渴症은 소변에 당분이 섞여 나오는 질병으로 오늘날의 당뇨를 일컫는다. 이를 '소갈'이라고 하는 것은 소화가 너무 빨리 되어 식사를 자주 해야 하고, 갈증이 심해 물을 자주 마시게 되는 현상에서 비롯되었다. 말하자면 소화에서 '소'를 취하고 갈증에서 '갈'을 취하여 소갈이라는 병명이 붙은 것이다.

소갈증은 대개 양반이나 왕실에서 자주 발생하는 병증이었다. 흔히 잘 먹어서 걸리는 병이라고 해서 '부자병'이라고 부르기도 했다. 그런 까닭에 조선 양반들 가운데 소갈증으로 고생한 사람이 많았는데, 다음 글도 소갈증을 앓던 양반에 관한 내용이다.

공이 평소 소갈증으로 고생하다가 이때에 이르러 날이 갈수록 더욱 나뭇가지처럼 비쩍 마르며, 치아가 빠지고 다리가 마비되어 몸과 정신이 크게 변하자 여러 병증이 이 틈을 타서 마침내 악화되었다.

임종할 때 동생 무주공 김수빈에게 이르기를 "동기간이 삼성參星과 상성商星처럼 뚝 떨어져 있고 누이 한 명만이 성안에 있는데도 병이 들어 함께 영결할 수가 없구나"라고 하였다.

이 글은 《문곡집》 21권에 실린 김수민의 행장行狀 중 일부다. 《문곡집》은 조선 후기 노론 4대신 가운데 한 명이었던 김수항의 시문집인데, 김수항은 당대의 여러 인물에 대한 행장을 지었다. 이 행장의 주인공 김수민은 안동 김씨로 김수항과는 친척 관계에 있던 인물이며 덕산 현감을 지냈다. 김수민이 앓고 있던 병이 바로 소갈증이었는데, 합병증이 매우 심했던 모양이다. 몸이 마르고 치아가 빠지고 다리가 마비된 것도 모자라 정신마저 온전치 못하게 될 정도였다는 것이다.

하지만 소갈증이라고 해서 모두 이렇게 심각한 병증에 빠지는 것은 아니었다. 《미암집》을 쓴 유희춘도 소갈증을 앓고 있었는데, 그나마 건강관리를 잘한 덕에 65세까지 살았다. 65세면 당시로선 제법 장수한 편이었다.

중종 때 김안로, 채무택 등과 함께 권력을 농단하며 간흉 소리를 들었던 허항도 소갈증 환자였는데, 그 내용은 중종 31년(1536) 1월 21일 자 실록 기사에서 확인할 수 있다.

대사헌 허항이 아뢰었다.

"아둔한 신이 1년이 지나도록 분에 넘치게 풍헌의 장관으로 있었으니 실로 송구스럽습니다. 더구나 대사간에서 이 직에 옮겨 제수되었으니 양사兩司의 장관으로 있은 지 벌써 3년이 되었습니다. 한 사람이 요직에 오래 있으니 신의 마음이 미안할 뿐만 아니라 조정에서 사람을 등용하는 사체事體에도 매우 미안합니다.

또 이 부府는 바로 송사를 결단하는 곳입니다. 신이 오판한 송사로 신이 이 직에 있음으로 해서 아직 신원되지 못한 것이 반드시 많을 것이니, 어찌 원통해하는 자가 없겠습니까.

또 더군다나 신은 젊었을 때 중풍에 걸려서 조금 낫기는 하였으나, 이것으로 인하여 원기가 허약해져 자주 병을 앓습니다. 그런데다 지금은 소갈증이 점점 성하여 출사하지 못하고 조리하는 날이 또한 많아서 백사百司의 태만을 검속하기 어려우니 더욱 미안합니다. 신을 체직시켜주소서."

이에 교지를 내렸다.

"병은 조리하면서 출사할 수 있다. 풍헌의 장관은 지극히 무거운 임무인데 가벼이 체직할 수 없다. 술을 내려보내라."

세 번 사직하였으나 윤허하지 않았다.

이렇듯 허항은 당시 소갈증을 이유로 체직을 요구했으나, 중종은 그의 병세가 대수롭지 않다고 판단하고 허락하지 않았다.

소갈증은 합병증이 본격화되지 않으면 다른 사람은 알기 힘든 병이었다. 그래서 중종은 허항이 소갈증을 앓고 있다고 한 것은 대사헌에서 물러나기 위한 핑계 정도로 여겼던 것 같다.

사실, 소갈증은 50세가 넘은 관료 중 상당수가 앓고 있던 병이었다. 선조 때 좌의정에 있던 심희수도 소갈증을 이유로 사직을 청했지만 받아들여지지 않은 기록이 있고, 인조 때 대사간으로 있던 유백증도 소갈증을 이유로 사직했다. 이들 외에도 소갈증 때문에 관직 생활을 그만둔 관료는 부지기수다. 그만큼 소갈증은 조선시대 양반들에겐 흔한 질병이었다. 양반뿐 아니라 부자들의 상당수가 소갈증에 시달렸다. 그런 까닭에 소갈증을 별칭으로 부자병이라 했던 것이다.

어떤 방식으로 소갈증에 대처했을까?

조선시대에는 소갈증을 어떻게 치료했을까? 치료에 앞서 우선 소갈증의 원인을 열기라고 판단했다. 평소에 기름진 음식을 먹고 살이 찌면 기가 제대로 흐르지 못해 몸속에 열이 생기는데, 이 열 때문에 소갈이 발생한다고 믿었다. 이러한 열기는 부위에 따라 다르게 발생하므로 원인 부위별로 소갈을 세 가지로 구분했다.

첫째는 상소로, 이는 심장과 폐에 이상이 생겨 발생하는 소갈증이다. 이때는 갈증을 느껴 물을 많이 마시게 되는데, 그 결과로 맑은 소변을 자주 보게 된다고 한다.

둘째는 중소인데, 비위나 소장, 대장의 이상으로 발생하는 소갈증을 일컫는다. 중소는 소화가 너무 잘되어 배가 자주 고프고, 음식을 수시로 먹게 된다고 한다. 하지만 많이 먹어도 되레 살은 빠지고, 오줌 색깔도 노랗게 되는 특징이 있다.

셋째는 하소로, 신장의 이상으로 생긴 소갈증이다. 하소에 걸리면 다리와 무릎이 가늘어지고 동시에 뼈가 약해지며, 귓바퀴가 타들어 가듯 검게 되는 특징이 있다. 이 경우 갈증이 심하지 않은 대신 물을 마시면 곧바로 뿌옇거나 기름 같은 소변이 나오고, 때로는 정액이 저절로 분비된다고 한다.

조선시대 사람들은 이런 소갈증을 치료하려면 우선은 음식을 가려 먹어야 하고 성관계를 피해야 한다고 생각했다. 특히 갈증이 매우 심한 소갈증에는 대증요법으로 깨끗한 대나무잎을 따서 달인 후 즙을 짜서 마시거나 맥문동을 달여 마시기를 권했다. 그리고 소변을 자주 보는 소갈증에는 우렁이를 삶은 물을 마시거나 연뿌리를 찧어서 즙을 낸 후 꿀을 섞어 마셨다. 소변을 참을 수 없는 경우에는 돼지 위장을 푹 삶아 생강과 식초를 넣고 먹으면 효험이 있다고 여겼다.

살아서 죽음의 고통을 맛보는 학질

어린아이와 노인이 가장 두려워하던 질병

학질瘧疾은 한의학에서는 해학痎瘧이라고 하며, 열이 오르락내리락하는 증상이 오랫동안 지속되는 병을 일컫는다. 현대에 와서는 모기에 의해 전염되는 말라리아를 학질이라고 하지만, 조선시대만 하더라도 반복적으로 열이 오르내리는 증상이 나타나는 모든 병을 학질이라고 불렀다. 물론 제대로 된 학질은 역시 모기에서 비롯된 말라리아였을 것이다.

학질은 대개 모기에서 비롯되는 병이므로 여름에서 초가을까지 주로 나타났다. 실록의 학질에 대한 기록도 대부분 이 기간에 집중되어 있다.

학질은 남녀노소와 관계없이 걸리는 유행병으로, 조선인들이 굉장히 두려워하던 질병이었다. 특히 어린아이는 학질에 걸리면 상당수가 목숨을 잃었다. 그 때문에 학질은 손이 귀한 집의 대를 끊어놓는 질병이기도 했다. 노인들도 학질에 걸려 목숨을 잃는 경우가 많았다. 숙종 때 문신이자 학자였던 이현일도 수차례 학질을 앓았는데, 그는 자신의 시문집 《갈암집》에서 지인에게 보내는 편지를 통해 그 고통을 토로했다.

현일은 지난해 여름, 가을 이후로 환고患苦가 이어져 늘 침석에 누워 지냈으며, 봄부터 앓던 귀 어두워지는 증세는 다소 차도가 있으나 이달 보름 이후로는 또 학질을 다섯 차례나 앓았으니, 노년의 쇠잔한 기력이 어떻게 견딜 수 있겠습니까. 입맛이 없어 음식을 물리친 채 기진맥진한 몸으로 누워 있으니, 남은 것이라고는 단지 그저 숨만 붙어 있는 산송장일 뿐입니다. 스스로 불쌍해한들 어찌하겠습니까.

이현일은 학질을 앓고 있는 자신을 '산송장'에 비유할 정도로 병증이 심각했다. 열이 오르내리는 통에 운신을 편히 할 수 없고, 입맛도 없어 음식을 제대로 섭취하지 못하니 연로한 노인에겐 치명적인 병이었던 것이다. 그래서 괴롭고 어려운 상황에서 벗어나느라 진이 빠지거나 질리게 된 상태를 '학을 뗀다'고 표현하기도 한다. 그만큼 학질에서 벗어나는 것이 어렵다는 뜻이다.

학질을 물리치는 노래를 지어 부른 정약용

학질에 한번 걸리면 몇 년이고 낫지 않는 경우가 많았는데, 다산 정약용의 아내도 학질에 걸려 고생했던 모양이다. 그것도 하필 임신 중에 걸리는 바람에 정약용의 애를 태웠다. 그래서 정약용이 누차에 걸쳐 의원을 불러 아내에게 탕약을 먹이고 낫기를 염원했지만, 좀체 차도가 없었다. 이에 정약용은 답답한 나머지 의원에게 학질을 물리치는 노래를 지어서 주기까지 했다.《다산시문집》제1권에 남아 있는 그 시를 옮겨보면 이렇다.

으스스 한기 돌 땐 살갗이 싸늘하고
열이 펄펄 끓을 땐 간장을 졸이는 듯
귀신은 약속한 듯 네 어찌 찾아오며
복성은 온 성안을 어찌 두루 못 비추나
이제 장차 한 뿌리 동삼을 가지고서
문밖으로 귀신 몰아 평안을 얻고지고
寒萩萩洒肌肉 熱熇熇煎肺腸
鬼耶胡能來有信 星耶何不徧一城
逝將一條孩兒蔘 長驅出門得安平

　　정약용이 의원에게 이 시를 전하고 나서 다행히 그의 아내는 학질에서 벗어났다. 임신한 몸으로 무려 100일이나 열병을 앓은 끝에 가까스로 '학을 뗀' 것이다. 하지만 그의 아내는 8개월 만에 조산하고 말았다. 그리고 불행히도 아이는 태어난 지 4일째 되는 날 죽고 말았다. 이때가 정조 5년(1781) 신축년이니, 정약용의 나이 20세 때의 일이다. 훗날 정약용은 자신의 문집에 아이를 잃은 슬픔을 이렇게 썼다.

"내가 모두 6남 3녀를 낳았는데, 산 아이들이 2남 1녀이고 죽은 아이들이 4남 2녀이니, 죽은 아이들이 산 아이들의 두 배이다. 아아, 내가 하늘에 죄를 지어 잔혹함이 이와 같으니, 어찌할 것인가?"

정약용은 여러 권의 의서를 쓸 정도로 의학에 남다른 조예가 있었다. 하지만 아내의 학질엔 속수무책이었고, 그래서 애타는 심정으로 학질을 쫓는 노래를 지어 하늘에 빌기까지 했다. 요행히도 아내는 학질에서 무사히 벗어났으나 아내의 배 속에 있던 딸아이는 죽고 말았으니, 아비로서 죽음의 고통을 대신 토로했다.

학질의 증상과 대처법

《동의보감》은 학질이 생기면 우선 솜털이 곤두서면서 하품이 나고, 그 후에는 이빨이 딱딱 부딪칠 정도의 추위를 느낀다고 전한다. 또 허리와 등이 부서질 듯 아프고, 극심한 두통이 연이어 찾아오면서 지독한 갈증에 시달리게 된다. 그 과정에서 열이 올랐다 내렸다를 반복하는 증상을 보인다.

한의학에서는 학질에 걸렸을 때 열이 오르락내리락하는 것을 몸속의 음기와 양기가 서로 세력 다툼을 벌이는 것이라고 해석한다. 음기가 왕성해지면 추위에 벌벌 떨게 되지만, 반대로 양기가 왕성해지면 열이 올라서 찬물만 마시게 된다는 것이다.

　당시 의학에선 이런 학질에 걸리면 우선 음식을 줄이는 것을 급선무로 보았다. 음식이 체내에 종양을 유발한다고 믿었기 때문이다. 또한 성관계와 음주는 반드시 피해야 하며, 돼지고기와 쇠고기도 멀리해야 한다고 여겼다.

　학질에는 쇠무릎이나 칡, 박쥐 똥, 마황, 반하, 지모 등이 약재로 쓰였다. 특히 쇠무릎은 장기간 지속되는 학질에 효과적이라고 전한다. 주로 물과 술을 절반씩 섞어서 쇠무릎을 달여 마셨다. 칡뿌리도 주로 달여 마시게 했고, 박쥐 똥은 가루를 내어 식힌 차에 타서 먹었다. 열만 오르고 땀이 나지 않는 학질엔 마황을 달여 먹었고, 열이 심한 학질엔 지모를 달여 먹었다고 한다.

소문만 듣고도 10리 밖으로 달아났던 염병

_____

염병에 대한 조선 백성의 두려움

아주 못마땅한 일을 대할 때 흔히 쓰이는 욕설로 '염병하네'라는 표현이 있다. 염병染病에 걸리면 몸을 제대로 가누지 못할 뿐 아니라 예상치 못한 병증을 보이기 십상이었다. 조선시대의 염병을 현대 의학에서는 장티푸스라고 한다. 장티푸스는 고열, 복통, 두통, 몸살 등과 함께 설사와 변비, 코피, 기침까지 동반한다. 주로 세균에 감염된 음식이나 물에 의해 전염되는데, 염병이 돌면 온 집안사람들이 죽어나가는 경우가 많았다고 한다. 그만큼 염병이 조선시대 사람들에게 두려움을 주었으니 욕설까지 생겨났던 것이다.

그런데 조선시대 사람들이 말하는 염병은 장티푸스에 비해 꽤 광범위한 개념이었다. 당시 사람들은 대개 염병을 열병의 일종으로 보고, 열과 설사, 기침이 동반하면 염병이라고 판단했다. 하지만 그 원인을 정확히 규명하지 못하여 염병에 대한 두려움이 더욱 컸다.

염병에 대한 조선시대 사람들의 공포는《미수기언》별집 제5권 〈서독〉 편에 다음과 같이 표현되어 있다.

봄여름 이래로 온 집안에 염병이 돌아 깊은 산골에 혼자 피해 있는데, 사람들과의 왕래가 오랫동안 끊겨 문득 세상을 피해 은거하는 듯한 정취를 느낀다오. 귀하를 만나볼 길이 없어 그리워할 뿐이외다.

《미수기언》은 17세기의 정치가이자 문장가였던 미수 허목의 문집인데, 위의 글은 허목이 염병을 피해 산골에 숨어 지내면서 후학 이지렴에게 보낸 편지 중 일부다. 글에서 알 수 있듯 민간에 염병이 돌면 일반 백성은 산속으로 피신하여 지내야 했고, 그 바람에 서로 왕래를 끊을 지경이었다.

염병과 관련하여 다산 정약용도《경세유표》에 이런 기록을 남겼다.

길에 쓰러진 송장과 살림이 몹시 가난해서 염장斂葬하지 못하거나, 혹 굶주림과 염병으로 온 집안이 사망한 것은 관에서 거두어 매장해야 한다.

염병으로 온 집안 식구가 모두 사망하면 관에서 그 시신들을 치워줘야 한다는 내용이다. 그만큼 염병 탓에 일가족이 목숨을 잃는 경우가 많았다는 뜻이기도 하다. 심지어 부모가 염병으로 사망하면 자식들이 장례도 치르지 않고 달아나는 경우가 허다했다 하니, 당시 사람들이 염병을 얼마나 무서워했는지 알 만하다.

연일 죽어나가는 죄수들

염병은 전염성이 강했기 때문에 집단생활을 하는 곳에서는 금세 퍼졌고, 환경까지 열악하다면 상황은 더욱 악화될 수밖에 없었다. 환경이 열악하고 집단생활을 하는 대표적인 곳이 바로 감옥이었다. 그런 까닭에 감옥에 염병이 퍼지는 경우가 잦았다. 중종 15년(1520) 6월 12일 자 실록 기사가 바로 그 사례다.

조강에 나아갔다. 상이 일렀다.

"요즈음 형조의 보고 내용을 보건대 수인囚人이 많이 죽고 또 병 때문에 수인들을 옮기니 형刑을 삼가야 하겠다."

이에 지사 형조판서 홍숙이 아뢰었다.

"근일 강도가 많이 죽고 옥중에 병이 번성합니다. 이 때문에 수인을 옮기는데 그 증세는 다 몸에 열이 나니 이것은 염병입니다. 요즈음 5~6일은 조금 덜하나 이미 죽은 자가 매우 많으므로 신 등도 두렵습니다."

그러자 상이 일렀다.

"수인이 앓아 죽는 것은 형관刑官의 잘못은 아니지만 죽은 자가 지극히 많으니 더욱 형벌을 삼가야 하며, 또 상시 강도를 추국할 때에도 잘 살펴야 한다. 저들이 끌어대는 것은 거의 다 혐의가 있는 사람이지 참으로 무리를 같이한 자들이 아니다."

이에 홍숙이 아뢰었다.

"전일에도 이 분부가 계셨으므로 본조本曹가 늘 살핍니다. 그러나 도둑에는 반드시 무리가 있을 것이니 묻지 않을 수 없습니다."

내용인즉, 감옥에 염병이 창궐하여 많은 죄수가 죽고 있으니 함부로 형을 집행하지 말라는 것이다. 하지만 죄수 가운데 염병을 가장하고 잔꾀를 부리는 자가 있을 수 있으니, 잘 판단하라고 당부하고 있다.

그 외에도 실록엔 염병 때문에 감옥의 죄수들이 죽어나가는 사태가 벌어진 일을 기록한 기사가 넘쳐난다. 하나만 더 소개하자면, 중종 37년(1542) 4월 8일의 기사에 감옥에 염병이 돌자 전옥서에 갇힌 죄수들을 병조로 옮기라는 내용이 있다.

정원에 전교하였다.

"전일에 형조가 '전옥의 수인이 염병으로 많이 죽으니 전례에 따라 옛 병조에 옮겨 가두어야 한다' 하였는데, 병조가 '오래된 문서와 군사들의 포물布物이 간수되어 있으니 옮겨 가두는 것은 온편하지 못하다'고 하였다. 예전에도 우연히 헤아려서 그곳에 옮겨 가둔 것이 아니며, 부득이 난간과 담이 튼튼한 곳이라야 되고 군사의 포물을 간수한 것도 지난해에 비롯하였으니, 옮겨 가두기가 매우 쉬울 것이다. 문서는 굳게 봉하여 깊이 두고 날짜를 정하여 옮겨 가두도록 하라. 형옥 사이에서 죽는 자가 연이었는데, 더구나 염병이겠는가."

염병에 대한 대처와 민간요법

지방에 염병이 퍼지면 중앙에서 의관과 약품을 내려 염병에 대처했는데, 염병은 워낙 무서운 전염병이라 왕까지 나서서 해결을 위해 고심했다. 인조 16년(1638) 6월에 염병이 평안도 일대에 크게 퍼졌는데, 실록은 이에 대한 기사를 다음과 같이 실었다.

내의원 관원이 도제조의 뜻으로 아뢰었다.

"방금 왕세자를 모시고 간 의관 김신성 등이 올린 서계를 보니, '관사에 염병이 퍼져 심지어 죽는 자도 있습니다' 하였습니다. 그가 계청한 염병을 다스릴 여러 약물 및 각종 재료를 마땅히 제때 들여보내야 하는데 지금은 들어가는 인편이 없습니다. 별도로 금군禁軍이 평안 감사에게 가져다주게 하여 삭선朔膳(초하룻날 임금이나 세자에게 올리는 수라상)을 들여보낼 때 부쳐 보내는 것이 마땅합니다. 보낼 약재가 한 짐이 되지는 않으나 금군이 직접 가지고 갈 수는 없습니다. 병조로 하여금 말을 주어 보내게 하는 것이 어떻겠습니까?"

이에 알았다고 전교하였다.

이렇듯 나라에서는 염병에 대해 약제를 처방하여 고치는 방법을 택했지만, 민간에서는 다른 방법을 구사했다. 염병이 퍼지면 발병한 사람의 집에서 이상한 냄새가 났는데, 당시 사람들은 그 냄새를 맡으면 전염된다고 믿었다. 그래서 냄새를 맡지 않기 위해 코끝에 참기름을 발랐다. 만약 냄새를 맡은 경우에는 종이심지로 콧구멍을 간질려 재채기를 함으로써 냄새를 내보내게 했다.

민간에서 염병을 즉시 물리치는 약으로 자주 쓰인 것은 석웅황石雄黃이라는 약이다. 이 약제는 냄새를 물리치고 염병을 없애는 효능이 있다고 하여 가루를 내어 코에 넣곤 했다. 물론 이런 민간요법이 효험이 있었다고 볼 수는 없다. 하지만 당시 사람들은 비싼 약재를 구할 수 없었기 때문에 민간요법으로 염병에 대처했다.

그러나 일반 백성이 염병에 대처하는 방법으로 가장 흔하게 쓴 것은 집을 버리고 산속으로 달아나는 것이었다. 전염을 피하기 위해서는 어떻게든 염병이 도는 지역에서 벗어나는 것을 최선으로 여겼던 것이다. 이는 의사들도 권하는 방법이었다. 하지만 집을 버리고 산속으로 피신하면 당장 끼니를 해결할 길이 막막했기 때문에 당시 서민에겐 산속으로 달아나는 것도 쉬운 일이 아니었다. 더구나 당시 산속엔 호랑이나 늑대와 같은 사나운 짐승들이 살고 있었기 때문에 어린아이가 있는 집에서는 무턱대고 산으로 달아날 수도 없었다.

그런 까닭에 약재를 구해 염병을 퇴치하는 것이 가장 효과적인 수단이었다. 조선시대 의원들이 백성에게 권한 약재 중에 대표적인 것은 주사, 칡, 연뿌리, 고삼, 이끼, 대나무 기름, 파 뿌리 등이다. 대개 민간에서 구하기 쉬운 것들이었다.

주사는 가루를 내어 환으로 만든 후 몇 알씩 복용하면 효과가 있는 것으로 알려졌다. 또 칡을 사용할 때는 금방 캔 것을 써야 하는데, 즙을 만들어 마시는 형태를 권했다. 연뿌리 역시 즙을 내어 마셨다. 교괴라고도 불리는 고삼은 산야에 흔히 피는 야생초인데, 식초에 달여서 마시곤 했다. 개울이나 우물에 붙어 있는 이끼를 찧어서 즙을 내어 마시면 역시 염병에 효과가 있다고 여겼다. 대나무 기름은 열을 내리는 효능이 있으므로 금방 길은 물과 섞어서 마셨다.

집안의 대를 끊는 악귀 홍역

대유행으로 10만 명 이상의 사망자가 발생하다

홍역紅疫은 오늘날엔 2급 전염병에 불과하지만, 조선시대엔 지독히 무서운 역병으로 인식되었다. 홍역이 돌면 거리에 인적이 끊겼고, 특히 어린아이가 있는 집에서는 더욱 무서워했다. 대개 사람들은 성인이 되기 전에 90% 정도가 홍역을 앓고 지나가는데, 조선시대엔 홍역이 대유행하면 전국적으로 많은 사람이 죽었다. 특히 어린아이의 사망률이 높았다. 어른이라 하더라도 어릴 때 홍역을 앓지 않아서 항체가 형성되지 않았다면 역시 위험하긴 매한가지였다.

홍역은 발진성 바이러스 질병으로 피부에 붉은 발진이 생기기 때문에 홍역이라고 불렀다. 바이러스에 대한 개념이 없던 조선시대엔 홍역을 마진麻疹의 한 종류로 보았다. 당시 사람들은 피부에 돌기가 생기는 것을 두창痘瘡과 마진으로 구분했는데, 두창은 돌기가 큰 것을 말하고, 마진은 돌기가 작은 것을 말한다. 그래서 천연두를 두창의 하나로 생각하고, 홍역을 마진의 하나로 여겼다.

홍역의 대유행에 관한 기사는 실록의 여러 곳에 남아 있는데, 그중에서도 아주 상황이 심각했던 때는 숙종 33년(1707)이었다. 다음은 당시 상황을 기록한 실록의 내용이다.

전교하였다.

"오늘 내전內殿과 세자가 대내大內로부터 피신할 것이니, 정원政院에서는 모두 알도록 하라."

이는 왕자가 홍역을 앓았기 때문이었다. _숙종 33년 4월 20일

평안도에서 홍역으로 사망한 사람이 전후로 모두 1만 수천 명이라고 장문狀聞하였는데, 경외京外가 대략 같았으니, 전에 없던 재앙이라고 할 만하다. _숙종 33년 4월 26일

이때 홍역은 궁궐과 한성, 평안도뿐 아니라 팔도 전체에 퍼졌다. 게다가 이듬해까지 이어져 전국에서 10만 명 이상의 사망자를 낳았다. 그야말로 대재앙이었다.

문인들의 글에 등장하는 홍역

홍역은 한 집안의 대를 끊어놓거나 가솔 모두를 환자로 만드는 일이 다반사였다. 조선시대 문인들이 남긴 글에는 이와 관련된 내용이 수없이 발견된다. 조선 실학의 중조라고 불리는 이익은 《성호사설》의 〈이치화에게 답하는 편지〉에서 홍역으로 손녀를 잃은 일을 이렇게 전한다.

> 저는 아들(이맹휴)이 죽은 뒤로 손자와 손녀 둘만 있었는데 손녀가 홍역을 앓다가 요절하였으니, 몸의 우환과 집안의 재앙이 갈수록 혹독합니다. 아들의 상기喪期는 이미 지났고 저는 아직 죽지 않고 있으니, 슬픈 것이 아니라 괴이합니다. 또한 생각해보면 장수하느냐 단명하느냐는 모두 천명에 달려 있으니, 이 물건은 과연 무엇을 했다고 장수를 한단 말입니까?

이익은 아들의 죽음에 이어 손녀까지 홍역으로 잃자, 80세가 넘도록 장수하고 있는 스스로를 탓했다. 심지어 자신을 '이 물건'이라고 표현하기까지 하며 자손들의 죽음에 대한 고통을 토로했다.

하지만 이익은 자신이 직접 홍역으로 고통받는 입장은 아니었다. 홍역에 걸려 병마와 싸우며 괴로운 나날을 보내다 주변 가족들까지 잃은 선비의 글도 있다. 숙종 때 문인 임영은 어른이 된

후 홍역에 걸려 병마에 시달렸고, 자식이 또한 함께 홍역을 앓으며 사경을 헤맸다. 급기야 집안의 장손을 홍역으로 잃었다. 그의 문집《창계집》의 〈오관지께 답함〉이라는 편지에 당시 상황이 묘사되어 있다.

지난 납월臘月 28일 이생이 돌아와 형의 답서를 전해 주었는데, 이 아우는 당시 홍역을 앓아 반점이 생기는 초기였습니다. 고열로 혼미한 가운데 기운을 내서 일어나 한 번 읽어보고 서찰에서 말하는 대체적인 내용에 대해 그래도 대략적으로 알았고, 일도양단一刀兩斷 한다는 말씀의 경우에는 거듭 외우며 완미하였습니다. 그 뒤로 며칠 동안 병이 더욱 심해져서 정신이 비몽사몽하여 사람이 들고 나는 것도 알아차리지 못했으나, 잠깐 정신이 돌아오면 다시 형의 이 말씀을 생각하였으니, 이렇게 한 것이 대개 여러 날이었습니다. 병이 차도를 보인 이래로는 또 일찍이 이 말씀을 정성스럽게 생각하지 않은 적이 없습니다만, 그 말만 외우고 그 공부에는 힘쓰지 못하였으니, 이는 지극한 형의 가르침을 저버린 것입니다. 부끄러움과 탄식을 형용할 길이 없습니다.
(…) 이 아우는 홍역을 몹시 심하게 앓아 거의 죽다가 겨우 살아났습니다. 그런데 제 병이 낫자마자 작은아이가 또 몹시 앓았고, 성인이 된 저의 형님의 장손이 이 병에 걸려 갑자기 요절하였습니다. 이 아우가 크게 병을 앓고 난 뒤 근심하고 놀라고 슬퍼하게 되니, 어찌

몸이 더 상하는 일을 피할 수 있겠습니까. 지금은 여증餘證이 반복해서 몸을 괴롭혀 열기가 오르락내리락하매 정신이 혼미하여 조금이라도 사려할 일이 생기면 머리에 문득 통증이 크게 일어나니, 완쾌까지는 아직도 까마득합니다.

임영이 편지를 보낸 오관지는 숙종 때 예문관 대제학을 지낸 문신 오도일이다. 임영은 그와 편지를 주고받으며 홍역에 시달린 자기 집안의 사정을 알렸다. 임영의 말대로 홍역에 걸리면 고열에 시달리며 정신이 혼미해지고 사경을 헤매기 십상이었다. 그러다 체력이 받쳐주지 못하면 결국 죽음에 이르게 된다. 대개 성인의 경우 홍역으로 죽는 경우가 많지는 않았다. 홍역으로 죽음을 맞는 절대다수는 역시 어린아이들이었다. 그런데 집안의 장손이자 임영의 조카는 성인임에도 홍역을 이겨내지 못해 끝내 죽었고, 그 여파로 온 집안이 초상집이 되고 말았다는 것이다.

이익이나 임영의 글뿐 아니라, 조선시대 문인들의 문집 속에는 홍역에 대한 언급이 빈번하게 나타난다. 그만큼 홍역은 조선시대 사람들과 불가분의 관계에 있었고, 또 반드시 한 번은 겪어야 하는 고통이었다. 그래서 몹시 애를 먹거나 어려운 일을 겪었다는 뜻으로 '홍역을 치른다'는 표현이 생긴 것이다.

전설의 영약 백화사환

조선시대에 홍역은 어른이 되는 과정에서 반드시 겪어야 하는 통과의례처럼 여겨졌다. 그런 까닭에 조선시대 사람들은 홍역 치료에 남다른 관심을 기울였다. 의사 중에는 홍역 치료만 전문으로 하는 이들이 있었고, 홍역만 따로 연구한 서적도 있었다. 조선 의서 가운데 홍역 치료에 관한 최고봉은 정약용이 쓴 《마과회통》이다. 6권 3책으로 된 이 책은 온전히 천연두와 홍역의 예방과 치료에 관해 서술하고 있다. 정약용이 《마과회통》을 쓴 배경엔 자식 잃은 아비의 슬픔이 있었다. 그도 홍역과 천연두로 자식을 여럿 잃었기 때문이다.

하지만 조선 백성의 대다수는 《마과회통》과 같은 의서나 뛰어난 의원들의 도움을 받지 못했다. 사실, 홍역은 일단 걸리면 특별한 치료법이 없기 때문에 약을 사용해도 크게 효험이 없었다. 이는 조선시대나 지금이나 마찬가지다. 지금이야 백신을 맞는 것으로 홍역을 예방하지만, 조선시대엔 백신이 없었으므로 일단 홍역이 돌면 멀리 피하는 것이 상책이었다. 만약 걸리면 그저 온전히 자신의 체력으로 홍역을 이겨낼 수밖에 없었다.

그런데 당시에 홍역 치료제로 소문난 약은 있었다. 바로 백화사환百花蛇丸이라는 약인데, 흰색의 꽃뱀으로 만든 환으로 너무 귀해서 만드는 것은 물론이고 구하기도 어려웠다. 중국의 의서 《보제방普濟方》에는 "폐장의 풍독, 피부의 가려움, 부스럼, 옴, 두드러기, 홍역을 치유한다"고 기록되어 있다.

하지만 백화사환이 얼마나 효과가 있었는지는 정확하게 알 수 없다. 또한 백화사로 불리는 백색 꽃뱀은 아주 드물게 발견되며 한국에는 서식하지 않는다고 알려져 있다. 예부터 백사가 영약이라는 말이 있는데 백화사 역시 그런 이유로 영약으로 여겨졌을 따름이다. 또한 조선의 어떤 책에서도 백화사환을 직접 사용하여 홍역을 고쳤다는 기록은 찾아볼 수 없다. 그야말로 중국 의서에 전설처럼 전해지는 영약일 뿐이다.

사회적 거리 두기의 원조 천연두

천연두의 역사

천연두天然痘는 지금도 1급 감염병으로 분류되며, 조선시대엔 귀신보다 무서운 질병이었다. 그래서 천연두에 대한 명칭도 손님, 마마媽媽, 포창疱瘡, 호역戶疫 등으로 다양하게 불렸다. 의학적으로는 두창의 하나로 보았다. 두창이란 돌기가 크게 생기는 피부병을 의미한다.

천연두에 걸리면 오한, 발열, 두통, 요통 등 각종 통증과 함께 피부 및 점막에 포진이 생긴다. 포진은 발진하면서 점차 변화하는데, 구진丘疹·수포水疱·농포膿疱·가피痂皮의 순서로 진행된다. 구진이란 피부에 언덕처럼 솟구쳐 오른 포진을 말하며, 수포는 그 속에 물주머니가 형성된 상태를, 농포는 농이 생긴 포진을, 가피는 말라서 딱지가 된 상태를 의미한다.

천연두는 환자와의 접촉을 통해 전염되는데 폐쇄 공간에서는 공기 전염도 가능하다. 환자의 코나 입에서 나온 배설물, 피부 혹은 점막에서 나온 분비물, 부스럼 딱지 등에 의해 전파되기도 한다. 자연 치유는 증상 출현으로부터 모든 가피, 즉 부스럼 딱지가 사라질 때까지 20일 정도가 걸린다. 피부에 흉터가 남는 후유증이 있는데, 흉터가 분화구처럼 파여 곰보가 될 수 있다.

천연두가 우리 역사에 나타난 지는 매우 오래되었고, 기록상으론 신라시대부터 보인다. 신라의 선덕왕과 문성왕이 질진疾疹에 걸려 사망했다고 기록되어 있는데, 이 질진이 바로 천연두를 가리킨다. 고려시대의 기록 중에는 《향약구급방》에 "소아 완두창豌豆瘡이 발생하려 하거나 이미 발생하여 숨어 있는 것은 모두 마땅히 빨리 치료하여야 한다"고 쓰여 있는데, 여기서 완두창이 곧 천연두다. 완두창은 수나라와 당나라의 의서인 《병원후론病源候論》,《천금방千金方》,《성제총록聖濟總錄》,《성혜방聖惠方》 등에 나오는 병명이다.

천연두를 두창이라고 부르기 시작한 것은 조선 중기에 이르러서다. 조선 초기 세종의 아우 성녕대군이 완두창으로 죽었다는 기록이 있는데, 이때만 하더라도 천연두를 완두창이라고 불렀음을 알 수 있다. 그러다 선조 때에 이르러 허준이 《두창집요痘瘡集要》라는 책을 편찬했는데, 이때쯤부터 천연두를 두창의 하나로 다루기 시작했던 셈이다.

천연두 예방은 강력한 '거리 두기' 방식으로

이렇듯 천연두는 의학적으로 전염성 피부병 중 하나로 판단했지만, 민간에서는 악한 귀신이 옮기는 병으로 여겼다. 물론 천연두뿐 아니라 모든 역병을 당시 사람들은 귀신 소행으로 보았다.

천연두를 옮기는 귀신을 '두창신'이라고 불렀는데, 이 때문에 각종 금기 사항이 생겼다. 두창이 발생하면 제사를 지내지 못하도록 했고, 결혼과 같은 잔치도 금했으며, 심지어 부부간에 성관계도 하지 못하도록 했다. 결과적으로 보면 서로 접촉하지 못하게 했는데, 이는 현대의 바이러스성 전염병을 예방하는 방식과 유사하다. 제사든 잔치든 부부관계든 모두 접촉이 일어나는 일이므로 접촉을 막기 위해 이런 금기 사항을 둔 것으로 보인다. 요즘 말로 하면 강력한 '사회적 거리 두기'를 실시했던 셈이다.

어쨌든 당시 사람들은 두창이 두창신이 노하여 퍼뜨리는 것으로 여겼기 때문에 금기 사항을 어기면 살아남기 힘들다고 믿었다. 두창신을 달래기 위해 목욕재계하고 정성으로 두창신에게 기도를 드리기도 했다. 두창의 전염을 방지하기 위해 마을 어귀에 두창장승을 세우는 일도 있었다. 이른바 '손님'으로 불리는 두창신이 들어오지 못하도록 하는 일종의 주술을 쓴 셈이다.

조선 정부의 천연두 예방책도 민간의 풍습과 크게 다르지 않았다. 우선 두창이 돌면 정부에서 가장 먼저 하는 일이 여제厲祭(나라에 역병이 돌 때 지내는 제사)였다. 역병이 억울한 원혼들에 의해서 일어난다고 여겨 우선 원혼을 달래는 제사부터 지낸 것이다. 이후 두창이 도는 지역에 접촉 금지령을 내리고, 결혼을 비롯한 모든 행사를 중단시켰다.

천연두로 인한 강력한 거리 두기를 결정한 사례는 실록에 여러 차례 기록되어 있다. 연산군 5년(1499) 1월 27일의 다음 기사도 그중 하나다.

윤필상, 정문형, 한치형, 성준 등을 불러 전교하였다.

"원자가 천연두를 앓고 있으니, 기휘忌諱(피함)하지 않을 수 없소. 마침 관이 빈소에 있어 조석으로 이 기휘할 때에 곡읍哭泣(소리 내어 슬프게 우는 것)하니, 온당한 일이 아니오. 경 등의 의견은 어떠하오? 상사喪事가 비록 중하다 할지라도 이도 또한 중한 것이니 이를 어떻게 처리하여야 하겠소?"

이에 윤필상 등이 아뢰었다.

"지금 하교하신바 두 일은 어느 것이 중하고 어느 것이 경하다고 구분하기 어렵습니다. 일반 상인의 집이라면 그곳만 기휘할 뿐입니다. 그런데 지금 원자께서 비록 정미수의 집에 계신다고는 하오나 궐내의 일은 외간과는 다르옵니다. 신 등의 뜻으로는 제사 드리는 일은 어쩔 수 없지만 조석으로 드리는 곡만은 우선 정지하고, 또 사람의 왕래도 금하는 것이 온당할 듯합니다."

이에 전교하였다.

"가하다. 건양문을 닫고 통행하지 못하도록 하라."

　다른 사람도 아닌 장차 세자가 될 원자가 천연두를 앓고 있었는데, 하필 이때 예종의 계비 안순왕후 한씨가 죽었다. 제사를 지내는 일도 중요하지만 천연두와 같은 전염병이 퍼지는 것을 두려워하여 곡을 중지하고 궐문을 닫거는 조치를 취한 것이다.

　전염병에 대한 거리 두기 차원의 접촉 금지 행위는 중국 사신이 왔다고 해서 예외가 아니었다. 숙종 3년(1677) 11월 9일의 다음 기록이 그 사례다.

　　임금이 장차 청나라 사신을 교외에서 친히 전별하려 하니, 윤휴가 간하였다.

　　"천연두가 성안에 널리 퍼져 있는데, 전하께서 어찌 경솔하게 위험을 무릅쓰고 멀리 가실 수 있겠습니까?"

　　임금이 거둥을 정지하고자 영접도감에 명하여 청나라 사신에게 시험 삼아 말해보게 하였더니, 청나라 사신이 들어주지 않았다. 도감에서 그러한 사정을 아뢰니, 윤휴가 말하였다.

　　"도감의 여러 신하가 반복해서 타이르지는 못하고 전하께 청請하여 이루려고만 기하니, 몹시도 신하된 도리가 아닙니다. 저쪽에서 비록 시종일관 들어주지 않는다 하더라도 결코 가실 수 없습니다."

재위 3년 당시 숙종은 열일곱 살 소년이었다. 그때까지 숙종은 천연두를 앓은 적이 없었기 때문에 천연두가 만연한 궁궐 밖으로 나가는 것은 매우 위험한 일이었다. 그래서 당시 대사헌이었던 윤휴가 임금의 거둥을 강력하게 반대한 것이다.

천연두에 대한 의학계의 대응

한편 당시 의학에서는 두창의 원인을 태독설胎毒說과 운기설運氣說로 설명했다. 태독설이란 아이가 어머니의 배 속에 있을 때 악한 기운을 받아 두창에 걸린다는 설이다. 이는 송나라 때 전을이 지은《소아약증직결小兒藥證直訣》에서 주장하는 내용이다. 물론 단순히 태아 때 받은 나쁜 기운만으로 두창이 형성된다고 보진 않았다. 외적 요인이 또 있었는데 바로 운기설이다. 우주의 기운이 나빠지면 두창이 발생하는데, 이때 태독을 가진 사람이 두창에 걸린다는 것이다. 즉, 두창은 태아 상태에서 나쁜 기운을 얻은 아이가 나쁜 운기와 만나 얻는 질병이라고 이해한 셈이다.

천연두, 즉 두창의 증세에 대해 의학계는 발열 3일, 출두出痘 3일, 기창起脹 3일, 관농貫膿 3일, 수엽收靨 3일 등 다섯 기간으로 나눠서 15일 동안 진행되는 것으로 이해했다. 즉, 열이 3일 동안 나며, 그 뒤 콩 같은 돌기가 3일에 걸쳐 나고, 그것이 부푸는 기간이 3일이고, 고름이 맺히는 데 또한 3일이며, 딱지가 형성되는 것이 3일에 걸쳐 진행된다고 보았다.

당시 의학에서 제시하는 천연두 예방법은 어떤 것이 있었을까? 우선은 민간의 풍습과 마찬가지로 두창 환자의 집에 왕래하는 것을 철저히 금하고, 환자 역시 격리하는 방법을 썼다. 그리고 삼두음三豆飮과 희두방稀痘方이라는 예방약을 복용했다. 또 소독의 일환으로 특별한 약을 제조하여 물과 섞어 씻는 방법도 사용했다. 하지만 이는 천연두를 예방하는 근본적인 대책은 되지 못했다.

정약용과 지석영의 종두법 도입

18세기 말에 이르러 드디어 예방접종법인 종두법이 도입되었다. 종두법을 처음 도입한 인물은 정조 때의 명신 정약용이다. 이때 사용한 예방접종법은 인두종법人痘種法이었다. 이는 두창을 앓는 사람에게서 두즙痘汁, 즉 진물을 취하여 인체에 주입하는 방법이다. 천연두에 한 번 걸린 사람은 다시는 걸리지 않는다는 사실에 착안하여 만든 예방법으로, 종두법과 흡사하다. 정약용은 자신의 저서 《마과회통》의 권말에 〈종두요지種痘要旨〉라는 제목으로 이 내용을 자세히 소개한다. 인두종법 외에 우두종법牛痘種法도 함께 기술했다. 우두종법은 소를 천연두에 걸리게 하여 그 두즙을 얻은 후 인체에 접종하는 방법으로, 인두종법에 비해 훨씬 안전한 예방법이었다.

정약용은 실제 자신의 제자 이종인과 함께 이 예방법들을 실행했다. 하지만 종두법은 서양에서 들어왔다는 이유로 배척되는 바람에 본격적으로 시행되지 못했다.

이후 한동안 종두법의 시행이 중단되었다가 1876년 강화도조약에 따른 개항 이후 지석영에 의해 널리 퍼졌다. 지석영에게 종두법을 가르친 인물은 박영선이었다. 그는 당시 일본에 수신사로 간 김기수의 수행원이었는데, 도쿄 순천당의원의 의사에게 우두종법을 배웠다. 일본인이 쓴 《종두귀감種痘龜鑑》이라는 책까지 얻어 온 그는 이후 제자들에게 종두법을 강의했는데, 지석영이 바로 그 제자 중 한 명이었다.

이론만으론 종두법을 제대로 이해할 수 없다고 생각한 지석영은 일본인이 세운 부산의 제생의원으로 가서 종두실시법을 두 달 동안 배웠다. 또 종두에 쓰이는 종두침을 얻어 1879년에 충주 덕산면의 처가에 들러 그곳 사람들 40여 명에게 종두를 실시했다. 이것이 조선시대 사람들에게 실시된 최초의 종두법이었다.

지석영은 1880년 5월, 종두에 필요한 두묘 제조법을 익히기 위해 일본으로 건너갔다. 김홍집이 이끈 제2차 일본 수신사 일행의 수행원 역이었다. 이때 지석영은 일본에서 두묘 제조법을 제대로 배웠고, 서울에 돌아와 이를 시술했다. 이후 지석영은 개화 인사들을 설득하여 전국적으로 종두법을 실시하는 데 성공했다. 마침내 천연두 극복의 시금석을 마련하게 된 것이다.

악병의 대명사 나병

하늘이 내린 천형으로 여긴 질병

나병癩病은 현대에 와서는 한센병이라고 불리지만, 과거에는 흔히 '문둥병'이라고 했다. 문둥병이라고 부른 것은 이 병에 걸리면 피부와 근육이 문드러지기 때문이다. 나병이라는 말도 '문드러지는 병'이라는 뜻이다.

인류사에 나병이 등장한 지는 아주 오래되었다. 공자의 가르침을 적은 《논어》에도 나병에 대한 언급이 있고, 기독교의 성경 《레위기》에도 관련 기록이 있다. 또 인도의 기록에도 기원전 600년경부터 나타난다. 마찬가지로 우리나라에서도 아주 오래된 질병이었다.

세종 때 편찬한 《향약집성방》 3권의 〈풍문風門〉 대풍나조大風癩條에는 나병에 대해 이렇게 기록하고 있다.

대풍나병은 모두 악풍惡風과 기혜忌諱하는 바에 범촉犯觸되어서 생겨나는 병이다. 처음 이 병에 걸리면 피부가 마비되고, 점점 괴로워지며, 가려운 것이 벌레가 기어 다니는 것과 같고, 붉고 검은 발진이 생긴다. 초기에 이 병을 바로 고치려면 미곡米穀이나 독어毒魚 같은 것을 먹지 말고, 호마胡麻와 송출松朮 같은 것을 먹는 것이 가장 좋다.

대개 이 병은 풍이 생김에 따라 걸리는 경우가 많은데, 초기에는 별로 큰 피해가 없지만 풍독風毒이 피부에 들어가면 자신도 모르는 사이에 사지를 돌아서, 혹은 오장에 들어가 털구멍이나 피부를 막히게 한다. 이 때문에 기혈氣血이 괴리乖離되고 마침내 피부가 마비되며, 동전 크기의 돌기가 생겨나고, 손바닥 같은 곳에 점점 퍼지면 마른 나뭇가지같이 되고, 침으로 찔러도 아프지 않다. 그리고 머리나 안면, 혹은 가슴이나 목에도 생기며, 벌레가 기어 다니는 것 같은 증상이 나타나고, 온몸에 퍼져서 아프고 가려우며 상처가 생겨나 오래되면 피부와 근절筋節이 파괴되어 문드러진다. 따라서 나병이라고 부르는 것이다.

의학서에서는 나병을 어류나 곡물에 의해서 전파되는 병으로 인식했지만, 민간에서는 역신이나 귀신의 소행으로 보았다. 나병에 걸리면 얼굴이 일그러지고 코가 문드러지기 때문에 조선시대엔 나병에 대한 공포심이 그 어떤 병보다 높았다. 사람들은 나병을 하늘이 내린 형벌로 인식하여 항상 '악병惡病'이라는 수식어를 붙였고, 하늘이 내린 천형이라 여겼다.

태워지거나 버려진 나병 환자들

당시 사람들이 나병에 대해 얼마나 큰 공포심을 가졌는지 보여
주는 사례는 얼마든지 있다. 다음은 인조 16년(1638) 1월 28일
자 실록 기사다.

> 청주 사람 박귀금이 자기 아비가 일찍이 대풍창大風瘡을 앓자, 전염
> 될까 염려하여 산에다 초막을 지어 아비를 그곳에 내다 두었다. 그
> 리고 아내와 함께 모의하여 초막의 문에다 풀을 쌓아놓고 불을 질
> 렀다. 감사가 그 사실을 조정에 아뢰자, 조정에서 경차관 임담을 파
> 견해 그 옥사를 안핵하게 하였는데, 귀금과 그의 아내가 모두 자복
> 하고 받아들였다.

여기서 말하는 대풍창이 곧 나병인데, 아들과 며느리가 나병
에 걸린 아버지로부터 감염될 것을 염려하여 아버지를 산속 초
막으로 데려가 불을 내서 살해했다는 내용이다. 그 때문에 그들
은 강상죄를 저지른 죄로 체포되었다. 나병이 얼마나 무서웠으
면 친부를 불에 태워 죽이기까지 했을까 싶다.

숙종 11년(1685) 8월 4일 자 다음 기사도 나병에 대한 공포심
때문에 벌어진 일이었다.

금부도사가 아비의 시체를 불태운 정득춘을 잡아왔다. 정득춘은 남원 사람으로 그의 아비가 나병으로 죽었는데 어떤 이가 말하기를, '그 시체를 태우면 자손에게 전염되지 않는다'고 하자 정득춘이 드디어 아비의 시체를 태웠으니, 그의 극도로 흉악함은 이전에 듣지 못한 것이었기에 그를 추국하여 정형定刑하였다.

이 사건 역시 강상의 죄를 범한 것으로 판단하여 엄벌을 가했지만, 내막을 살펴보면 역시 나병에 대한 두려움 때문에 저지른 일이었다.

당시 사회에서는 나병 환자를 벌레 보듯 했다. 그래서 하루빨리 죽기를 바랐다. 나병에 걸리면 산이나 바닷가에 버려지기 일쑤였고, 그런 현실을 나라에서도 공공연히 묵인했다.

나병 환자를 치료한 관리

그렇다고 모든 관리가 나병 환자를 방치한 것은 아니었다. 나병에 적극적으로 대응한 관리도 있었다. 세종 27년(1445) 11월 6일자 실록 기사를 보자.

제주 안무사가 아뢰었다.

"본주와 정의, 대정에 나병이 유행하여, 만일 병에 걸린 자가 있으면 전염되는 것을 우려하여 바닷가의 사람 없는 곳에다 두므로, 그

괴로움을 견디지 못하여 바위 벼랑에서 떨어져 스스로 생명을 끊으니 참으로 불쌍합니다. 신이 중들로 하여금 뼈를 거두어 묻게 하고, 세 고을에 각각 병을 치료하는 장소를 설치하고 병자를 모아서 의복, 식량과 약물을 주고, 또 목욕하는 기구를 만들어서 의생醫生과 중들로 하여금 맡아 감독하여 치료하게 하는데, 현재 나병 환자 69인 중에서 45인이 나았고, 10인은 아직 낫지 않았으며, 14인은 죽었습니다."

이때 나병 환자를 적극적으로 치료하여 살린 사람은 기건이라는 인물이었다. 기건에 대해서 문종 1년(1451) 4월 2일 자 기사에 이런 언급이 있다.

기건은 관리 업무에 조금 익숙하고, 여러 사서史書를 즐겨 보았다. 일찍이 제주 목사로 있을 적에는 전복을 먹지 않았으며, 또 제주가 바다 가운데에 있으므로 사람들이 나질癩疾(나병)이 많았는데, 비록 부모나 처자일지라도 전염될 것을 염려하여 사람 없는 땅으로 옮겨 두어서 절로 죽기를 기다렸다. 기건이 관내를 순행하다가 바닷가에 이르러 바위 밑에서 신음 소리가 나는 것을 듣고서 보니, 과연 나병을 앓는 자였다. 그 까닭을 물어 알고서, 곧 질병을 치료하기 위한 막사를 꾸미고, 나병을 앓는 자 100여 인을 모아두되, 남녀를 따로 거처하게 하고, 고삼원苦蔘元을 먹이고 바닷물에 목욕을 시켜서 태반을 고치니 그가 체임遞任되어 돌아올 때 병이 나은 자들이 서로 더불어 울면서 보냈다.

기건이 나병을 치료한 방법은 두 가지였다. 하나는 고삼원이라는 약과 다른 하나는 바닷물에 목욕을 시키는 방법이었다. 바닷물에 목욕을 시킨 것은 일종의 소독 행위였을 것이다. 그렇다면 고삼원은 어떤 약일까? 고삼원은 고삼환이라고도 하는데, 11세기에 편찬된 중국 의학 서적인 《태평혜민화제국방》엔 "비장의 풍독과 심폐의 적열로 인해서 피부에 옴이 생겨 몹시 가렵고 때때로 누런 물이 나오거나, 대풍으로 인해서 손발이 문드러지거나, 모든 풍으로 인한 피부에 쓴다"고 적혀 있다.

고삼원은 고삼 31냥에 다듬은 겨자 이삭 16냥을 가루로 만들어 묽게 쑨 풀에 반죽한 후 벽오동씨 크기의 환약으로 만들어서 사용하는데, 매번 30환을 차와 함께 먹는다. 고삼원의 재료인 고삼은 한국, 중국, 일본, 러시아 극동부 등에 널리 분포하는 여러해살이풀이며, 흔히 '도둑놈의 지팡이'라는 별칭으로 불린다.

나병 치료에 쓰인 명약

조선의 의서에는 고삼원 외에도 나병 치료에 쓰던 약이 몇 가지 더 소개되어 있다. 선조 때 정경선과 양예수가 편찬한 《의림촬요》에 언급된 명약 몇 가지를 소개하면 다음과 같다.

먼저 치대풍방治大風方이다. 이 약은 오사烏蛇(누룩뱀) 세 마리를 깨끗이 씻어 푹 쪄서 뼈를 버리고 살만 발라내 불에 구워 가루를 낸 다음, 찐 떡으로 쌀알 크기의 환을 만든다. 이것을 오골계에게 먹이는데, 오사 세 마리를 다 먹고 나면 오계를 삶아 고기만으로 가루를 내어 환을 만들거나 가루를 술에 타 복용한다. 환으로 만들 경우 찐 떡으로 반죽하여 매번 30~50환씩 복용한다. 이는 명나라 의서 《기효양방奇效良方》에서 인용한 내용이다.

다음으로 소개할 약은 백화사주白花蛇酒다. 하얀 꽃뱀으로 담근 술로, 백화사주를 만들기 위해서는 백화사 한 마리와 찐 밥 한 말이 필요하다. 먼저 항아리 바닥에 누룩을 깔고 비단주머니에 뱀을 넣어 그 위에 올린 다음 미음을 잘 섞어 다시 그 위에 올린다. 종이로 항아리 입구를 봉하고 21일 뒤에 항아리를 열어 술을 꺼낸다. 뱀의 껍질과 뼈는 제거하고 가루를 낸 다음, 술 한 잔에 가루를 조금 타서 따뜻하게 복용한다. 술밑과 술지게미도 모두 먹는다. 이 역시 《기효양방》에 언급된 내용이다.

하마원蝦蟆圓이란 약도 있다. 하마는 두꺼비를 말하는데, 하마원을 만들기 위해서는 우선 마른 두꺼비 한 냥을 누렇게 구운 것과 크고 살진 조각皂角 구운 것을 가루 내어 대나무 관에 담는다. 이후 양의 창자 속에 넣고 양 끝을 묶어, 밀기울 두 되를 시루 밑에 깔고 그 위에 놓아 푹 찐 다음, 밀기울을 빼고 사향 반 돈을 함께 넣어 찧은 후 벽오동씨만 한 크기의 환을 만든다. 매번 31환씩

빈속에 따뜻한 술로 넘긴다. 이는《인재직지방》에서 인용한 내용이다.

그 외에도 만형원蔓荊圓, 역로거풍환易老去風丸, 보기사영탕補氣瀉榮湯, 가감하수오산加減何首烏散, 오사고삼원烏蛇苦蔘圓, 통천재조산通天再造散 등의 약도 소개되어 있다.

Medical

3장

조선 왕들의
질병과 죽음

朝鮮

조선을 건국한 태조 이성계는 별다른 지병을 앓지 않았던 덕에 74세까지 장수를 누렸다. 70세를 의미하는 '고희古稀'라는 용어는 당나라 때 시인 두보의 시구 '인생칠십고래희人生七十古來稀'에서 나왔다. 이를 해석하자면 '인생 칠십은 예로부터 드물었다'는 뜻이다. 고희를 희수稀壽라고도 표현하는데, 이는 '드물게 오래 살았다'는 뜻이다. 그만큼 옛날에는 70세를 넘기는 경우가 많지 않았다. 그런 의미에서 보자면 이성계는 매우 장수한 셈이다. 더구나 이성계는 온갖 스트레스를 받고 사는 왕의 신분이었다. 조선 역사상 왕의 신분으로 70세를 넘긴 인물은 태조와 영조뿐이었다. 이 두 사람의 공통점은 뚜렷한 지병이 없었다는 것이다.

그러나 조선 왕 27명 중에 지병이 없었던 왕은 이들 두 사람에 한정된다. 나머지 인물들은 모두 지병으로 고생이 심했다. 그 바람에 환갑을 넘긴 왕도 태조와 영조 외에 정종, 광해군, 고종 등 세 사람밖에 없다. 그런데 이 세 명의 왕은 모두 왕위에서 물러나거나 쫓겨난 뒤에 환갑을 맞았다. 따라서 실질적으로 왕위에서 환갑을 맞은 왕은 태조와 영조 둘뿐이다.

　일국의 왕이라면 온갖 산해진미를 먹는 것은 물론이고 당대로선 가장 좋은 환경에서 지낸다. 거기다 의료 환경도 최고였다. 그럼에도 장수한 왕이 드문 이유는 무엇이었을까? 이를 두고 혹자는 왕이라는 자리가 너무 많은 일을 처리해야 하기 때문에 늘 격무와 스트레스에 시달려서 장수할 수 없었을 것이라고 말하기도 한다. 하지만 조선 왕들은 당시 일반 백성보다 평균적으로 오래 살았다. 조선 백성의 평균 수명이 35세 정도인 것에 비해 조선 왕들의 평균 수명은 47세였기 때문이다.

　조선 왕들의 평균 수명이 일반 백성보다 길었던 까닭은 무엇보다도 생활환경이 좋고 의료 혜택을 많이 받았던 덕이었다. 그러나 그들 역시 질병을 피하지는 못했다. 그나마 전국에서 가장 뛰어난 의사들의 치료를 받았던 덕에 수명을 연장할 수 있었던 것이다. 그렇다면 태종에서 정조에 이르는 조선의 주요 왕들이 어떤 병을 앓았고, 어떤 치료를 받다가, 어떻게 죽음을 맞이했는지 한번 살펴보자.

종기를 가볍게 여겼다가 풍을 맞고 쓰러진 태종

사가들은 흔히 조선 3대 임금인 태종 이방원을 매우 강건하고 지배욕이 강한 인물로 묘사한다. 그런 까닭에 이방원은 체력이 좋고 매우 건강했을 것으로 생각하기 십상이다. 하지만 그의 아버지 이성계의 표현에 따르면 이방원은 '파리하고 허약한 체질'이었다. 말하자면 그는 어릴 때부터 공부에 매달린 전형적인 백면서생 유형이었다. 무술을 익힌 적도 없고, 무장으로 전쟁에 나가 싸운 적도 없었다. 지배욕이 강하고 권력에 대한 집착이 강했던 것은 사실이나, 실제로 그가 익힌 무술은 기껏해야 양반들이 즐기던 활쏘기 정도였다. 또 잔병치레가 많지는 않았으나 질병을 앓지 않은 것은 아니었다.

이방원의 건강을 가장 위협한 질병은 종기였다. 사실, 종기라는 질병은 태종뿐 아니라 조선 왕들을 지독하게 괴롭힌 병마였다. 그만큼 종기는 당시로선 무서운 질병이었다.

태종의 몸에 처음으로 종기가 난 것은 36세 때인 재위 2년 (1402)이었다. 당시까지 태종은 큰 병치레 없이 지내왔는데, 그 해엔 무려 열 차례에 걸쳐 종기에 시달렸다. 그래서 태종은 이렇게 말한다.

"내가 지금 36세인데, 그전에는 창종瘡腫의 병이라고는 알지 못하였다. 그런데 금년에는 종기가 열 번이나 났다."

당시는 태종이 왕위에 오른 지 불과 2년이 지난 때였다. 그런 까닭에 왕권 강화에 매진했고, 자연스럽게 과다한 업무에 시달렸다. 그 와중에 종기가 생긴 것이다. 그것도 한 번이 아니라 열 번이나 계속 생겼다. 결국 태종은 일단 정사를 잠시 뒤로 물렸다. 그리고 주치의 양홍달을 불러 치료책을 물었더니, 양홍달은 이렇게 처방했다.

"깊은 궁중에 있으면서 외출하지 아니하여, 기운이 막혀 그런 것이니, 탕욕湯浴을 해야 합니다."

양홍달은 뜨거운 물에 몸을 담가 피로도 풀고 동시에 육신을 깨끗하게 씻을 수 있는 처방을 내린 것이다. 그런데 태종은 탕욕을 할 바엔 차라리 온천을 가겠다고 우겼다. 온천에 가면 자연스럽게 탕욕도 할 것이고, 동시에 오랜만에 궁궐을 벗어나 격무로 쌓인 스트레스를 풀 요량이었다. 어쩌면 양홍달의 처방보다 더 좋은 선택일 수도 있었다.

하지만 임금의 온천 나들이는 결코 간단한 일이 아니었다. 임금이 온천을 가면 조정 대신들도 줄줄이 따라가야 하고, 그 바람에 대규모 인원이 움직일 수밖에 없었다. 그것은 결과적으로 백성에게 대단한 민폐가 될 것이 뻔했다. 아니나 다를까 간관들이 태종의 온천행을 강력하게 반대했다. 간관들은 아직 태종의 나이가 젊으니 종기 정도로 큰 병을 앓지는 않을 것이라고 했다. 이 말에 태종은 발끈 화를 냈다.

"스물, 서른의 나이 젊은 사람은 절대로 병이 없느냐? 간관들이 내 병의 치료를 못 하게 말리니, 가지 않겠다."

그러자 어릴 적 친구이자 태종의 도승지였던 박석명이 태종을 달래며 기왕 온천을 간다고 했으니, 그냥 온천을 다녀오는 것이 좋겠다고 설득했다. 하지만 이미 화가 난 태종은 끝까지 온천을 거부했다. 그 대신 강무講武를 핑계로 해주에 사냥을 떠났다.

그런데 태종이 종기를 심하게 앓았던 것은 사실이었다. 태종 4년(1404)과 8년(1408)의 실록에는 종기 때문에 태종이 명나라 사신을 접대하지 못한 사실이 기록되어 있다. 또 종기 탓에 병상에 누워서 제대로 정사를 돌보지 못했다는 기록이 있는 것도 이런 사실을 뒷받침한다.

태종의 종기는 등에도 있었고 목에도 있었다. 종기가 심해지자 태종은 세종에게 왕위를 선위하겠다는 말을 직접 하기도 했다.

거기다 종기는 태종에게 또 다른 병을 유발했다. 이에 대해 실록은 이런 기록을 남기고 있다.

> 임금의 행차가 기탄으로 돌아오니, 상왕(태종)의 목 위에 난 작은 종기가 목욕할 때 중풍으로 병환을 더한 때문이었다.
>
> _세종 1년(1419) 5월 2일

당시 태종은 건강상의 이유로 세종에게 왕위를 넘긴 상태였다. 그리고 1년쯤 지났을 때 새로운 병이 생겼는데, 바로 중풍이었다. 조선시대엔 중풍에 걸리면 더 이상 사람 구실을 하지 못한다고들 했다. 그런데 그 중풍의 원인이 바로 종기였다. 목 위에 난 작은 종기에 개의치 않고 목욕을 했다가 이것이 덧나 중풍으로 이어진 것이다.

태종은 중풍을 맞은 후 제대로 거동을 하지 못했다. 시간이 지날수록 증세는 더욱 악화되었고, 급기야 그는 세종 4년(1422) 5월 10일에 중풍을 이겨내지 못하고 영영 잠들고 말았다. 그의 나이 56세였다.

온갖 질병으로 온몸에 통증을 달고 산 세종

세종은 조선 역사상 가장 많은 업적을 남긴 왕이다. 그런 까닭에 그가 매우 건강했을 것으로 착각하기 쉽지만, 실상은 전혀 딴판 이었다. 세종은 젊은 시절부터 온갖 질병에 시달렸다. 우선 조선 왕들에게 가장 흔했던 종기는 늘 달고 살았고, 다음으로는 소갈 증으로 불리던 당뇨, 거기다 당뇨 합병증으로 발생한 눈병에 요 통, 중풍까지 겪었다.

세종이 종기로 고생한 것은 한두 번이 아니었다. 거기다 동시 에 여러 부위에 생겼다. 세종의 몸에 종기가 처음 생긴 것은 23세 때였다. 왕위에 오른 지 1년 남짓 되었을 때 발에 종기가 난 것 이다. 이후 툭하면 종기가 생겼는데, 부위도 다양했다. 겨드랑이 에 날 때도 있었고, 어깨나 등에 날 때도 있었다. 때론 한꺼번에 여러 곳에 종기가 생기기도 했다. 이 때문에 세종은 자못 고생이 많았으나 다행히 치명적으로 악화되지는 않았다.

종기와 함께 세종을 괴롭힌 질병은 요통이었다. 어릴 때부터 책상에 앉아 있는 시간이 많았던 세종은 항상 허리가 좋지 않았다. 거기다 운동도 즐기지 않아서 허리에 병을 달고 살아야 했다. 하지만 거동이 힘들 정도로 심각한 상황으로 치닫지는 않았다.

가장 큰 문제는 바로 소갈증, 즉 당뇨였다. 세종은 어릴 때부터 육식을 좋아했을 뿐 아니라 살집이 좋은 몸매였다. 말하자면 음식을 즐기는 편이었는데, 이런 식습관이 당뇨를 부른 것이다. 타고난 체질이기도 했지만 운동을 싫어하여 몸 관리가 제대로 되지 않았고, 늘 정사에 몰두하느라 병을 충분히 돌보지도 않은 탓이 컸다.

세종이 당뇨를 본격적으로 앓은 것은 20대 말부터였다. 20대에 당뇨가 시작되었다는 것은 유전적 영향이 매우 컸다는 뜻이다. 게다가 세종은 소갈증 관리를 제대로 하지 못해 합병증까지 나타났다. 앞서 말한 종기도 계속되고 있었다. 이 때문에 세종은 재위 20년이 넘어가면서부터는 정사에서 손을 뗄 결심을 했다. 말하자면 세자에게 서무 결재권을 넘겨주려 한 것인데, 신하들의 반대가 거셌다. 세자에게 서무 결재권을 넘겨주면 졸지에 두 명의 왕을 섬기는 꼴이 되기 때문에 조정 대신들로선 여간 피곤한 일이 아니었기 때문이다. 그러자 세종은 자신이 여러 병을 앓고 있는 환자라며 신하들에게 이렇게 호소했다.

"내가 젊어서부터 한쪽 다리가 치우치게 아파서 10여 년에 이르러 조금 나았는데, 또 등이 부종으로 아픈 지 오래다. 아플 때를 당하면 마음대로 돌아눕지도 못하여 그 고통을 참을 수가 없다. 또 소갈증을 앓은 지 열서너 해가 되었다. 그러나 이제는 역시 조금 나았다. 지난해 여름에 또 임질을 앓아 오래 정사를 보지 못하다가 가을 겨울에 이르러 조금 나았다.

지난봄 강무한 뒤에는 왼쪽 눈이 아파 안막眼膜을 가리는 데 이르고, 그로 인해 오른쪽 눈이 어두워서 사람이 있는 것은 알겠으나 누가 누구인지를 알지 못하겠으니, 지난봄에 강무한 것을 후회한다.

한 가지 병이 겨우 나으면 한 가지 병이 또 생기매 나의 쇠로衰老함이 심하다. 나는 큰일만 처결하고 작은 일은 세자로 하여금 처결하게 하고자 하나, 너희들과 대신들이 모두 말리기에 내가 다시 생각하매, 내가 비록 병이 많을지라도 나이가 아직 늙지 아니하였으니, 내가 가볍게 말을 낸 것을 후회한다."

세종이 이 말을 한 것은 재위 21년(1439) 6월 21일이다. 세종의 나이 44세 때다. 세종이 열거한 병은 다리 통증, 종기, 소갈증, 임질, 안질 등이다. 세종은 젊어서부터 이미 다리 통증으로 제대로 걷기 힘들었다고 호소하는데, 이는 오래전부터 앓았던 요통과 관련 있는 듯하다. 한쪽 다리가 치우치게 아팠다고 말하는 것으로 보아 허리디스크나 척추만곡증을 앓았을 가능성이 크다.

또 등에 난 종기 때문에 제대로 누울 수도 없다고도 했는데, 이역시 허리의 병이 원인이었을 수 있다.

세종이 앓은 병 중에는 대표적 성병으로 알려진 임질도 있었다. 남성의 임질 증세는 대개 요도염으로 연결된다는 점을 감안할 때, 세종은 급성 요도염을 앓았던 듯하다. 당시 세종은 10인이 넘는 후궁을 거느리고 있었다. 여러 후궁에게서 많은 자식을 낳은 것을 보면 매우 왕성하게 성생활을 한 것으로 보인다. 임질은 아마도 그 과정에서 걸린 듯하다.

무엇보다도 세종을 지속적으로 괴롭힌 병마는 소갈증, 즉 당뇨였다. 이 소갈증 때문에 세종은 하루에 몇 동이씩 물을 마셔야 한다고 고백하고 있다. 거기다 당뇨는 병 자체보다도 합병증이 더 무서운 법인데, 세종에게도 합병증으로 눈에 문제가 생긴 것이다. 당뇨 합병증으로 눈에 이상이 생기는 대표적인 병이 당뇨망막병증인데, 세종의 눈병 역시 이것이었을 것으로 추정된다. 당뇨망막병증은 망막의 미세혈관이 손상되는 질환으로 시력이 감퇴되고, 시야가 흐려지며, 독서 장애가 나타난다. 세종의 증세 또한 거의 이와 일치한다.

세종은 이 병을 치료하기 위해 충청도 초청리까지 거둥하여 탄산수에 눈을 씻어보기도 했지만 별다른 효험이 없었다. 당시 의술로는 치료가 거의 불가능했던 셈이다.

이런 온갖 질병과 함께 세종은 풍습병까지 앓았다. 풍습병은 요즘 용어로는 딱히 마땅한 용어를 대입하기 힘들지만, 아마 관절통 정도가 되지 않았을까 싶다. 그 증세에 대해 《의방유취》에서는 "풍사風邪와 습사濕邪가 결합하여 온몸이 한없이 욱신거리게 아프다"고 표현한다. 어쨌든 세종은 늘 병마에 시달리며 온몸에 통증을 느끼며 지냈다는 것을 알 수 있다.

세종은 이렇듯 온갖 병마에 시달리다 결국 만년에는 중풍까지 걸리고 말았다. 여러 질병에 더해 중풍 증세까지 겹친 상태에서 세종은 죽음을 맞이했다. 재위 32년(1450) 2월 17일에 가장 사랑하던 아들, 영응대군의 집 동별궁에서 54세를 일기로 생을 마감했다.

종기를 등한시하다 허망하게 급사한 문종

문종의 재위 기간은 2년 4개월에 불과하다. 그런 까닭에 세간에선 문종이 원래부터 병약하여 왕위에 오래 있지 못했다고 알고 있다. 하지만 이는 잘못 알려진 내용이다. 사실 문종은 그다지 병약한 몸도 아니었고, 잔병치레도 별로 없었다. 문종을 괴롭힌 유일한 병마는 종기였다. 이미 살펴봤듯이 태종과 세종도 종기로 몹시 고생했는데, 문종 역시 마찬가지였다. 이 때문에 조선 왕실에 종기 인자가 있었다고 믿는 사람도 있는데, 종기는 근본적으로 세균에 의해 감염되는 만큼 결코 유전은 아니었다. 조선시대에 종기는 왕실을 비롯하여 양반이나 평민, 천민을 막론하고 부지기수로 앓던 질병이었다. 그래서 국가적으로 치종청이라는 종기 전문 기관을 둘 정도였다.

문종의 몸에 처음 종기가 생긴 것은 세종 31년(1449)으로, 그의 나이 36세 때였다. 당시 종기가 상당히 심각하여 크기가 1척(약 30센티미터)이나 되었다고 한다. 그래서 세종은 그해 11월 1일에 이런 명령을 내렸다.

"세자의 질환이 여러 날이 되도록 낫지 못하여 내가 심히 염려하니, 오늘 11월 초1일 이전에 범한 바의 간음과 도적 이외의 도죄徒罪 이하는, 이미 발각되었거나 아직 발각되지 못하였거나, 또는 이미 결정되었거나 아직 결정되지 않은 것을 막론하고 모두 사면하게 하라."

당시 세자 향(문종)의 종기를 빨리 잡지 못한 것은 의관들의 판단에 문제가 있었기 때문이다. 이에 대해 세종은 이렇게 말했다.

"지금 동궁의 종기는 의원의 착오로 쑥뜸이 익지 못했기 때문인데도 이를 물은즉, '해가 없습니다' 하여 동궁으로 하여금 표문을 받게 하고 조참(조정의 회의)까지 받게 했다. 그러니 몸이 피로하여 다시 성하게 된 것이었다."

이렇듯 문종은 치료가 충분히 되지 않은 상황에서 무리하게 서무를 보았기 때문에 종기가 악화된 상태였다. 다행히 이후에 치료가 제대로 되어 종기의 뿌리를 완전히 뽑아냈다. 세종은 세자가 완치된 것을 기뻐하며 수고한 관리들에게 상을 내리고 벼슬도 올려주기까지 했다.

그러나 그것으로 문종의 종기 문제가 말끔하게 해결된 것은 아니었다. 한 달쯤 지나자 종기가 재발한 것이다. 지난번에는 등에 났는데, 이번에는 허리에서 발견되었다. 그나마 다행인 것은 등에 난 것에 비해 크기가 절반 정도밖에 되지 않는다는 점이었다. 그래도 무려 15센티미터에 가까우니 결코 가볍게 여길 수 없는 상황이었다.

종기가 재발하자 내의원에는 다시 비상이 걸렸다. 설상가상으로 그 무렵에는 세종의 상태도 심각했다. 온갖 질병에다 중풍까지 겹쳐 더 이상 가망이 없는 상황으로 치달았다. 이 때문에 세자는 치료에 전념할 수가 없었다. 급기야 두 달쯤 후에는 부왕 세종이 세상을 떠나고 말았다.

이렇듯 국장을 치러야 할 상황이 되어 문종은 종기를 앓고 있는 몸으로 빈전을 지켰다. 상주의 몸이라 음식을 넉넉히 먹을 수도 없었다. 그러자 조정 대신들은 종기를 앓는 상태에서 빈전을 지키고 음식을 줄이는 것은 병을 악화할 수 있다며 빈전에서 물러나 식사를 충분히 들 것을 주청했다.

그럼에도 문종은 굳이 빈전에 나가야 한다고 우겼다. 물론 조정 대신들도 물러서지 않았고, 그 덕분에 빈전에서 물러나 종기 치료에 전념했다. 그런데 이상하게도 문종의 종기는 좀체 낫지 않았고 심지어 조금씩 악화되었다. 그렇게 무려 2년 동안 문종은 종기에 시달리며 지냈다. 그러다 재위 2년(1452) 5월 14일에 당시 내의였던 전순의 치료로 제법 효과를 보았다. 문종은 통증이 줄어들고 식욕도 되살아났다며 기뻐했다. 의관들도 곧 회복될 것이라며 이렇게 말했다.

"사나흘만 기다리면 곧 병환이 완전히 나을 것입니다."

그 말을 듣고 조정 대신들이 다시 확인하자, 역시 같은 뜻으로 이렇게 말했다.

"임금의 옥체가 오늘은 어제보다 나으니, 날마다 건강이 회복 되는 상황입니다."

당시 문종의 몸에서 뽑아낸 고름은 2~3홉쯤 되었다고 한다. 그 정도면 아주 많은 양의 고름은 아니었다. 하지만 의관들은 고 름을 충분히 빼냈다고 생각했다. 그런데 이게 웬일인가? 반짝 좋 아진 듯하던 문종은 갑자기 사경을 헤매기 시작했다. 당황한 의 관들이 여러 방도를 써봤지만 아무 소용도 없었다. 그렇게 문종 은 39세의 젊은 나이로 허망하게 죽고 말았다.

문종의 급작스러운 죽음에 대해 당시 실록은 이렇게 기록하고 있다.

여러 신하들이 모두 통곡하여 목이 쉬니, 소리가 궁궐의 뜰에서 진동하여 스스로 그치지 못하였으며, 거리의 백성들도 슬퍼서 울부 짖지 않는 사람이 없었다. 이때 후사가 될 임금이 나이가 어려서 사 람들이 믿을 곳이 없었으니, 신하와 백성의 슬퍼함이 세종의 승하 때보다도 더했다.

아토피와 흉복통으로 고생한 세조

세조의 질병을 거론하자면 피부병을 빼놓을 수 없다. 야사에는 꿈에 단종의 모후 현덕왕후가 나타나 얼굴에 침을 뱉은 이후로 세조에게 피부병이 생겼다고 전한다. 하지만 이것은 한낱 야사에 실린 낭설일 뿐이다.

세조는 어릴 때부터 항상 폭이 넓고 소매가 넓은 옷을 입고 다녔다. 그는 머리가 크고 몸이 비대했으며, 운동을 좋아하여 매우 단단한 체격이었다. 열이 많고 땀이 많은 체질이었는데, 거기다 피부에 가려움증, 즉 아토피가 있었다. 세조의 아토피 증세는 성인이 되어서 더욱 심해졌다. 왕위에 오른 후에는 아토피를 고치기 위해 전국의 물이 좋은 곳을 찾아다녔다. 그러다 속리산 복천암福泉庵을 찾아가 그곳에 목욕소沐浴沼를 만들어놓고 매일같이 목욕을 한 끝에 비로소 좋아졌다고 한다. 세조는 목욕을 하고 피부

병이 낫자 복천암을 중수하고 '만년보력萬年寶曆'이라고 쓴 사각
옥판까지 내린 것으로 전한다. 속리산의 정이품송 관련한 고사
도 바로 세조가 복천암을 향하던 중에 일어난 일이었다.

그러나 세조의 피부병은 아주 심각하지는 않았던 모양이다.
피부병과 관련한 이야기는 야사 몇 곳에만 전할 뿐 실록에는 전
혀 언급이 없기 때문이다.

피부병보다 세조를 괴롭힌 것은 흉복통이었다. 흉복통은 대
개 가슴이 쓰리면서 복통을 동반하는 병을 지칭하는데, 세조는
그 통증이 심해 매우 고통받았다. 세조가 처음 흉복통을 앓기 시
작한 것은 재위 12년(1466) 7월이었다. 당시 세조의 상태는 무
척 나빴던 모양이다. 그래서 발병 2개월 뒤인 9월엔 정사를 제
대로 돌보지도 못하게 된다. 당시 상황을 실록은 이렇게 기록하
고 있다.

임금이 병환이 난 지 며칠이 되었다. 밤 5고鼓에 한계희, 임원준,
김상진을 불러 궐내에 들어와서 시중을 들게 하였다. 날이 샐 녘에
장차 충순당에 이어하려고 후원 문밖에 이르러 임금이 귀성군 이준
의 어깨에 기대어 충순당에 이르렀는데, 병환이 더욱 심하여 김상
진 등이 약을 올렸다. 임금이 도승지 신면을 재촉하여 불러서 말씀
이 있을 듯했으나, 마침내 명령이 없었으니, 대개 병환이 위급하여
뒷일을 부탁하려고 했기 때문이었다.

당시 세조가 목숨이 위태로울 만큼 병증이 심각했음을 알 수 있다. 그렇다면 도대체 목숨을 위협할 정도로 심각했던 질병은 무엇이었을까? 실록엔 단순히 흉복통이라고만 했지, 구체적인 증상에 대해선 언급되어 있지 않다.

그런데 단서가 될 만한 기록이 없는 것은 아니다. 흉복통으로 고생하던 세조는 신기하게도 꿈속에서 자신의 병증을 치료할 약재의 이름을 듣는다. 야사도 아닌 실록에 그런 내용이 있는 것으로 보아 꾸며낸 이야기는 아닌 듯하다. 내용을 옮기면 이렇다.

"꿈속에 생각하기를, 현호색玄胡索을 먹으면 병이 나을 것이라고 여겨서 이를 먹었더니 과연 가슴과 배의 아픈 증세가 조금 덜어졌으니, 이것이 무슨 약인가?"

하니, 한계희가 대답했다.

"현호색이란 것은 흉복통을 치료하는 약입니다."

이에 현호색을 가미한 칠기탕七氣湯을 올렸더니 과연 병환이 나았다.

현호색이란 양꽃주머니과의 다년생 풀로, 우리나라 전국 각지에서 쉽게 구할 수 있는 약재다. 이 풀은 모르핀에 견줄 정도로 진통 효과가 강한 것으로 알려져 있다. 즉, 현호색은 일종의 진통제였던 것이다. 그러니 근본적인 치료제는 아니었다. 현호색과 함께 칠기탕을 올렸다는 것을 볼 때, 칠기탕이 치료제였음을 알 수 있다.

칠기탕은 칠기병을 치료하는 데 쓰는 탕약이다. 칠기병은 기혈이 심하게 상한 병증을 말하는데, 대개는 정신적 충격에 의해 발생한다. 이 병은 주로 흉복통, 구체적으로는 가슴이 몹시 아프고 배가 쥐어뜯기는 듯한 통증을 유발한다.

칠기병에 대한 처방인 칠기탕은 중국 송나라 때 편찬된 《태평혜민화제국방》에서 유래되었다. 약재로는 반하半夏 인삼, 관계官桂, 감초구甘草灸 등이 쓰였다.

어쨌든 세조는 현호색과 칠기탕을 동시에 복용하여 일단 통증에서 벗어났다. 하지만 그것으로 완벽하게 치료가 된 것은 아니었다. 이후로도 지속적으로 흉복통에 시달리던 세조는 2년 뒤인 재위 14년(1468) 9월 8일에 결국 죽음에 이르고 말았다. 향년 52세였다.

세조의 사인에 대해서는 구체적인 기록이 남아 있지 않지만 그가 앓은 병증이 흉복통이었음을 감안할 때, 오늘날의 위암으로 추정된다. 위암 말기의 대표적인 증세가 상복부 불쾌감과 통증, 식욕부진 및 소화불량과 복부 팽만감 등인데, 흉복통과 매우 유사한 까닭이다. 또한 발병 이전에는 큰 통증이 없었다는 점도 위암을 의심할 만한 요소라고 할 수 있다.

감기를 앓다 돌연사한 예종

세조에 이어 왕위에 오른 예종은 불과 즉위 1년 2개월 만에 돌연사했다. 그래서 원래부터 매우 병약했던 인물로 알려져 있다. 사망 당시 나이가 20세에 불과했으니, 그렇게 평가되는 것은 당연하다. 그런데 정말 그는 어릴 때부터 병약해서 일찍 죽은 것일까? 만약 그렇다면 그는 무슨 병마에 시달렸던 것일까?

왕위에 오르기 전에 예종은 해양대군으로 불렸다. 실록은 해양대군이 처음 앓은 병을 창진이라고 쓰고 있다. 창진은 부스럼과 발진을 일으키는 질병을 총칭하는 말로, 당시 해양대군이 앓던 병은 홍역이었다. 이때가 세조 2년(1456), 그의 나이 일곱 살 때였다. 다행히 당시 창진은 무사히 치료되었다.

그러나 이때 몸이 몹시 상했던 듯하다. 이듬해인 여덟 살 때, 해양대군은 다시 병마에 시달린다. 실록은 구체적인 병증에 대해선 언급하지 않지만, 당시 세조가 무과 시험을 관람하다가 급히 해양대군의 병세 때문에 대궐로 돌아왔다는 것으로 보아 자못 상태가 심각했던 모양이다. 이때도 역시 중병으로 치닫지는 않았다. 이후로 왕위에 오르기까지 10년 이상 그가 병에 시달렸다는 기록은 없다. 말하자면 어린 나이에 큰 병을 앓았음에도 비교적 건강한 상태로 왕위에 올랐다고 할 수 있다.

그런데 왕자 시절부터 그를 몹시 괴롭히던 병이 있었다. 바로 족질足疾, 즉 발병이다. 하지만 그의 족질에 대해 구체적인 증상은 기록되지 않았다. 다만 예종 1년(1469) 1월 6일 자 실록은 족질의 상태가 매우 좋지 않았음을 전한다.

임금이 족질이 있은 지 오래되어도 낫지 아니하여, 목멱산(서울 남산)과 백악산, 한강, 원각사, 복세암 등에 기도하게 하였다.

도승지 권감은 또한 향香을 받아 내불당으로 갔다. 신숙주와 한명회 등이 임금을 문안하고 말했다.

"지난번에 전지하시기를, '족질로 인하여 인견引見하지 못한다'고 하시었는데, 지금 기도를 드리니, 놀라고 두려워 어찌할 바를 모르겠습니다."

이에 임금이 말했다.

"내가 어릴 적부터 발에 조금 헌데가 있었는데, 추위가 심해지면서부터 아프기 시작하였으나, 지금은 좀 나았다."

신하들을 만나는 것조차 중지했다는 것을 보면, 확실히 그의 족질은 매우 심각했을 것이다. 하지만 족질은 치명적인 병은 아니었다. 그를 20세라는 젊은 나이에 생을 마감하게 한 병은 따로 있었다. 다소 어이없는 일이지만 그를 죽음으로 내몬 질병은 흔하디 흔한 감기였다.

예종은 왕위에 오른 직후부터 감기를 앓았다. 그런데 좀체 감기가 떨어지지 않았다. 이에 대해 예종은 이런 말을 한다.

"나는 감기가 아직 낫지 않았다. 그러나 밖의 사람들이 이를 알지 못하고 정사에 태만하다고들 해서 오늘 정사를 보니, 긴박한 일만 아뢰어라."

예종이 이 말을 한 것은 왕위에 오른 지 7개월째 되던 1469년 4월이었다. 그런데 이 감기 증세가 그해 10월까지 이어진다. 그렇다면 예종은 무려 1년 가까이 감기를 달고 있었다는 뜻이다. 그리고 그로부터 고작 2개월도 지나지 않은 11월 28일에 갑작스럽게 사망한다.

그 2개월 동안 예종은 왕의 업무를 성실히 수행했다. 그러다 11월 26일에 몸이 좋지 않다며 잠시 정사를 멈췄다. 그리고 불과 2일 뒤에 사망하고 말았다. 예종의 죽음은 아무도 예측하지 못한 일이었다. 그래서 당시 대신이던 신숙주는 이렇게 말한다.

"신 등은 밖에서 다만 성상의 옥체가 미령未寧하다고 들었을 뿐이고, 이에 이를 줄은 생각도 못 하였습니다."

신숙주뿐 아니라 한명회를 비롯한 조정의 중추들도 국상이 날 것이라곤 예상하지 못한 상태였다. 심지어 모후 정희왕후조차 예종의 병이 심각하다는 것을 전혀 눈치채지 못했다. 의관들도 마찬가지였다. 징후도 없이 갑자기 병증이 악화되어 발병한 지 이틀 만에 사망에 이른 것이다. 감기 외에 별다른 사인이 없었다는 점에서 그의 죽음은 지금도 미스터리로 남아 있다.

대장암으로 젊은 나이에 죽은 성종

예종의 사인이 제대로 밝혀지지 않은 것에 비해 성종의 사인은 비교적 명백하다. 성종의 사망과 관련한 기록을 종합해보면, 그의 사인은 대장암으로 추정된다. 조선시대의 의술로는 대장암을 쉽게 진단할 수 없겠지만, 현대 의학의 관점에서 보자면 성종은 대장암에 걸렸던 것이 분명하다.

성종의 대장암 증세에 대한 기록은 재위 25년(1494) 8월 22일자 실록에서 처음 확인된다.

승정원에 전교하였다.

"오늘은 조계를 정지하니, 내가 이질 증세가 있기 때문이다. 지난밤과 오늘 아침에 뒷간에 여러 번 다녔기 때문에 이를 정지한다."

성종은 젊었을 때부터 이질을 자주 앓았다. 술을 즐겼기 때문에 이질뿐 아니라 치질까지 있었다. 그래서 이번에도 대수롭지 않게 여겼다. 늘 앓던 질병이니 그러려니 했던 것이다.

하지만 이번엔 쉽게 끝나지 않았다. 3개월이 지나도 성종은 쉽게 병상을 털고 일어나지 못했다. 그래서 11월 7일의 세자 융(연산군)의 하례식도 정지시켰다. 그만큼 성종의 상태는 좋지 않았다.

그 무렵에 해수로 인해 기침까지 몹시 심하게 했다. 성종은 오래전부터 약한 천식을 앓았는데, 더 심해지는 양상이었다. 그럼에도 성종은 자신의 병증에 대해 심각함을 깨닫지 못하고 12월 2일에 이런 말을 한다.

"내가 과연 해수와 설사 증세가 있었는데, 이제 나아가므로 일을 볼 수 있다. 그러나 조금 바람과 추위를 당하면 기운이 불평不平한 듯하고, 또 다리의 힘이 마비되어 연약하고 살이 여위었으니, 만약 여러 신하에게 나아갈 때에 혹시 넘어지면 자못 체모가 없을 것이다. 이에 조보調保하여 평상으로 회복되기를 기다리려고 한다."

당시 이미 성종은 암으로 인해 살이 많이 빠지고 기력도 무척 쇠진한 상태였다. 그러나 그는 그저 해수와 설사 때문으로 여기고 곧 회복되리라고 믿었다. 하지만 상황은 점점 나빠졌다. 해수와 설사 외에도 또 하나의 병이 성종의 배꼽 밑에 기생하고 있었던 것이다. 바로 종기였다. 성종은 의원 전명춘을 불러 종기 치료를 명했다.

전명춘이 입궐하여 성종의 종기를 살펴보니, 단순한 종기가 아니었다. 그래서 전명춘은 이런 말을 한다.

"배꼽 밑에 적취는 참으로 종기이니, 종기를 다스리는 약을 써야 할 것입니다."

적취積聚는 몸 안에 생긴 덩어리로 적과 취의 결합인데, 적積이란 오장에 생긴 덩어리를 말하고, 취聚는 육부에 생긴 덩어리를 말한다. 그런데 오장육부에 생긴 적취가 배꼽 아래쪽에 불룩하게 솟을 정도였다면 이미 성종의 대장암은 말기였을 것이다. 그런 까닭에 당시 성종은 거의 식사를 하지 못하는 데다 몸은 바싹 말랐고 일어설 기운조차 없었다.

전명춘은 종기를 다스리는 약을 써야 한다고 말했지만, 이미 돌이킬 수 없는 상태라는 것을 알고 있었다. 아니나 다를까, 성종은 전명춘이 진찰한 당일인 재위 25년 12월 24일에 생을 마감하고 말았다. 이때 성종의 나이 38세였다.

얼굴 아토피에 시달린 연산군

연산군은 폐위되어 유배지에서 죽었기 때문에 그가 앓았던 질병에 관심을 두는 사람은 별로 없다. 사람을 함부로 죽이는 등 광기를 보였기 때문에 정신질환을 의심하는 정도다. 그런데 사실 연산군은 어린 시절부터 각종 질병에 시달리고 있었다.

연산군을 가장 괴롭힌 질병은 얼굴 부스럼이었다. 연산군은 어린 시절부터 얼굴 부스럼, 즉 면창面瘡에 시달렸는데, 치료를 지속했지만 쉽게 낫지 않았다. 면창의 정도는 다소 심했던 모양이다. 연산군의 면창과 관련하여 성종 23년(1492) 10월 13일 자 실록엔 "세자의 부스럼이 재발하여 서울에서 조리하게 했다"는 내용이 나온다.

당시 17세였던 연산군은 부왕 성종을 따라 사냥에 나섰는데, 면창 때문에 한성으로 서둘러 돌아와야 했다. 당시 성종은 세자를 먼저 돌아가게 하면서 이렇게 말했다.

"세자 얼굴의 창瘡이 찬 기운에 닿아 재발하니, 먼저 서울에 돌아가서 조리함이 옳겠다."

강무를 핑계로 부자가 함께 오랜만에 나온 사냥이었는데, 아들을 먼저 돌아가게 한 것을 보면 연산군의 면창이 가볍지 않았음이 분명하다. 거기다 재발이라는 용어를 쓴 것을 보면 익히 그 증세를 잘 알고 있다는 뜻이다. 또 재발의 원인을 찬바람을 쐰 것이라고 하니, 연산군의 면창은 겨울에 더욱 심해졌다는 것을 짐작할 수 있다. 음력 10월이면 늦가을이다. 말하자면 건조한 날씨가 시작되는 시점이다. 따라서 연산군의 면창은 날씨가 건조하면 심해지는 종류의 아토피성 얼굴 피부염이었을 것이다.

이렇게 재발한 면창은 지속적으로 연산군을 괴롭혔다. 사냥에서 돌아온 날로부터 8일 뒤인 10월 21일 자 기록을 보면 면창으로 인해 연산군이 계속 세자시강원에 출석하지 않았다는 기록이 나온다. 이 때문에 사헌부 집의 조문숙이 성종에게 이렇게 말했다.

"세자는 마땅히 학문에 근면하여 나아가 덕업을 닦아야 할 것인데, 요사이 강講을 폐한 날이 많으니, 심히 작은 일이 아닙니다."

그러자 성종은 세자의 처지를 변명해주었다.

"그렇다. 요사이 세자가 면창을 앓아 강을 멈추었다."

하지만 이후에도 연산군은 서연에 잘 참석하지 않았다. 이를 두고 사서에서는 연산군이 공부를 싫어하여 서연을 게을리했다고 적고 있지만, 서연에 참석하지 못한 속사정이 있었던 것이다. 바로 면창 때문이었다.

연산군의 면창은 17세 때 본격적으로 재발한 이후 더욱 악화되었다. 그래서 이듬해 8월엔 성종이 연산군의 면창을 고치기 위해 승정원에 이런 명령을 내렸다.

"세자의 얼굴에 창(피부병)이 있는데 오래도록 낫지 아니한다. 조지서의 말을 듣건대, 진주에 사는 한 부인이 있어서 능히 치료한다고 하니, 조지서를 불러서 자세히 물어보라."

성종이 직접 승정원에 이런 명을 내린 것을 보면 당시 연산군의 얼굴 아토피는 매우 심각했음이 분명하다. 오죽하면 의관도 아닌 지방의 이름 없는 부인네를 찾아가 치료약을 구해서 오라는 명령을 내렸을까 싶다.

성종의 명이 있자, 연산군의 스승이었던 조지서가 와서 이렇게 말했다.

"신의 두 비자婢子가 혹은 입안에, 혹은 귓가에 종기가 나서 구멍을 이루어 오래 낫지 아니하였는데, 신이 같은 마을에 고故 상장군 이신생의 아내가 능히 이 병을 치료한다는 것을 듣고는 치료하기를 청하였던바, 얼마 아니 되어 모두 나았습니다. 다만 그 방법을 비밀로 하고 말하지 아니합니다."

말인즉, 조지서의 집 여종 두 명이 입과 귀에 부스럼이 났는데, 이신생 아내의 치료를 받고 바로 나았지만 그 여인은 결코 자신의 비법을 말해주지 않았다는 것이었다.

이 말을 듣고 성종은 안타까운 마음에 이렇게 명을 내렸다.

"조지서의 말로써 진주에 글을 내려서 약방을 자세히 물어 아뢰게 하라."

왕명을 내렸으니 이신생의 아내가 감히 거역하고 알려주지 않을 리는 없었을 것이다. 하지만 연산군의 얼굴 아토피는 이후에도 여전히 차도를 보이지 않았고, 그 때문에 연산군은 왕이 된 후에도 백방으로 치료약을 구했다. 심지어 중국에까지 사람을 보내 치료약을 구해 왔는데 재위 1년(1495) 1월 20일 자 실록에 그 내용이 기록되어 있다.

왕이 전부터 면창이 나서 의관으로 하여금 중국에 가서 약을 구하여 오게 하였더니, 웅황해독산雄黃解毒散과 선응고善應膏를 얻어 왔다. 마침 사비私婢 만덕이 또한 이 창이 있었으므로, 의원 송흠을 시켜 먼저 시험하게 하였더니, 자못 효험이 있으매 불러서 물으니, 만덕이 말했다.

"지난해 4월에 면창이 나서 침을 맞은 뒤에 상회수桑灰水로 씻고 또 한수석寒水石 가루와 호동루胡桐淚 가루와 웅황雄黃 가루를 발랐으나 효험이 없더니, 이달 11일에 웅황해독산을 따뜻한 물에 타서 씻고 또 선응고를 붙이니, 고름이 많이 나오고 조금 가려워서 긁고 싶어

졌습니다. 서너 번 갈아 붙이자 날로 나아가서, 두 개의 작은 구멍이 쌀알만 하게 남고 결핵結核이 개암 열매 크기만 합니다."

이에 전교하였다.

"우제虞祭는 내가 마땅히 친히 행하는 것이 예인데, 지금 이 약을 써서 만약 낫게 된다면 어찌 좋지 않으랴."

그러자 송흠 등이 아뢰었다.

"만약 내복약이라면 타국에서 지어 온 것을 함부로 쓸 수 없지마는 겉에 바르는 약은 써도 무방할 것인데 하물며 시험하여 효력이 있음에리까."

이어 승정원 및 내의 제조 등이 아뢰었다.

"이 약은 독이 없으니, 신들의 생각에도 역시 써도 된다고 생각합니다."

이에 전교하였다.

"아뢴 대로 하리라."

승정원에서 아뢰었다.

"부고사訃告使를 따라가는 의원으로 하여금 많이 사 오게 하고 아울러 조제법까지 물어 오게 하소서."

이에 그대로 따랐다.

이후 연산군은 웅황해독산과 선응고를 얼굴에 바르고 본격적으로 면창 치료에 돌입했다. 웅황해독산은 웅황과 백반, 한수석 등의 약재를 가루로 만든 다음 뜨거운 물에 풀어서 환부를 씻어내는 약이다. 이후 선응고를 쓰는데, 이는 일종의 고약이다. 행인과 대황, 초오 등의 약재를 섞어 만들어 대개 모든 종기에 사용한다. 연산군은 일단 노비 만덕에게 먼저 사용하게 한 후 자신도 이 약들을 사용했는데, 과연 효험이 있었다. 약을 쓴 지 1개월쯤 되자 얼굴 부스럼이 상당 부분 사라졌고, 이후에 지속적으로 사용했더니 거의 나았다고 말할 정도가 되었다. 그래서 약을 바른 지 6개월쯤 후인 8월 8일에 신하들이 성종의 능에 참배하러 가는 것이 어떻겠느냐 요청하자 연산군은 이렇게 대답했다.

"능에 가 뵈는 일은 내 얼굴 부스럼에 궂은 진물이 항상 흘러서 불결한 듯하므로 못한 것인데, 근일 날씨도 좀 서늘하니, 경들이 말하지 않더라도 내가 원래 행하려 하고 있었다."

하지만 연산군의 면창은 완전히 나은 것이 아니었다. 찬바람이 불면 여지없이 재발하곤 했다. 그래서 재위 4년(1498) 10월 4일에 정승들이 성종의 능에 간 지 너무 오래되었다며 친제親祭(왕이 직접 올리는 제사)를 거행해야 한다고 요청하자 연산군은 거부하면서 이렇게 대답했다.

"능에 참배하는 일은 얼굴에 부스럼이 나서 거행하지 못하는 것이다."

이 말로 미루어 그때까지도 면창이 완전히 낫지는 않았던 모양이다. 하지만 정승들이 나서서 능행을 권했던 것을 보면 증상이 매우 호전된 상태였을 것이다. 만약 연산군의 면창이 심했다면 왕이 능행을 강행한다고 해도 오히려 정승들이 나서서 만류했을 것이기 때문이다. 또한 재위 4년 이후로 연산군이 얼굴 부스럼 때문에 고통받았다는 기록이 더 이상 없다는 것도 당시에 연산군의 면창이 거의 완치되었다는 것을 방증한다. 중국에서 가져온 명약인 웅황해독산과 선응고의 효험이 탁월했던 것으로 판단된다.

심열증과 종기의 늪에서 허우적거린 중종

중종은 성종의 차남으로 성종의 제3비 정현왕후 윤씨 소생이다. 그런데 정현왕후는 연산군의 생모를 폐위하는 데 동조한 인물이다. 그 때문에 연산군은 정현왕후에게 적개심을 품고 있었고, 정현왕후 소생인 중종에 대해서도 적개심이 강했다. 그래서 중종은 대군으로 있던 어린 시절부터 언제 연산군의 칼날에 죽을지 모른다는 불안감에 짓눌려 살았다. 그래서 심지어 박원종이 반정을 일으켜 그를 왕으로 옹립하기 위해 군대를 이끌고 찾아왔을 때도 연산군이 군대를 보내 자신을 죽이려는 것으로 착각하고 자살하려고까지 했었다. 다행히 당시 부인이었던 단경왕후 신씨가 여러 말로 설득하고 만류한 덕분에 자살을 감행하지 않았다.

이후 박원종 세력이 그를 옹립하여 왕위에 올랐다. 그런 까닭에 중종 시절엔 반정을 일으킨 공신 세력의 힘이 막강했다. 이는 상대적으로 왕권이 약할 수밖에 없었다는 뜻이고, 이 때문에 중종은 공신 세력의 눈치를 보며 왕위에 있어야 했다. 또한 중종은 왕위에 오르는 과정에서 본처이자 자신의 목숨을 구한 은인인 단경왕후 신씨를 버려야 했다. 단경왕후 신씨는 신수근의 딸이었는데, 신수근은 연산군의 처남이었다. 연산군의 왕비 신씨가 단경왕후의 고모였던 것이다. 반정 공신들은 신수근을 원수처럼 여겼기 때문에 단경왕후는 폐위되고 말았다.

그런데 중종이 아내를 버린 것은 단경왕후 하나로 끝나지 않았다. 왕이 된 후 중종은 자신의 첫사랑인 경빈 박씨와 자신의 서장자인 복성군을 죽였다. 또한 자신이 스스로 세운 조광조도 죽였으며, 자신이 가장 신뢰하던 인물 중 하나였던 김안로도 죽였다. 그래서 당시 세간에서는 중종을 두 얼굴의 왕이라고 불렀다. 그만큼 이중적인 행동을 일삼는 인물이었다는 뜻이다.

중종이 이런 행동을 벌인 배경엔 심열증心熱證이라는 병증이 있었다. 심열증이란 화병과 불안증이 복합된 병증이라고 볼 수 있는데, 늘 불안감에 시달리면서 쉽게 화를 내거나 감정이 돌변하는 경향을 일컫는다. 어릴 때부터 죽음의 공포에 시달린 데다 왕위에 오른 뒤에는 공신 세력에게 휘둘리면서 생긴 일종의 심병心病이다.

이 심열증은 중종을 평생토록 괴롭혔는데, 죽음을 얼마 앞두지 않은 재위 39년(1544) 10월 28일엔 정승들을 불러놓고 이런 말을 하기도 했다.

"어제저녁에는 겨울철 천둥이 마치 여름철 같아 매우 황공했다. 비상한 재변이 있으면 반드시 비상한 응험이 있는 것인데, 군신 상하가 각각 그 직임을 삼가서 게으름이 없이 하여야만 재앙을 그치게 할 수 있다. 내가 말하고 싶은 것은 한 가지가 아니나 요즈음 하기下氣가 오래도록 통하지 않아 피곤하고, 평소에 심열증이 있는데 이것까지 겸해서 발작하기 때문에 마음먹은 대로 말을 할 수가 없다. 만약 조금 차도가 있으면 다시 말하겠다. 우선은 나의 두려움이 망극한 뜻만을 말한다."

중종은 평소에 늘 심열증을 안고 살다 보니 자주 불안감에 시달렸다. 흔하지 않은 겨울철 천둥이 혹 비상사태가 일어날 조짐은 아닌지 몹시 두려워하는 것만 봐도 그의 상태가 절대 가볍지 않음을 알 수 있다.

중종의 불안감이 심해지자 내의원 의관들은 천왕보심단天王補心丹과 생지황고生地黃膏, 진사오령산辰砂五苓散 같은 약을 조제하여 바쳤다. 모두 마음의 불안을 잡아주는 약이었다.

중종은 스스로 자신의 모든 병은 심열증으로부터 비롯되었다고 생각했다. 그래서 오직 심열증에 대한 약만 먹었다. 당시 상황을 실록은 이렇게 기록하고 있다.

내의원 제조가 문안을 드리고 이어 아뢰었다.

"그제부터 의녀가 출입하지 않기 때문에 신들이 증후와 맥도脈度가 어떠신지를 모르겠습니다. 의원 박세거로 하여금 들어가서 진찰하게 하는 것이 어떻겠습니까?"

이에 전교하였다.

"단지 심열만 남아 있을 뿐이니 의원이 번거롭게 출입할 것은 없다."

그러자 또 아뢰었다.

"심열을 다스리는 데에는 황련을 첨가한 삼소음參蘇飮이 아주 좋습니다."

이에 달여서 들이라고 전교하였다.

중종은 자신에게 심열증 외엔 다른 병은 없다고 고집하며 진찰을 거부했다. 그런데 불과 13일 뒤인 11월 15일에 중종은 돌이킬 수 없는 상황이 되어 사망에 이르고 만다. 심열증 외에 다른 병이 없었다면 심열증으로 사망했다는 말인데, 과연 그럴까?

사실, 중종은 심열증 외에도 종기 때문에 매우 고생했다. 중종의 몸에 처음 종기가 생긴 것은 21세 때인 재위 3년(1508) 4월이었다. 처음에 종기가 생긴 곳은 허리 아래였다. 허리와 둔부 사이였는데, 제법 컸던 모양이다. 그래서 경연도 멈추고 한동안 치료에 집중해야 했고, 다행히 제거에 성공했다. 하지만 그것으로 끝이 아니었다. 허리 아래 종기는 제거했지만, 어느새 이마로 옮아간 것이다. 이마에 난 종기는 면종의 하나로, 일찍 잡지 않으면 자칫 위험할 수도 있었다. 얼굴이라 대침으로 찢기도 힘든 데다 크기가 커지면 손을 쓸 수 없는 지경에 이르기 때문이다. 하지만 이번에도 다행히 종기를 치료할 수 있었다. 이후로 한동안 그는 종기에 시달리지 않았다. 6년 뒤에 엉덩이 쪽에 종기가 생겨 다소 불편을 겪기는 했으나 크게 악화되지 않고 나았다.

이후로 중종은 약 20년 동안 종기에 시달리지 않다가 재위 27년(1532)에 다시 몸에 종기가 났다. 그의 나이 45세 때로 당시로서는 이미 중년을 넘어 노년으로 접어드는 때였다. 종기의 위치도 좋지 않았다. 오른쪽 겨드랑이 아래쪽 옆구리였다. 종기가 잘 생기지 않는 곳이지만, 일단 생기면 고치기 쉽지 않은 위치였다. 이 종기로 중종은 몇 달간 정사를 제대로 보지 못했다. 고름이 심하게 잡혔고 열기가 온몸으로 뻗어나갔다. 내의 박세거가 침으로 종기를 터뜨려 치료를 시작했다. 그리고 이어서 종기에 좋다는 각종 처방을 곁들였다. 우선 이질가리라는 약을 사용했다. 이질가리는 함경도에서 사용하는 종기 치료제인데 효험이 좋다고 알려져 있었다. 삼나무 진액도 사용했다. 의서에는 삼나무 진액을 종기에 사용한 사례가 없었다. 하지만 민간에서 삼나무 진액을 사용하여 종기 치료에 효과를 보고 있었고, 중종에게도 잘 맞았다.

이때 종기를 치료하는 과정에서 중종은 아주 신임할 만한 의사를 한 사람 만난다. 바로 의녀 대장금이었다. 대장금은 이 시기에 중종의 신임을 얻어 그가 임종할 때까지 왕의 주치의를 지낸 인물이다.

중종은 종기 외에도 신경통이 있었다. 특히 어깨 쪽이 심했다. 그리고 직접 언급되어 있지 않지만 여러 정황으로 볼 때, 중종은 또 다른 치명적인 병을 앓고 있었던 것 같다. 아마도 중종은 이 치명적인 병에 의해 사망한 것으로 보이는데, 이 병의 증상에 대해 중종은 이렇게 말한다.

"내가 그저께부터 산증疝症과 복통이 있었으나 우선 증세를 보아 약을 의논하려 했는데, 어제부터는 대소변이 보통 때와 같지 않으므로 부득이 약방에 말하고 의논하는 것이다. 의원들로 하여금 의녀가 전하는 말을 듣고 써야 할 약을 의논하도록 하라."

때는 재위 39년(1544) 10월 24일이었다. 여기서 말하는 산증이라는 것은 생식기가 붓고 아픈 증세를 의미한다. 여기다 복통까지 더해지니 상태가 매우 심각했다. 소변은 물론이고 대변도 제대로 보지 못했기 때문이다.

당시 중종은 대장금만 옆에 있도록 하고 나머지 의원들은 들어오지 못하게 했다. 모든 병증은 대장금을 통해서만 듣게 하고, 치료 또한 대장금에게 일임했다. 그래서 내의원 제조도 내관도 중종의 곁을 지키지 못했다. 오직 대장금만이 중종 곁에 있었다.

대장금은 중종의 치료와 증세에 대해 10월 26일에 이렇게 말한다.

"지난밤에 오령산을 달여 들였더니, 두 번 복용하시고 삼경에 잠드셨습니다. 또 소변을 잠시 통했으나 대변은 전과 같이 통하지 않아 오늘 아침 처음으로 밀정을 썼습니다."

발병한 지 불과 4일째였지만 중종은 거의 가망 없는 상태가 되어 있었다. 소변과 대변을 스스로 보지 못할 정도였다. 대장금이 사용한 오령산은 소변이 잘 나오지 않는 증상을 다스리는 약이었고, 밀정은 대변을 나오게 하는 관장제였다. 이 관장제를 꿀로 만든 못이라는 의미의 밀정蜜釘이라고 하는 것은 꿀을 약한 불에 녹여 엿처럼 되도록 졸인 다음 몇 가지 약재를 첨가하여 만든 막대기이기 때문이다. 즉, 꿀 막대기를 항문에 삽입하여 대변이 통하도록 했던 것이다.

중종의 증세 중에 산증과 복통 그리고 대소변의 불통이 가장 문제였다. 소변이 나오지 않은 것은 산증과 관련이 있었고, 대변이 나오지 않은 것은 복통과 관련이 있었다. 산증으로 소변을 볼 수 없던 것에서 요도나 방광이 심하게 부어 있었음을 짐작할 수 있고, 변이 막힌 것에서 대장 또는 직장에 큰 혹이 생겼음을 알 수 있다. 이 두 가지 사실로 미루어, 중종은 아마도 대장암과 방광암을 동시에 앓고 있지 않았나 싶다. 중종의 아버지 성종이 대장암으로 죽었으니 그도 암 인자를 보유했을 가능성이 크다는 사실도 이 점을 방증한다.

발병 이후 중종을 치료하던 의관들은 여러 약제를 사용하여 다양한 처방을 내렸지만 소용이 없었다. 그들이 사용한 약 중에는 심지어 야인건수野人乾水도 있었다. 야인건수란 쉽게 말하면 똥물이다. 한방에서는 병에 따라서 똥물을 사용하기도 했다.

야인건수를 처방하는 이유는 몸에서 열을 내리기 위함이다. 정확한 해석인지 알 수 없지만 야인건수가 열을 내리는 데 도움을 주는 이유는 대변에 섞여 있는 쓸개즙 덕분이라는 말이 있다. 《동의보감》에 따르면 야인건수는 똥을 잘 말려 가루로 만든 후 끓는 물에 거품을 내어 먹는다. 이렇게 하면 대개 갈증이 줄어들고 열이 내린다. 중종도 이 약의 효험을 보기는 했다. 실제로 야인건수를 사용하여 열을 내렸기 때문이다. 그래서 중종 스스로도 그 효험을 인정하고 수차례 복용했다.

하지만 일시적으로 열만 내렸을 뿐 야인건수가 중종을 회생시키지는 못했다. 단순한 열이 아니라 암으로 인해 생긴 수많은 염증 때문에 생긴 열이었기 때문이다. 그렇게 중종은 산증과 복통을 호소하고 20일 정도 앓다가 11월 15일, 57세를 일기로 사망했다.

고의로 영양실조에 걸린 인종

조선시대 역사를 살펴보면 세자 생활이 길었던 왕은 유독 수명이 짧다. 그 대표적인 왕이 문종, 인종, 경종이다. 특히 인종은 조선 왕 중에서 재위 기간이 가장 짧았다. 불과 9개월에 불과했으니 말이다. 그런데 그가 세자로 있던 기간은 무려 25년이나 되었다. 그것도 계모 슬하에서 지낸 세월이었다.

오랫동안 세자로 지낸 왕들의 수명이 짧은 이유는 무엇일까? 아마도 너무 오랫동안 극심한 스트레스에 시달린 것이 한몫했을 것이다.

세자의 스트레스 요인은 크게 두 가지를 들 수 있다. 첫째는 제왕수업이고, 둘째는 부왕의 질책이다. 세자는 왕이 되기까지 줄기차게 제왕수업을 받아야 하는데, 부왕이 죽기 전에는 절대 끝나지 않는다. 제왕수업의 내용은 끝없는 시험으로, 계속해서 반복된다. 일반인이라면 일생에 몇 번만 보면 끝날 시험이 거의 매달 있다. 말하자면 매달 수능 시험을 쳐야 하는 삶이나 마찬가지다. 거기다 늘 부왕을 만족시켜야 하는 처지인지라 항상 부왕의 눈치를 보며 살아야 한다. 그런 세월을 25년이나 견뎠으니, 병에 걸리지 않는 것이 이상할 지경이다.

설상가상으로 인종에겐 또 다른 스트레스 요건이 있었다. 생모가 일찍 죽는 바람에 계모 슬하에 지내야 했는데, 그 계모가 아들을 얻자 세자를 노골적으로 미워했던 것이다. 그는 다름 아닌 조선 왕비들 가운데 가장 지독한 이로 이름난 문정왕후였다. 그런 계모 밑에서 오랜 세월을 견뎌야 했던 인종의 스트레스는 여느 세자에 비해 배로 심했을 법하다.

한의학에서는 스트레스에 의해 생기는 마음병을 통칭하여 심열증이라고 한다. 인종 역시 심열증에 시달릴 수밖에 없었지만 이러한 심열증이 다른 병의 원인은 될지언정 사망의 원인이 되지는 않는다.

그렇다면 인종은 심열증 외에 또 무슨 병을 앓았을까? 그리고 도대체 어떤 질병이 그를 용상에 앉자마자 죽음에 이르게 했을까?

인종이 왕위에 오른 것은 1544년 11월이고, 죽음에 이른 것은 1545년 7월이다. 그리고 1545년 정월이 윤달이었기 때문에 9개월 동안 용상에 머무른 셈이다.

얼핏 생각하면 인종이 용상에 오를 때부터 뭔가 치명적인 질병에 걸려 있었을 것이라 여기기 쉽다. 그러나 인종은 즉위 당시만 해도 매우 건강했다. 잔병도 거의 없었다. 그런데 왜 즉위 후에 갑자기 죽었을까? 야사에는 건강하던 인종이 문정왕후가 내놓은 독이 든 떡을 먹고 시름시름 앓더니 갑자기 죽었다는 기록도 있다. 이것은 사실일까?

사실 문정왕후가 준 떡을 먹고 죽었다는 것은 낭설에 불과하다. 건강하던 인종이 병을 얻은 것은 누구 탓도 아닌 바로 인종 자신 때문이었다.

즉위 후 3개월이 채 못 된 인종 1년(1545) 윤1월 9일 자 실록에는 인종의 건강과 관련하여 이런 기록이 남아 있다.

의원이 들어가 진찰하니, 심폐와 비위脾胃의 맥이 미약하고 입술이 마르고 낯빛이 수척하며 때때로 가는 기침을 하였다.

정부 및 육조, 한성부가 아뢰었다.

"상의 옥체가 매우 피곤하고 비위가 미약하십니다. 세종의 유교에 '병이 깊어지기 전에 미리 막아야 한다. 병이 깊어진 뒤에는 권제를 따르려 하여도 할 수가 없게 된다' 하셨습니다. 세종 대왕께서 종사의 대계를 위하여 범연하게 생각하여서 권제를 만드는 것이 아니니 억지로나마 따르셔야 합니다."

이때 인종은 국상을 치르는 중이었다. 그 때문에 빈전을 지키며 제대로 식사를 하지 않았고, 몸이 몹시 쇠약해져 있었다. 이를 염려하여 모든 신하들이 건강을 돌볼 것을 요청했으나 인종은 듣지 않았다. 도리에 얽매여 건강을 돌보지 않은 것이다. 인종도 문종처럼 장례를 치르다 병을 얻었음이 분명하다. 심폐와 비위가 모두 상한 상태에서 가는 기침을 한 것을 보면 감기까지 겹친 상태였다.

그런 상황에서 부왕 중종의 장례를 위해 산릉 행차를 앞두고 있었다. 이 무렵 인종의 몸 상태는 몹시 좋지 않았다. 의정부 대신들이 산릉 행차를 연기하자며 이렇게 말했다.

"이제 의원들이 들어가 진찰한 데 대한 말을 듣건대, 위의 심폐와 비위의 맥이 다 손상되어 천안이 수척하고 찬선을 드시는 일을 전폐하셨다 합니다. 따라서 궁중에서 조섭하더라도 견디실 수 없을까 염려되는데, 더구나 40여 리의 길을 범야하여 왕래하느라 풍한을 무릅쓰면 병이 나실 것이 틀림없으니, 아흐렛날의 거둥은 결코 하실 수 없습니다. 또 우제虞祭 때의 목욕하는 것 같은 일들을 예문대로 하시려 하면 반드시 중한 증세를 유발할 것이니, 국가의 대계를 생각하여 성궁聖躬을 조리하셔야 합니다."

의정부에 이어 홍문관과 사헌부도 산릉 행차를 멈출 것을 요청했다. 식음을 전폐하여 건강이 좋지 않은 상황에서 행차를 강행하는 것은 확실히 무리였다. 그럼에도 인종은 신하들의 말을 묵살했다.

그 무렵부터 인종은 조금씩 배앓이를 했다. 내의원에서는 배탈에 먹는 평위전을 처방하여 올렸고, 인종은 여러 첩을 먹었다. 내의원 역시 산릉 행차는 무리라고 만류했다. 하지만 인종은 여전히 산릉 행차를 포기하지 못했다.

당시 인종의 건강 상태를 실록은 이렇게 표현한다.

내의 박세거 등이 들어가 진찰하니, 상의 폐와 비위의 맥이 모두 허약하고 신맥腎脈도 미약하며 얼굴에 혈색이 없고 수척하였다. 혓바늘이 돋아서 찬선을 들지 못하였으며 기운이 쇠약하여 잠을 잘 자지 못하고 때때로 가슴이 답답하고 두근거렸다.

그 소리를 듣고 내의원 제조 홍언필이 급히 들어가 요청했다.

"의원들이 상세히 진찰하니, 위에서는 얼굴빛이 초췌할 뿐이 아니라 병의 증세까지 이미 생겨서 잠을 잘 자지 못하고 심기가 답답하고 열이 나서 때때로 놀라고 두근거리신다 합니다. 그렇게 되면 머지않아 인음引飮하시겠고 인음하면 부증浮證이 따라서 발생하게 될 것이니, 신은 놀랍고 염려스러움을 견딜 수가 없습니다. 손상이 이미 극도에 달하여 의약은 효험이 없으니, 타락駝酪(우유)은 조금 차서 심열을 제거할 수 있고 또 이 약물은 고깃국과 같은 것이 아니니 오늘부터 드소서. 또 소식素食 중에는 염장

鹽醬만이 기운을 유지할 수 있는 것이니 음식을 드실 때에 늘 드소서."

인음이란 물을 자주 마시는 증세를 말한다. 이 증세가 심해지면 부종, 즉 몸이 붓는 현상이 일어나고, 이는 자칫 건강을 치명적으로 해칠 우려가 있다는 것이 홍언필의 말이었다. 그래서 고깃국이 아니더라도 반드시 소금기 있는 음식을 먹어야 한다고 권했다. 하지만 인종은 염장한 음식을 먹는 것도 받아들이지 않았다. 이후로 모후 문정왕후까지 나서서 고깃국을 먹고 염장한 반찬을 먹도록 권했지만 역시 거부했다.

이후 인종은 기어코 궐 밖에 나가 삼우제를 지내고 돌아왔다. 하지만 우제 이후에도 여전히 고기를 먹지 않았다. 그런 상태에서 칠우제와 졸곡제도 강행했다. 신하들의 반대가 심했지만 인종은 전혀 듣지 않았다. 그리고 기어코 중종의 능을 배알하고 직접 곡을 하며 상식을 수차례 올린 뒤에야 환궁했다. 환궁 이후에는 모든 경연에 전부 참석했다. 임금으로서 도리를 빠짐없이 지키겠다는 뜻이었다. 하지만 그 도리 때문에 결국 인종의 몸은 엉망이 되고 말았다. 오랫동안 굶은 탓에 영양실조로 이곳저곳이 부어올랐다. 의관들의 염려대로 염증이 곳곳에 일어났다. 그 모습을 본 간원들이 나서서 몸을 조리할 것을 주청했지만 인종은 이렇게 말할 뿐이었다.

"다른 증세가 있는 것이 아니라 다만 기침이 가끔 나서 눈꺼풀이 잠시 부었을 뿐이다."

그리고 그로부터 2개월 뒤, 인종의 상태는 돌이킬 수 없는 지경에 이르렀다. 의관들이 급히 약을 지어 올렸지만 먹겠다고 말만 하고 먹지 않았다. 거기다 음식도 잘 먹지 않았다. 그리고 며칠 뒤인 7월 1일, 인종은 숨을 거두고 말았다. 사인은 영양실조로 추측된다.

부왕 중종이 사망한 날부터 인종이 숨을 거둔 날까지 9개월 동안 인종이 행한 행동을 보면 마치 굶어서 죽으려는 사람의 행동과 다름없어 보인다. 뚜렷한 질병이 있었던 것도 아니고, 주변에서 음식을 먹지 못하도록 한 것도 아닌데, 거기다 약까지 거부했으니 자살 아닌 자살이 아닐까 싶다.

후대의 사가들은 인종이 죽음을 택한 배경에 문정왕후가 있다고 말한다. 문정왕후가 자신의 아들 경원대군(명종)을 용상에 앉히기 위해 인종에게 온갖 패악한 말을 퍼부었는데, 이를 이기지 못한 인종이 스스로 죽음을 택했다고 보는 것이다.

어머니가 만병의 근원이었던 명종

인종과 마찬가지로 명종도 심열증 환자였다. 심열증의 원인도 인종과 같았다. 모후 문정왕후 때문에 얻은 스트레스가 원인이었다. 흔히 스트레스는 만병의 근원이라고들 하는데, 다른 누구도 아닌 자신을 낳아준 어머니가 주는 스트레스로 하루하루 살얼음판을 걷던 명종의 입장에서는 분명 스트레스가 극심했을 것이다. 더구나 그것이 절대 왕권의 행사와 관련된 것이라면 최악의 스트레스라고 감히 말할 수 있다. 왕이라는 신분이 주는 스트레스만 해도 감당하기 힘든 법인데, 어머니의 감시와 간섭 때문에 제대로 왕권을 행사할 수도 없는 상황이었으니, 마음에 병이 들 수밖에 없었을 것이다.

명종은 12세에 왕위에 올랐다. 요즘으로 치면 초등학교 5학년 나이에 용상의 주인이 된 셈이다. 이 어린 나이에 왕이 되었으니 제대로 왕권을 행사할 수 없는 것은 당연했다. 모후 문정왕후가 편전에 발을 내리고 섭정을 했고, 명종은 그저 문정왕후가 시키는 대로만 하는 허수아비 왕으로 살아야 했다. 거기다 명종은 매우 순종적인 성격에 마음도 유약했다. 모후 문정왕후가 시키는 일이면 토를 다는 일도 없었고, 모든 일을 모후의 허락을 받고 진행했다. 심지어 아주 간단한 시설을 만드는 일조차 마음대로 하지 못했다.

이런 상황은 명종이 성년이 되어 모후의 섭정에서 벗어난 뒤에도 계속되었다. 명종이 자기 나름대로 의지를 펼치려 하면 문정왕후는 여지없이 그를 불러 무섭게 다그쳤다.

"너를 왕으로 만든 사람이 바로 나다. 그런데 네가 내 말을 듣지 않으니, 그것이 자식의 도리라고 할 수 있느냐?"

명종은 이 말 한마디면 여지없이 무너졌다. 그녀는 때론 명종에게 손찌검을 하기도 했다. 그러면 명종은 아무 저항도 하지 못하고 고개를 숙였다. 명종은 모후 문정왕후가 죽을 때까지 그녀의 손아귀에서 벗어나지 못했다.

심열증은 그런 일들에서 얻은 스트레스가 원인이 되어 생긴 병이었다. 명종이 심열증을 본격적으로 호소하기 시작한 것은 재위 10년(1555)이 되던 22세 때였다. 당시는 문정왕후가 섭정을 끝낸 지 2년 후였다. 말하자면 친정을 시작했는데도 모후의 간섭이 지나쳐 스트레스가 심해지자 심열증이 본격화된 것이다.

명종은 자신이 겪는 심열증의 원인에 대해 이렇게 말한다.

"나는 자질이 연약하여 추위와 더위를 견디지 못하는 데다가 대역大疫(천연두)을 늦게 겪어 원기가 상하였고 또 근년에 궁궐의 화재와 왜구의 대변으로 인하여 심신이 놀라서 일이 생기면 어리둥절해지고 과로하면 심열이 위로 치받쳐서 일신을 보전하기가 어렵다."

명종은 심열증의 원인을 늦게 겪은 천연두와 궁궐의 화재, 왜구의 침입 등이라고 말하고 있지만, 진짜 원인은 따로 있었다. 바로 문정왕후의 간섭이었다. 명종은 차마 그 말을 직접 입에 담지 못했지만, 실록은 다음과 같이 직접적으로 밝히고 있다.

문정왕후는 스스로 명종을 세운 공이 있다 하여 때로 주상에게 "너는 내가 아니면 어떻게 이 자리를 소유할 수 있었으랴" 하고, 조금만 여의치 않으면 곧 꾸짖고 호통을 쳐서 민가의 어머니가 어린 아들을 대하듯 함이 있었다. 상의 천성이 지극히 효성스러워서 어김없이 받들었으나 때로 후원의 외진 곳에서 눈물을 흘리었고, 더욱 목 놓아 울기까지 하였으니, 상이 심열증을 얻은 것이 또한 이 때문이다.

하지만 그토록 자신을 괴롭히던 모후를 명종은 결코 원망하거나 미워하지 않았다. 오히려 지극정성으로 효성을 다했는데, 그 효성이 지나쳐 그의 명을 재촉한다. 명종 재위 20년(1565)에 모후 문정왕후가 죽었다. 명종은 지극정성으로 장례를 치렀는데 이것이 화근이 되어 건강이 악화되었고, 급기야 삼년상을 마치자마자 죽음에 이르게 된다. 문정왕후가 명종에겐 죽음을 재촉하는 병이었던 셈이다. 재위 22년(1567) 6월 28일, 이때 그의 나이 불과 34세였다.

어이없는 죽음을 맞은 선조

선조는 조선 왕들 가운데 비교적 장수한 축에 든다. 16세라는 어린 나이에 왕위에 올라 붕당정치, 임진왜란 등 격변기를 겪었음에도 40년 7개월 동안 왕위에 있다가 57세에 사망했기 때문이다. 그는 치명적인 병을 앓지도 않았다. 그가 병을 얻은 것은 50세가 넘어서였는데, 병명은 인후증과 실음증이었다.

인후증이란 목구멍이 자주 붓고 염증이 생기는 병으로, 때론 가래와 기침까지 동반하여 목소리가 잘 나오지 않을 수 있었다. 선조 역시 인후증이 원인이 되어 실음증까지 보이고 있었다. 실음증이란 목소리가 잘 나오지 않아 말을 못하는 병이다.

선조의 인후증과 실음증의 원인에 대해 당시 의관들은 '심열'을 지목했다. 선조에게 원래 심열증이 있는데, 그로 인해 화가 솟구쳐 올라 인후증이 되었고, 인후증이 원인이 되어 다시 실음증이 나타났다는 것이다.

　그런데 선조가 인후증과 실음증을 앓았던 직접적인 원인은 바로 감기였다. 선조는 52세 때인 재위 36년(1603) 겨울에 심한 감기에 걸렸는데, 이것이 만성이 되어 인후증을 앓기 시작했다. 그리고 겨울을 지나 봄이 되고, 다시 여름이 되었는데도 인후증은 낫지 않았다. 심지어 실음증으로 확대되어 말도 제대로 하지 못하는 지경에 이르렀다. 이 때문에 선조는 내의원을 닦달하여 처방을 가져오라고 성화를 부렸다. 이에 내의원 도제조가 말했다.

　"의관에게 내리신 분부를 방금 듣고, 신들은 매우 황공하고 민망스러움을 견디지 못하겠습니다. 의관들의 기술이 옛사람만 못하고 신들도 의술에 어두워서 성후聖候가 이토록 낫지 않도록 하였습니다. 더구나 요즈음 몹시 더운 때를 만나 심폐의 화火가 목구멍으로 치솟기 때문에 인후증과 실음증이 오래도록 쾌차하지 않는 것입니다."

　그러자 선조가 대답했다.

　"반년 동안 병을 앓으면서 날마다 두세 가지 약을 먹다 보니 봄과 여름 동안 마주 대한 것이 약로藥爐(약 달이는 화로)뿐이다. 그러나 아직도 효험을 보지 못하니, 아마도 그 약이 증세에 맞는 것이 아니고 의관들이 같은 약만을 쓰려고 하는 것인 듯하므로 각각 소견을 써서 아뢰게 한 것이다. 내가 의술을 모르기 때문에 그 약이 증세에 맞는 것인지 모르겠다. 그러나 의서를 조금 보았으므로 한두 가지 병이 생기는 까닭을 알기 때문에 이 증세가 나타나자 곧 의관에게 내 병은 심증心症에서 얻은 것이라고 하였더니, 의관도 그렇다고 하였다. 그런데 이제까지 효험을 보지 못하니, 이에 대한 까닭을 모르기는 하나 한 잔의 물로 한 수레의 나무에 붙은 불을 끄려는 격이 아니겠는가. 이토록 오래 앓아 경들로 하여금 많은 근심을 하게 하는 것이 도리어 심열을 조장하여 밤낮으로 불안할 뿐이다. 약을 쓰는 것은 군사를 쓰는 것과 같은데 어찌 전의 소견을 군이 지킬 필요가 있겠는가. 의관들과 다시 더 상의하도록 하라. 허준의 경우는 제서諸書에 널리 통달하여 약을 쓰는 데에 노련하고, 이명원도 노숙한 의관이므로 범상한 솜씨가 아닐 듯한데, 이들이 어찌 감히 망령되이 생각했겠는가."

이렇듯 선조는 애가 탄 나머지 자신이 직접 의서를 살피기까지 했지만, 마땅한 처방을 찾지 못했다. 그래서 허준을 비롯한 여러 의관들에게 빨리 처방을 알아 오라고 주문했다.

그런데 이 기록 이후로 더 이상 선조의 인후증과 실음증에 대한 언급은 없다. 증세가 악화되었다면 필시 기록이 남았을 것인데, 더 나빠지지는 않은 모양이다. 하지만 고쳤다는 기록도 없는 것으로 보아 그저 만성 지병으로 달고 살게 된 것이 아닌가 싶다.

선조는 정말 예상치 못한 뜻밖의 일로 죽음을 맞이한다. 그는 정릉동 행궁에 머물렀는데, 밥을 먹다 갑자기 사망했다. 이에 대해 실록은 다음과 같이 기록하고 있다.

미시에 찹쌀밥을 진어했는데 상이 갑자기 기氣가 막히는 병이 발생하여 위급한 상태가 되었다.

말인즉, 찰밥을 먹다가 식도에 걸려 숨을 쉬지 못해 죽었다는 것이다. 정말 황당한 일이 아닐 수 없다. 선조는 식도에 찰밥이 걸린 상태로 얼마간은 살아 있었다. 신하들과 의관들이 백방으로 조치를 취했지만 끝내 허사였다.

이렇듯 선조는 정말 허무하게 생을 마감했다. 치명적인 병이 있던 것도 아니고, 독을 먹은 것도 아니었다. 심지어 찰떡을 먹다가 죽은 것도 아니다. 그저 밥을 먹다가 죽은 것이다. 물론 찰밥이라고는 하지만 찰밥이 식도를 막아 죽는 경우는 찾아보기 힘든 일이다.

그래서 추측하건대, 선조는 그때까지도 인후증에 시달리고 있었을 가능성이 있다. 인후에 이상이 있었으니 음식을 삼키는 데 어려움이 있었고, 그래서 찰밥을 제대로 씹지 않고 삼키다가 걸리는 바람에 사망에 이르지 않았을까 한다. 어쨌든 매우 어이없는 죽음이 아닐 수 없다.

폐위가 오히려 장수의 비결이 된 광해군

광해군은 34세에 왕위에 올라 15년 동안 용상에 머물다 인조반정으로 쫓겨난 후, 18년 동안 유배 생활을 한 뒤 67세에 죽었다. 조선 왕 중에 환갑을 넘긴 사람은 태조, 정종, 영조, 고종, 광해군 등 다섯 사람이 전부이니 장수했다고 할 수 있다. 하지만 광해군이 건강하게 산 것은 아니었다. 늘 갖가지 질병에 시달렸다. 그를 괴롭힌 대표적인 질병은 종기, 눈병, 치통, 인후증 등이었다.

광해군은 세자 시절부터 기관지가 별로 좋지 않았다. 그래서 인후증에 자주 시달렸다. 광해군의 인후증이 시작된 것은 임진왜란이 한창이던 선조 26년(1593)이었다. 당시 광해군은 선조를 대신하여 동분서주하고 있었는데, 그 과정에서 심한 감기에 걸리는 바람에 인후증을 얻었다. 실록은 선조 26년 10월 30일 자에 이와 관련한 내용을 남겼다. 당시 명나라에서는 광해군이 전방에 나오지 않는다고 빨리 나올 것을 독촉하는 상황이었다. 하지만 광해군은 몸이 좋지 않아 전방에 출전할 수 없었고, 그래서 선조가 광해군의 상황에 대해 이렇게 전했다.

"동궁이 인후증으로 지난 25일 침을 맞았다고 한다. 증세만 이럴 뿐이 아니라 원기가 이미 약해졌기 때문에 이런 겨울철에 내가 차마 남쪽으로 보낼 수가 없다."

다행히 광해군의 인후증이 오래 지속되지는 않았다. 감기가 나으면서 자연스럽게 인후증도 치료되었다.

그런데 광해군은 또 다른 병에 시달렸다. 바로 충치였다. 광해군이 언제부터 충치를 앓았는지는 정확하게 알 수 없으나 즉위 초부터 치통 탓에 매우 고생한 것으로 미루어 세자 시절 이미 앓고 있었던 것으로 보인다. 광해군은 충치 때문에 계속 침을 맞았지만, 근본적인 치료가 아니었으므로 늘 치통에 시달렸다. 실록은 즉위한 해부터 광해군이 치통 치료를 받았다는 기록을 남기고 있는데, 4년 뒤인 광해군 4년(1612) 10월 2일의 기록엔 그 증상을 다음과 같이 썼다.

허준이 아뢰었다.

"오래된 증세에는 한 번의 침으로는 효험을 보지 못합니다. 모레 다시 맞으소서."

이에 왕이 말했다.

"내일 맞는 것이 어떻겠는가?"

그러자 허준이 아뢰었다.

"연이어 침을 맞으시는 것은 미안한 일입니다."

이항복이 아뢰었다.

"치통 증세는 어떠하십니까?"

이에 왕이 일렀다.

"잇몸의 좌우가 모두 부은 기운이 있는데, 왼쪽이 더욱 심하다. 한 군데만이 아니라 여기저기 곪는 것처럼 아프고 물을 마시면 산초山椒 맛이 난다."

광해군의 치통은 날씨가 추워지면 더욱 심해졌다. 흔히 말하는 풍치였다. 충치라는 것이 치아를 빼거나 깎아내지 않으면 통증이 계속되는 법이라 광해군은 매일같이 앓는 소리를 하며 지내야 했다. 당시의 기술로는 어쩔 수 없는 일이었다. 치료법이라고 해봐야 침으로 통증을 줄이는 정도였다. 그런 까닭에 광해군은 죽을 때까지 치통을 달고 살았다.

치통 다음으로 광해군을 괴롭힌 질병은 눈병이었다. 광해군이 눈병이 난 것은 재위 9년(1617)이었다. 이때 광해군의 눈병은 제법 심했던 모양이다. 광해군은 그해 11월 12일부터 침을 맞기 시작했는데, 11월 14일엔 이렇게 말했다.

"내가 눈병이 매우 심해서 부득이 날마다 침을 맞고 있다. 앞으로 대례가 겹쳐 있으므로 몸을 잘 조리하지 않으면 안 되는데, 어제는 급하지도 않은 계사를 모두 입계하였다. 긴급한 일만 뽑아서 들일 일을 정원은 살펴서 하라."

이후로 광해군은 무려 3년 동안 계속 눈병에 시달린다. 이듬해에는 자신의 눈병에 대해 이렇게 말한다.

"내 눈병이 아직도 낫지 않은 상태라서 저녁이 되면 더욱 고통스러운데 근래 서쪽 변방의 소식 때문에 눈을 감고 조용히 조섭하지도 못하고 있다. 게다가 양사의 계사를 보면 긴급하지도 않은 잡다한 일들인데, 이를 가지고 번잡스럽게 드나들기 때문에 이에 여러 가지로 응수하다 보면 병세가 더욱 중해지기만 한다. 더위가 물러갈 때까지만이라도 전에 전교했던 대로 긴급한 군국軍國의 일 이외에는 봉입하지 말도록 정원은 특별히 더 살펴서 하라."

그로부터 2년 뒤인 재위 12년(1620) 12월 6일에도 광해군은 여전히 눈병을 앓고 있다면서 이런 말을 전한다.

"내가 지금 눈병으로 한창 고생하고 있으니, 조서를 맞이하는 일을 10일 이후로 다시 날을 받도록 하라."

명나라 황제의 명령서인 조서를 맞이하는 일도 연기할 정도였으니, 당시 광해군의 눈병이 매우 심각했음을 알 수 있다.

그렇다면 광해군은 어떤 종류의 눈병을 앓고 있었을까? 당뇨를 앓지는 않았으니 당뇨성 눈병은 아닌 것으로 추정된다. 또 눈이 안 보인다거나 사물이 흐릿하게 보인다는 언급도 없다. 눈을 감고 조섭한다는 것은 눈을 감고 있으면 한결 편안하다는 뜻이다. 이런 정황으로 보아 아마도 광해군은 노안으로 인해 안구건조증이 몹시 심한 상태가 아니었을까 싶다.

광해군을 괴롭힌 또 하나의 질병은 조선 왕들에게 가장 흔했던 종기였다. 그것도 얼굴에 생긴 면종이었다. 부위는 뺨이었는데, 처음 발견된 시점은 재위 11년(1619)이었다. 그해 8월 10일에 신하들이 김언춘을 탄핵할 것을 아뢰자, 광해군은 짜증을 내며 이렇게 말한다.

"뺨에 난 종기의 상태가 가볍지 않아 여러 차례 침을 맞았는데도 아직 낫지 않아 수면과 음식이 순조롭지 못하다. 다만 차관差官이 관소에 머무르고 있기 때문에 하는 수 없이 거둥했을 뿐이다. 전후로 하교한 것이 한두 번이 아닌데 너희들은 무엇 때문에 내린 전교를 무시하고 남의 병을 아랑곳하지 않고, 또 병이 낫기를 기다리지도 않고 이토록 시시각각으로 소란을 피우는가?"

당시 광해군은 이미 종기로 수차례 치료를 받고 통증에 시달리는 중이었다. 7일 전인 8월 3일에도 종기 때문에 명나라 차관을 만나지 못하니 조정에서 알아서 하라고 명령한 바 있었다. 그런데 여전히 차도가 별로 없었다. 그런 상황에서 정치 문제로 귀찮게 하니 짜증이 나는 것도 당연했다.

이후 종기는 우여곡절 끝에 치료가 되었던 모양이다. 하지만 종기의 무서움은 재발이 잦다는 점이다. 광해군의 종기 역시 재발했다. 4년 뒤인 재위 15년(1623) 1월에 광해군은 다시 종기 때문에 정사를 제대로 볼 수 없는 처지가 되었다. 이번에도 역시 면종이었다. 그의 종기는 그해 3월까지도 낫지 않았다. 그렇게 정사를 돌보지도 못하는 상황에서 인조반정이 일어나 광해군은 왕위에서 내쫓기고 말았다.

화병 이야기가 나와서 하는 말이지만, 광해군은 스스로 자신이 화병 환자라고 자주 말하곤 했다. 의관의 진단에 따른 것은 아니고 광해군 스스로 자신이 화병 환자라고 굳게 믿었다.

그가 자신에게 화병이 있다고 처음 말한 것은 재위 12년(1620) 10월 18일이었다. 이날 광해군은 급한 사안이 아니면 보고하지 말라며 이렇게 말했다.

"내 원래 화병이 많은 사람인데, 요즘 군국의 일들이 많고 또 황제의 부음이 겹쳐 오는 바람에 슬프고 두려워서 감히 병을 말하지 못하고 겨우겨우 병을 견뎌가며 출입하고 있다. 이렇게 거둥이 있는 날에는 긴급하지 않은 공사公事는 정원에 그냥 보류해두는 것이 옳을 일인데 어제 아침 차관을 접견할 때 그리 긴급하지도 않은 계사와 차자들이 마구 들이닥쳤다. 내가 무슨 기력으로 그 바쁜 속에서 그것들을 다 볼 것인가."

이후로도 광해군은 결재하기 싫은 일이 있으면 자주 화병을 핑계로 회피했다. 이듬해 1월 17일에 도승지 유경종이 사직소를 올리자 받아들일 수 없다며 이렇게 말한다.

"근래에 사직소를 날마다 어지럽게 하니, 본래 화병을 앓고 있는 나 같은 사람은 실로 수응하기 어렵다."

또 재위 15년 1월 22일에는 약방에서 문안을 올리자 역시 화병을 들먹이며 말했다.

"나의 병은 화병인데 어찌 쉽게 회복될 수 있겠는가. 종기의 증세는 점점 덜해지고 있지만 두통은 늘 그러하다. 따라서 와서 문안하지 말도록 하여 조섭하는 데 있어 편리하게 하라."

내의원이 진찰하는 것도 귀찮다는 것인데, 진찰을 회피하는 수단으로 화병을 언급한 것이다. 얼마 뒤인 2월 19일에 다시 약방이 문안하자 또 이렇게 말했다.

"대체로 나의 증세는 화병이므로 눈을 감고 조용히 조섭한 뒤에야 회복될 수 있는 것이다."

열흘 뒤인 2월 29일에도 약방이 문안하자 또 화병을 끄집어낸다.

"국가에 일이 많아서 한시도 조섭할 수 없고 화병의 증세가 날로 심해져 회복될 기한이 없으니, 우선 문안하는 일을 정지하여 나로 하여금 조용히 조섭할 수 있게 하라."

이런 광해군의 화병에 대한 언급을 분석해보면 그의 화병은 귀찮은 일을 회피하는 수단으로 쓰인 듯하다. 말하자면 광해군이 진짜 병증을 앓고 있었던 것이 아니라 화병을 핑계로 정사를 뒷전으로 미뤘던 셈이다.

광해군의 이러한 처사는 결국 반란을 제때 제압하지 못하는 결과를 낳았고, 이는 그의 폐위로 이어졌다. 폐위될 당시 광해군은 여전히 종기에 시달리고 있었다. 그렇게 종기 치료도 마치지 못한 상태에서 강화도와 제주도를 전전하며 유배 생활을 해야 했다.

하지만 광해군은 용케 종기를 이겨내고 자신이 그토록 주장하던 화병도 다스려 유배지에서 환갑을 맞이했다. 왕위에서 쫓겨나면 화병이 나서라도 빨리 죽을 만도 한데, 오히려 광해군은 천수를 누리며 67세까지 장수했다. 적어도 건강 측면에서는 왕위에서 쫓겨난 것이 전화위복이 되었던 듯하다. 수많은 스트레스에서 벗어났으니 화병도 나았을 것이고, 매일같이 유유자적하는 여유로운 삶의 연속이었으니 자연스럽게 병마도 피했던 것이 아닐까. 그런 의미에서 보자면 폐위된 것이 되레 장수의 비결로 작용하였을 수도 있겠다.

피해망상증으로 진찰조차 거부한 인조

광해군이 폐위된 덕에 천수를 누렸다면, 광해군을 내쫓고 왕위에 오른 인조는 어땠을까? 아이러니하게도 정작 왕이 된 인조는 그다지 행복하지 못했다. 물론 편안하거나 건강한 삶도 누리지 못했다.

인조는 즉위 이후로 자주 앓아누웠다. 하지만 뚜렷한 병명은 전하지 않는다. 병명이 기록되지 않은 것은 인조의 성격 때문이었다. 인조는 의심이 많고 불안증에 시달리고 있었다. 늘 누군가 자신을 해칠지도 모른다는 생각에 사로잡혀 있었다. 일종의 피해망상증이 있었던 셈이다.

인조가 불안증을 갖게 된 것은 21세 때 겪은 충격적인 사건 때문이었다. 광해군 7년(1615)에 신경희의 역모 사건이 일어났는데, 그때 신경희가 왕으로 추대하려 했던 인물이 인조의 동생

능창군이었다. 신경희 사건은 조작의 흔적이 많았다. 하지만 능창군은 영문도 모른 채 신경희의 추대를 받아 역적의 괴수로 몰렸고, 결국 목이 달아났다.

당시 능양군으로 불렸던 인조는 이 사건 이후 늘 입을 닫고 숨죽이며 살았다. 그는 함부로 웃거나 찡그리는 일도 없었고, 철저히 감정을 숨겼다. 심지어 주변 사람에게 편지를 쓰는 일도 하지 않았다. 편지가 화근이 되어 자신의 목숨을 잃을 수도 있다는 불안감 때문이었다. 아버지 정원군이 사망했을 때도 아주 조용히 장사를 치렀다.

이런 그의 성향은 왕이 된 후에도 지속됐다. 반정으로 왕이 된 까닭에 절대 사람을 믿지 않았다. 그래서 그는 자신의 글씨를 절대 세상에 드러내지 않았다. 혹 누군가가 자신의 글씨를 흉내 내어 모반의 도구로 사용할지도 모른다는 염려 때문이었다. 신하에게 비답을 내릴 때도 자신이 쓴 글을 내시에게 베끼게 해서 주었고, 손수 쓴 초고는 찢은 후 직접 물에 씻어 없애버렸다. 심지어 자식들에게도 친필로 편지를 보내는 법이 없었다.

그렇듯 인조는 누군가 자신에 대해서 아는 것을 극도로 꺼렸다. 물론 병을 앓는 사실도 철저히 숨겼다. 여간해서 아프다는 말을 하지 않았고, 설사 아파서 누웠다 하더라도 의관을 철저히 단속하여 병명이 바깥으로 나가지 않도록 했다. 인조가 즉위 초기부터 자주 병상에 눕곤 했지만 병명이 전하지 않는 것은 바로 이런 이유 때문이었다.

인조의 이런 성향에 대해 당시 신하들은 매우 못마땅하게 여겼다. 그래서 이런 말을 올리기도 했다.

"신들이 삼가 어제 성상의 비답을 보건대 '나는 병약한 사람도 아니고 위급한 병도 없다' 하셨는데, 이 점이 바로 신들이 크게 두려워하는 바입니다. 전하께서는 춘추가 한창이셔서 혈기만 믿고 절선節宣(계절에 따라 몸을 조리함)하는 방도를 취하지 않으시는데, 근심거리는 소홀한 데서 발생하기 마련입니다. 위급한 증세는 병이 일어난 날에 생기는 것이 아니고, 몸이 상하는 조짐은 반드시 일조일석에 생기는 것이 아닙니다."

인조 4년(1626) 7월 4일에 사헌부와 사간원 관원들이 함께 올린 말이다. 당시 인조는 모친상을 당하여 지나치게 몸을 혹사했다. 이 때문에 신하들이 건강을 염려하는 말을 누차 했으나 전혀 듣지 않았다. 오히려 자신은 아주 건강하다는 말만 반복했다.

그러나 인조는 장례 이후에 자주 앓았다. 그리고 어느덧 고질병이 되었다. 6년 뒤인 재위 10년(1632) 9월 6일, 내의원에서 그 고질병의 원인에 대해 이런 진단을 내렸다.

"신들이 전하의 오늘날 병환을 삼가 생각건대 내상內傷이 주된 증세입니다. 사람의 질병이 되는 것이 내상보다 더 큰 것이 없고 또한 재차 감염된 것보다도 더 큰 것이 없으며, 침구鍼灸에 꺼리는 것은 바람을 쐬는 것보다 더 심한 것이 없고 또한 곡읍하는 것보다도 더 심한 것이 없습니다. 그런데 이 두 가지 금기를 범하여 안팎이 모두 손상되어, 재차 감염의 증세로 형성되어 점점 몸져누움에 이르면서도 오히려 외정外廷(임금이 국정을 듣는 곳으로 조정을 일컬음)으로 하여금 그 사실을 못 듣게 하고자 하셨습니다. 전하께서 아무리 질병을 숨기고자 하시더라도 신들이 또한 들은 바가 있어 결코 그것이 거짓말이 아닌 줄을 알고 있으니, 의관으로 하여금 들어가 진찰하여 제때 치료하게 하소서."

내상이란 곧 내부 손상을 의미하는 것으로 관리를 잘못하여 심신이 허약하여 생긴 모든 병을 통칭한다. 하지만 의관들은 그 병명을 구체적으로 단정할 수 없었다. 인조가 아픈 것을 숨길 뿐 아니라 진찰조차 받지 않으려 했기 때문이다. 내의원에서 여러 차례 진찰을 권유했지만 아픈 곳이 없다며 항상 거절했다. 인조는 그들을 신뢰하지 않았다.

그런 가운데 인조는 유일하게 신뢰할 만한 의사를 만났다. 바로 당대 번침燔鍼의 달인 이형익이었다. 번침은 불에 달군 침을 의미한다. 인조는 그에게 번침을 맞은 뒤로 오직 이형익만 믿고 몸이 아프면 항상 그를 불렀다. 다른 의원은 범접하지 못하게 했다.

이형익은 의관 출신도 아닌 한낱 시골 의사였으나 인조는 다른 의원은 안중에도 없었다. 이형익의 번침을 한 번 맞은 뒤로 자신의 상태가 상당히 호전되었기 때문이다. 인조가 이형익에게만 지나치게 의존하자 조정에선 이형익을 비난하는 상소가 빗발

쳤다. 그러나 인조는 개의치 않았다. 오히려 화를 내며 이형익을
옹호했다.

인조는 누군가가 자신에게 독을 먹이고 있다는 망상에 사로
잡혀 있었다. 그래서 자신의 모든 병은 그 독이 원인이라고 믿었
다. 심지어 자신의 음식에 독을 탄 범인이 소현세자의 세자빈 강
씨라고 지목하고, 기어코 그녀를 역적으로 몰아 죽이기까지 했
다. 누군가 자신을 죽이려 한다는 피해망상증이 결국 아무 죄도
없는 며느리를 죽이는 참극으로 이어졌던 것이다.

강빈을 죽인 이후로도 인조는 늘 독을 먹었다고 말하곤 했다.
그래서 이형익에게 항상 독을 제거하는 번침을 놓아달라고 했다.

그렇게 그는 죽을 때까지 오직 이형익의 번침 치료에만 의지
했다. 재위 27년(1649) 5월, 임종의 순간에도 오직 이형익을 곁
에 두고 번침 치료만 받았다. 그런 까닭에 인조가 무슨 병으로
죽었는지 전혀 알 수 없다. 남아 있는 기록엔 몸에 열이 자주 나
는 등 학질 증세와 번열증이 있었다는 내용이 전부다. 그렇다고
학질을 앓은 것은 아니다. 몸에 자주 열이 나서 학질 증세 같았
다는 추측만 남긴 것이다. 번열증은 신열이 나고 가슴이 답답한
증세를 말하는데, 하나의 증세일 뿐 병명은 아니다. 인조는 죽을
때까지 철저히 자신의 병을 숨기다 결국 치료를 제대로 받지도
못하고 생을 마감했다. 누군가 자신을 죽이려 한다는 피해망상
증이 결국 그를 죽음으로 내몬 셈이다. 그의 나이 55세였다.

뜻밖의 의료사고로 죽은 효종

효종은 소갈증이 약간 있었고, 가끔 번열증에 시달리긴 했지만, 치명적인 질병이 있지는 않았다. 소갈증도, 번열증도 심각한 수준이 아니었다. 다만 재위 10년(1659)에 이마에 종기가 하나 생겼다. 처음엔 대수롭지 않았으나 갑자기 악화되어 고름이 가득 차게 되었다. 그 바람에 눈이 부어올라 제대로 뜰 수도 없는 상태가 되었다. 마음이 급해진 효종은 약방의 의관들을 독촉하여 빨리 치료를 하라고 성화였다. 그래서 5월 1일에 처음으로 산침散鍼으로 종기의 독기를 조금 빼냈다. 그리고 이틀 후인 5월 3일에 다시 산침을 맞았다.

치료를 하는 중인데도 효종은 마음이 급했다. 빨리 종기를 제대로 터뜨려 단번에 고치고 싶었던 것이다. 그런 상황에서 의관 신가귀가 입궁했다. 당시 신가귀는 몸이 아파 집에 머물고 있다가 왕이 종기로 고통받고 있다는 말을 듣고 아픈 몸을 이끌고 나온 터였다.

신가귀가 입궐했다는 소리를 들은 효종은 즉시 그를 불러들였다. 지난날 발에 종기가 났었는데 신가귀가 침으로 종기를 터뜨려 고름을 짜낸 덕에 빨리 치료한 적이 있었다. 그래서 이번에도 신가귀에게 맡겨볼 요량이었다.

신가귀를 보자, 효종은 침으로 종기를 터뜨리는 것이 어떻겠느냐고 물었다. 그러자 신가귀가 대답했다.

"종기의 독이 얼굴로 흘러내리면서 농증을 이루려고 하니 반드시 침을 놓아서 나쁜 피를 뽑아낸 연후에야 효과를 거둘 수 있습니다."

하지만 함께 입시하고 있던 의관 유후성은 침으로 찢는 것을 반대했다. 경솔하게 침을 사용하여 피를 빼려고 했다간 큰일이 날 수도 있다면 강하게 만류했다. 그러면서 유후성은 왕세자가 수라를 들고 난 뒤에 다시 침 맞는 것을 의논해보자고 제안했다. 어쨌든 시간을 끌며 종기를 찢는 것을 말리고자 함이었다.

그러나 효종은 유후성의 말을 듣지 않았다. 그리고 신가귀에게 침을 잡으라고 명령했다. 그런 상황을 이해시키기 위해 내의원 도제조 원두표를 대조전으로 들어오도록 했다. 이어서 제조 홍명하와 도승지 조형도 입시했다.

그리고 드디어 그들이 지켜보는 가운데 신가귀가 침으로 종기를 찢었다. 그러자 침이 낸 구멍으로 피가 흘러나오기 시작했다. 종기에서 피가 빠져나오는 것을 보고 효종은 이제 나았다 싶었던 모양이다.

"가귀가 아니었더라면 병이 위태로울 뻔하였다."

그러나 문제는 피가 멈추지 않는다는 것이었다. 종기에서 쏟아져 나오는 피의 양은 줄어들지 않았고, 피를 멈추게 하는 약까지 발랐지만 소용이 없었다. 아무래도 침을 너무 깊이 찔러 혈관을 건드렸던 모양이다. 피가 그치지 않자 의관들과 제조는 안절부절못했다.

어느덧 효종은 출혈 과다로 얼굴이 창백하게 굳어졌고, 의관들은 급히 청심환과 독삼탕으로 올렸다. 하지만 여전히 출혈은 멈추지 않았다. 피투성이가 된 효종은 속히 대신들을 불러들였다. 삼정승을 비롯한 송시열, 송준길이 급히 들어왔고, 그들 뒤로 사관과 여러 신하들이 함께 몰려왔다. 하지만 그들이 도착했을 땐 이미 효종은 정신을 잃고 쓰러진 상태였다. 그리고 이내 숨을 거뒀다. 효종은 그렇게 뜻밖의 의료사고로 41세의 창창한 나이에 허망하게 생을 마감했다.

각종 질병으로 평생 환자로 지낸 현종

특이하게도 현종은 조선 왕 가운데 유일하게 출생지가 중국이
다. 아버지 효종이 봉림대군이던 시절 청나라에 인질로 가 있을
때 심양에서 태어났기 때문이다. 이국땅에서 태어났기 때문인지
는 알 수 없지만 현종은 어릴 때부터 몸이 병약하여 병치레가 잦
았다. 현종이 명성왕후 이외에 어떤 후궁도 거느리지 않은 것도
몸이 허약했기 때문이다. 그를 괴롭힌 병마가 그에게 금욕생활
을 강요한 셈이었다.

현종은 질병에 시달렸지만 결코 신경질적인 성격은 아니었다.
오히려 너그럽고 배려심이 많은 성품이었다. 인정도 많고 연민
도 많아 불쌍한 사람을 보면 그냥 지나치지 않았다. 그래서 이런
일화가 남아 있다.

세손 시절에 궁궐 문밖에 나가 놀다가 문지기가 아주 여위고

얼굴이 까맣게 탄 것을 보고 내시에게 그 연유를 물으니 내시가
이렇게 말했다.

"병들고 춥고 주린 사람입니다."

그 말을 듣고 그는 그 군졸에게 옷을 내려주고 밥을 주게 했다.

이처럼 현종은 매우 어진 성품의 소유자였다. 하지만 불행히
도 병약한 몸을 가지고 태어난 바람에 오래 살지는 못했다.

그렇다면 현종은 어떤 병마에 시달렸을까?

우선 현종은 눈병에 자주 시달렸다. 현종이 눈병을 앓았다는
내용은 재위 1년(1660)부터 줄기차게 등장한다. 그해 1월 29일
에 처음 기록된 내용은 이렇다.

> 상이 정원에 하교했다.
>
> "감군監軍과 순장巡將에게 모두 다 그 번을 계속 서게 하라."
>
> 그때 상의 눈병이 점점 더하여 낙점落點을 하자면 눈에 해로웠기
> 때문이었다.

이 내용을 보면 당시 현종의 눈병이 얼마나 심각했는지 알 수
있다. 감군과 순장의 당번을 교체하기 위해 낙점을 하는 것조차
할 수 없을 지경이었다. 그의 눈병은 이미 오래된 병이었다. 아
마도 어린 시절부터 계속 앓아왔던 것 같다. 이후로 현종은 눈병
을 고치기 위해 백방으로 약을 구했지만 모두 허사였다.

현종이 앓은 눈병의 특징을 살펴보면, 우선 자주 눈에 다래끼가 생겼다. 그리고 눈물이 흐르지 않고, 늘 눈이 건조했다. 그 때문에 눈꺼풀이 항상 빨갛게 충혈되어 있고, 눈이 깔깔했다. 심지어 양쪽 눈을 허연 막이 뒤덮었다. 그것이 점점 심해지더니 아예 눈동자를 가려버릴 지경이었다. 현종은 항상 눈이 아프고 눈 속이 껄끄러워 제대로 눈을 뜨지 못했다. 그런 증세는 어린 시절부터 그가 죽을 때까지 끈질기게 따라다녔다.

눈병 말고도 현종은 또 다른 고질병이 있었다. 바로 습창이었다. 습창이란 습진을 의미하는데, 아마도 어린 시절부터 줄곧 앓았던 것으로 보인다. 왕위에 오른 뒤에는 더욱 심해졌다. 현종은 습창을 치료하기 위해 늘 온천을 가고 싶어 했다. 하지만 신하들은 왕이 온천을 가면 백성의 고충이 심해진다며 쉽게 동의하지 않았다. 그럴 때마다 현종은 습창을 호소하며 제발 온천을 가도록 해달라고 요청하곤 했다.

눈병에 습진 같은 고질병을 앓고 있던 그는 학질에 걸린 적도 있었다. 현종이 학질에 걸린 것은 즉위년(1659) 6월이었다. 이때 현종은 병약한 몸으로 국상을 치르다 덜컥 학질에 걸리고 말았다. 병상에 누워 있는데 대사헌 송준길이 뵙기를 청했다. 현종은 이렇게 말했다.

"나도 보기를 원하나 좀 피곤하여 못 하고 있으니 조금만 기다려주고, 하고 싶은 말이 있으면 써서 들여오라."

그 말을 듣고 송준길이 아뢰었다.

"오늘 이보다 더 중대할 수 없는 일은 오직 성상의 몸을 보호하는 일입니다. 신의 사사로운 걱정과 지나친 염려가 밤낮없이 초조하고 민망할 뿐인데, 엎드려 듣기에 이제 이미 너무 야위신 데다 학질까지 겹치셨다니, 이는 비위가 상하여 원기를 차리지 못한 소치인 것입니다."

현종의 질병은 거기서 그치지 않았다. 신체 이곳저곳에 자주 종기가 생겼다. 특히 머리에 생긴 종기는 현종을 몹시 괴롭혔다. 뒷목 주변에도 자주 종기가 생겼다. 설상가상으로 재위 10년 (1669) 무렵에는 턱 아래쪽에 멍울이 잡혔다. 멍울의 크기는 날로 커졌고 그 속에 고름이 차서 열이 나기 시작했다. 그 바람에 현종은 식사도 하지 못했고 음식을 먹으면 구역질까지 났다.

멍울이 점점 커지자 의관들을 침으로 멍울을 터뜨렸다. 그랬더니 그 속에서 고름이 거의 한 되나 나왔다. 그런데 멍울은 한두 개가 아니었다. 겨드랑이, 목 뒤, 턱 밑, 귀 뒤까지 현종의 몸엔 연달아 멍울이 생겼고, 그 속엔 한결같이 고름이 찼다. 림프절을 따라 생겼던 것으로 보아 림프절염으로 의심된다.

현종은 곧잘 다리에 마비 증세가 오기도 했다. 그 바람에 잘 걷지도 못하는 경우가 많았다. 심지어 세자 순(훗날의 숙종)의 입학례에 참석도 힘든 지경이었다. 온갖 병으로 그의 몸은 약해질 대로 약해진 것이다.

그렇게 각종 질병에 시달리며 살아가던 현종은 재위 15년 (1674)에 34세의 젊은 나이로 생을 마감하고 말았다. 죽음을 앞둔 그는 몸이 불덩이처럼 달아올라 밤새도록 괴로워했다고 기록되어 있다. 몸속에 수많은 염증이 있었다는 뜻이다. 아마도 결핵균 등에 의해 온몸이 망가졌던 모양이다. 그런 까닭에 그는 평생을 환자로 살 수밖에 없었다.

잔병치레 없이 비교적 건강을 누린 숙종

현종의 유일한 아들 숙종은 부왕과 달리 건강한 편이었다. 어릴 때는 잔병치레를 별로 하지 않았고, 치명적인 병마에 시달린 적도 없었다. 다만 황달에 걸린 적은 있었다. 숙종이 황달에 걸린 때는 재위 2년(1676) 9월이었다. 당시 숙종의 나이는 16세로 아직 성장기에 있던 때였다. 황달이 나타나기 5~6일 전부터 숙종의 몸 상태는 좋지 않았다. 그러다 황달 증세가 나타났는데, 증상이 가볍지 않았다. 황달의 원인에 대해서는 기록되지 않았지만, 아마도 간에 문제가 생겼던 모양이다. 다행히도 며칠 뒤에 숙종은 회복되었고 이후로 황달 증세를 보이지 않았다.

황달 이후로 숙종은 30년 동안 심한 질병에 걸린 적이 거의 없었다. 기껏해야 감기에 몇 번 걸린 것과 몇 차례 심한 명치 통증을 겪은 것이 전부였다. 40대 중반까지는 비교적 건강하게 지냈다는 뜻이다.

재위 32년(1706)에는 종기가 생겼다. 주로 엉덩이 주변에 생겼는데, 4년 동안 반복적으로 재발했지만, 크게 악화되지는 않았다. 그리고 큰 문제로 확대되지 않고 치료에 성공했다.

종기에 이어 숙종은 몇 년간 식욕 부진으로 고생했다. 그 원인에 대해서는 뚜렷한 기록이 없다. 식욕부진과 함께 약간의 현기증도 있었다. 이런 증세는 재위 35년부터 38년까지 약 3년간 지속되었다. 이때 숙종의 나이는 49세에서 52세였는데, 당시로선 중년에서 노년으로 넘어가는 시기였다. 모르긴 해도 이때 이미 중병의 징후가 나타나고 있었던 것이 분명하다. 하지만 당시 의관들은 뚜렷한 병명을 짚어내지 못했다.

어쨌든 그때까지 숙종은 치명적인 병에 걸린 상태는 아니었다. 그런데 재위 43년(1717)에는 눈병이 생겨 눈이 제대로 보이지 않게 된다. 숙종은 그해 7월 19일에 자신의 증세에 대해 이런 말을 한다.

"지금 왼쪽 안질이 더욱 심하여 전혀 물체를 볼 수가 없고, 오른쪽 눈은 물체를 보아도 희미하여 분명하지 않다. 소장의 잔글씨는 전혀 글씨 모양이 안 보이므로 마치 백지를 보는 것과 같고, 비망기의 큰 글자에 이르러서도 가까이에서 보면 겨우 판별할 수 있기는 하지만 그래도 분명히 보이지는 않는다."

이런 내용으로 미루어 숙종은 백내장을 앓고 있었던 것으로 보인다. 그때 57세였으니, 백내장이 올 만한 나이였다. 이렇듯 눈이 제대로 보이지 않게 되자, 숙종은 어떻게 해서든 제반 업무를 세자에게 넘기고자 했다. 신하들은 당연히 세자가 서무를 대리하는 것은 반대했지만 숙종은 강하게 밀어붙였다. 자신의 건강 상태로는 더 이상 서무를 감당할 수 없다는 판단이었다.

사실, 그때 이미 숙종의 건강 상태는 악화일로에 있었다. 그리고 2년 뒤인 재위 45년(1719)부터는 복부에 부종이 생기기 시작했다. 복부가 조금씩 부어오르고 있었던 것이다. 그리고 이듬해 5월경에는 돌이킬 수 없는 지경에 이른다. 그 무렵에 숙종은 음식을 제대로 삼키지도 못했고, 복부는 날이 갈수록 점점 팽창했다. 그해 5월 7일의 실록 기록은 당시 숙종의 상태가 얼마나 심각했는지 잘 보여준다.

이때 성상의 환후는 복부가 날이 갈수록 더욱 팽창하여 배꼽이 불룩하게 튀어나오고, 하루에 드는 미음이나 죽이 몇 홉도 안 되었으며, 호흡이 고르지 못하고 정신이 때때로 혼수 상태에 빠지니, 중외에서 근심하고 두려워했다.

숙종은 그런 상태로 1개월쯤 버티다 결국 6월 8일에 60세를 일기로 생을 마감했다. 비록 환갑을 넘기지는 못했으나 조선 왕 중에서는 장수한 편이었다.

병상을 벗어나지 못한 경종과 무병장수한 영조

경종은 재위 기간 내내 병상에서 지낼 정도로 병약한 인물이었다. 그는 세자 시절부터 이미 건강이 매우 좋지 않았고, 그 때문에 세자 자리에서도 밀려날 뻔했다. 가까스로 왕위에 올랐지만 4년 동안 병상을 벗어나지 못하고 결국 눈을 감고 말았다.

하지만 경종이 어떤 병을 앓고 있었는지는 분명한 기록이 없다. 그저 병약하여 늘 아팠다는 것인데, 이에 대해 경종 자신은 이렇게 말한다.

"내가 이상한 병이 있어 10여 년 이래로 조금도 회복될 기약이 없으니, 곧 선조先朝(숙종)의 진념軫念(염려)하시는 바였고, 만기萬機(임금의 업무)를 수응하기가 진실로 어렵다. 지난 정유년(1717)에 청정聽政의 명이 있었던 것은 조용히 조섭하시는 중에 그 조섭의 편리함을 위한 것이었기 때문에, 내 몸에 이르러서는 다른 것을 돌아볼 겨를이 없었다. 그러나 등극하고 나서부터는 밤낮 근심하고 두려워하여 요즘은 증세가 더욱 침고沈痼해지고, 수응이 또한 어려워서 정사가 정체됨이 많다. 이제 세제(훗날 영조)는 젊고 영명하므로, 만약 청정하게 하면 나랏일을 의탁할 수 있고, 내가 마음을 편히 하여 조양할 수가 있을 것이니, 대소의 국사를 모두 세제로 하여금 재단하게 하라."_경종 1년(1721) 10월 10일

경종은 자신의 병을 '이상한 병'으로 표현했는데, 이는 당시 의관들이 경종의 병명을 정확하게 짚어내지 못했기 때문이다.

경종의 병은 사실 마음의 병으로부터 시작되었다. 14세였던 숙종 26년(1700)에 생모 장희빈을 잃고 그로 인해 엄청난 정신적 충격을 받은 것이 원인이었다. 이후로 경종은 늘 시름시름 앓았고, 어떤 처방으로도 그 증세에서 벗어나지 못했다. 그렇게 거의 20년을 지낸 상황에서 왕위에 올라 격무에 시달리다 보니 더 이상 몸이 견디지 못했고, 돌이킬 수 없는 중병으로 이어졌다. 그래서 자신은 더 이상 왕의 업무를 볼 수 없으니, 세제였던 영조에게 대리하게 하라고 말한 것이다.

하지만 정치적 현실이 그를 병상에 누워 있게 두지 않았다. 소론과 노론이 경종과 세제 편으로 갈라져 치열하게 싸우고 있었기 때문에 그저 방관만 할 수 있는 처지가 아니었던 것이다. 그

래서 세제에게 업무를 대리하게 했다가 다시 철회했고, 그 때문에 스트레스가 더 심해져 경종의 병증은 더욱 악화했다.

그런 상황에서 재위 3년(1723)에는 종기가 생겼다. 당시 경종은 조정의 일로 곧잘 화를 내곤 했고, 그 때문에 병증이 더욱 악화되었는데, 설상가상으로 종기까지 생기자 약방 제조였던 이태좌는 분노를 누그러뜨려야 한다며 이런 말을 고했다.

"종기를 앓는 사람이 꺼리는 바는 분노를 발동하는 데 있습니다. 분노를 발동하면 종기가 다시 발생하기 매우 쉬우니, 청컨대 고요할 정靜자 한 글자를 조섭하는 방도로 삼으소서."

그러나 사실, 당시 경종의 몸 상태는 종기가 문제가 아니었다. 이미 그의 몸은 극도로 쇠약해져 여러 합병증이 나타나고 있었다. 원체 몸이 약한 상태였기 때문에 조금만 무리해도 치명적이었다. 그런데도 경종은 종기가 낫지 않은 상태에서 무예 시험장에 나가 자신의 호위무관을 직접 뽑기까지 하며 여러 차례 무리를 했다.

하지만 거기까지였다. 종기는 겨우 나았지만, 경종은 이미 돌이킬 수 없는 상태가 되었다. 이듬해인 재위 4년(1724)에 이르자 이런저런 이상 병증이 나타났고, 결국 그해 8월엔 완전히 일어나지 못하는 상태가 되고 말았다. 죽기 전 며칠 동안 복통과 설사에 시달렸고, 어느 순간 기력을 완전히 잃더니 8월 25일에 숨을 거두었다. 경종의 나이 37세 때였다.

경종이 그렇듯 병약한 왕의 대명사였다면 그의 이복동생 영조는 무병장수의 대명사였다. 영조는 조선 왕 중에서 가장 장수한 왕으로 유명하다. 무려 83세까지 살았으니, 건강에서는 다른 왕들의 추종을 불허한다. 조선과 고려를 통틀어 1,000년 동안 80세를 넘긴 왕은 그가 유일하다.

그렇다면 영조는 그야말로 '무병'장수한 것이었을까? 실록을 모두 뒤져보았지만, 영조가 앓은 질병이라곤 감기 이외에는 찾아볼 수 없었다. 늙어서도 노환이 전부였다. 그 흔한 종기조차 난 적이 없었다. 물론 노환으로 죽음을 앞둔 상황에서는 천식이 심했지만, 이는 질병이라기보다는 자연스러운 죽음의 과정이었다. 영조는 그야말로 무병장수한 인물이었다.

평생 종기로 고생한 정조

정조는 잔병치레가 별로 없었다. 감기도 몇 년에 한두 번 앓을
정도로 건강했고, 별다른 특이병도 없었다. 다만 한 가지 질병
이 그를 계속 괴롭혔는데, 바로 종기였다. 그는 열이 많아 피부
에 뾰루지가 잘 생기는 체질이었는데, 그 때문에 종기도 자주
생겼다.

　정조가 종기를 앓은 기록은 즉위년(1776)부터 보인다. 그해 6월
에 코 쪽에 작은 종기가 생긴 것을 시작으로 몇 년에 한 번씩 종기
가 발생했다. 재위 3년(1779)에는 코에, 재위 5년(1781)에는 얼굴
에 생겼으며, 그다음 해에는 눈꺼풀과 미간에 생겼다.

　하지만 당시의 종기는 그다지 크지 않았고, 치료도 오래 걸리
지 않았다. 문제는 얼굴 부위에 종기가 자주 생긴다는 것이었다.
면종은 다른 종기보다 항상 위험했다. 그래서 정조도 치료에 각

별히 주의했고, 정조 스스로 의서를 읽고 자신의 체질에 맞는 약을 찾기도 했다. 그렇다고 종기가 완치된 것은 아니었다. 재위 14년(1790) 6월엔 얼굴 여러 곳에 종기가 생겼고, 3년 뒤에는 머리와 귀밑머리, 턱, 눈썹 같은 곳에 생겼다. 그다음 해에도 머리, 이마, 귀밑머리 등에 생겼다는 기록이 있다. 주로 털이 나는 부위에 생긴 셈이다.

이 시기까지의 종기는 중병으로 이어지지는 않았다. 그런데 재위 24년(1800) 6월, 등과 머리에 동시다발적으로 종기가 발생했다. 그 환부가 예사롭지 않았는데 무엇보다도 크기가 너무 컸다. 이때 정조는 종기 치료를 전문으로 하는 피재길을 의관으로 발탁하여 곁에 두고 있었는데, 피재길이 고안한 고약을 아무리 붙여도 종기가 쉽게 가라앉지 않았다. 특히 등에 난 종기가 문제였다. 머리에 난 종기는 크기도 작고 고름이 많이 차지 않았는데 등에 난 종기는 크기가 매우 크고 고름도 깊게 잡혀 있었다. 종기의 염증이 심해지자 정조는 고통을 호소했다. 종기가 너무 부어올라 통증이 심해졌고, 염증으로 인해 열이 심하게 나서 한여름인데도 몸을 떨어야 했다. 심지어 정신도 흐릿해졌다. 정조는 당시 자신의 증세에 대해 이렇게 표현했다.

"높이 부어올라 당기고 아파 여전히 고통스럽고, 징후로 말하면 오한과 발열이 일정치 않은 것 말고도 정신이 흐려져 꿈을 꾸고 있는지 깨어 있는지 분간하지 못할 때가 있다."

이렇게 정신이 흐릿해졌다는 것은 심한 고열에 시달리고 있다는 뜻이었다. 종기 발생 10일 후인 6월 14일에 시작된 이런 증세는 23일에 이르면 더욱 심각해진다. 부기도 훨씬 심해졌고, 열도 높아졌다. 종기 입구에서 농이 흘러나왔지만, 차도는 보이지 않고 상황은 더욱 나빠지고 있었다. 그래서 정조는 이런 말을 한다.

"고름이 나오는 곳 외에 왼쪽과 오른쪽이 당기고 뻣뻣하며 등골뼈 아래쪽에서부터 목 뒤 머리가 난 곳까지 여기저기 부어올랐는데, 그 크기가 연적만큼이나 크다."

시간이 지날수록 종기는 더 커졌고, 염증은 한층 심해진 것이다. 종기를 짜내자 피고름이 몇 되나 나왔지만, 여전히 부기는 빠지지 않았다. 정조의 말에 따르면 잠을 자고 있는 사이에 저절로 쏟아진 고름이 몇 되나 되었다.

종기가 얼마나 심했던지 얼굴에 열꽃이 피고, 얼굴을 비롯한 곳곳에 작은 종기가 생겼다. 온갖 처방에도 별달리 호전되지 않자, 의관들과 약방 제조들은 당황하여 어찌할 바를 몰랐다. 종기에 좋다는 약재란 약재는 다 달여 올려도 소용없었다. 정조는 자신은 인삼이 맞지 않는다며 인삼이 들어간 약재는 강하게 거부했는데, 그래도 최후의 수단으로 인삼이 들어간 약재들이 올라갔다. 그러나 그 역시 효과가 없었던 모양이다. 염증이 너무 넓게 퍼져 패혈증으로 이어졌다. 그 바람에 발열, 오한은 물론이고 구토, 설사, 거친 호흡 등의 증세가 일어났다. 그리고 급기야 며칠 뒤인 6월 28일에 유명을 달리하고 말았다. 6월 4일에 종기 치료를 시작했는데 불과 24일 만에 급작스럽게 죽고 만 것이다. 이때 정조의 나이 49세였다.

이러한 다소 갑작스러운 죽음을 놓고 정조가 독살되었다는 설이 제기되었다. 당시 노론 벽파의 영수였던 심환지가 그의 친척 동생인 의원 심인을 사주하여 독살했다는 것이다. 하지만 이에 대한 구체적인 증거가 없으므로 정조 독살설은 지금까지 하나의 가설로 남아 있다.

Medical

4장

조선을 풍미한 명의

朝鮮

한·중·일 문화권에서는 명의의 대명사로 편작이라는 인물을 꼽는다. 편작은 사마천의 《사기》에 등장하는 인물로, 중국 상고시대 주나라의 명의였다. 그의 본명은 진월인으로 지금의 허베이성 출신이다. 그는 의술을 익혀 제자들을 거느리고 여러 나라를 돌며 환자들을 고쳤다고 한다. 그 과정에서 제나라 환공을 치료하여 명성이 중국 전역으로 퍼져 명의의 대명사로 남게 되었다.

중국 역사에는 편작 못지않은 명의가 한 사람 더 있다. 바로 화타라는 인물이다. 화타는 후한 말기 인물로, 침과 뜸은 물론이고 내과, 외과, 부인과, 소아과 등 모든 분야에 뛰어난 명의였다. 그가 외과적으로 복강종양 절제 수술과 위장 절제 봉합 수술 등을 시도했다는 기록도 있는데, 이런 외과 수술을 위해 마비산이라는 마취제를 이용했다고 전해진다. 당시로서는 획기적인 치료법인 만큼 신의라고 불렸을 법하다.

중국에 편작과 화타가 있었듯이 조선에도 명의로 이름을 떨친 인물들이 있었다. 조선의 명의들은 대부분 궁중의 내의원이 채용했던 덕분에 《승정원일기》와 《조선왕조실록》에 그들에 관한 기록이 남아 있다. 이 기록을 바탕으로 조선의 명의 10인을 소개한다.

죽음의 문턱에서 태조 이성계를 회생시킨 양홍달

양홍달은 태조에서 세종에 이르기까지 약 35년 동안 궁궐 내의를 대표하는 의관이었다. 그가 언제 태어났는지는 알 수 없으나 고려 말기부터 의사로서 명성을 떨쳤던 인물로 추정된다. 또한 그의 동생 양홍적과 아들 제남·회남 형제가 모두 의원이었던 점을 감안할 때, 고려시대부터 대대로 의사 집안이었던 것으로 판단된다.

양홍달이 실록에 처음 등장하는 것은 태조 6년(1397) 6월 22일자 다음 기록이다.

임금이 편치 못하므로 의관을 불렀는데, 곧 예궐하지 않았다. 임금이 노하여 24일에 전의감관원 오경우를 청해에, 김지연을 옹진에, 장익을 영해에, 양홍달을 축산에 유배하게 하였다가 조금 뒤에 홍달을 소환하였다.

이때 의관 4인을 유배한 뒤에 양홍달만 먼저 유배에서 풀어준 것은 이성계가 양홍달을 매우 신뢰했기 때문일 것이다.

이성계는 건강관리를 매우 잘했던 덕분에 여간해서는 병마에 시달리는 일이 없었다. 하지만 재위 2년(1393) 2월부터 신덕왕후 강씨가 병을 얻어 몸져눕는 바람에 정신적으로 매우 힘들어 했고, 재위 5년(1396)에 신덕왕후가 죽자 태조의 건강도 급격히 나빠졌다. 그 여파로 다음 해에는 병상에 눕고 말았는데, 앞의 기록은 이때의 일이었다.

이 무렵 태조는 63세로 당시로선 꽤 연로한 축에 속했다. 물론 국정을 책임지는 왕이 환갑을 넘기기는 쉽지 않았다. 조선 왕들 중에 환갑을 넘긴 왕은 손에 꼽을 정도다. 태조를 제외하고 정종, 영조, 고종, 광해군밖에 없다. 더구나 정종과 고종, 광해군은 환갑 전에 왕위에서 물러났으니, 60대 이후에 왕위를 유지한 왕은 태조와 영조 둘밖에 없는 셈이다. 그만큼 태조는 강건한 체질이었다.

하지만 이성계가 아무리 강건했다고 하더라도 신덕왕후 강씨의 죽음 이후에는 자주 병상에 들었다. 그런 까닭에 의관을 찾는 일이 많을 수밖에 없었다. 양홍달은 당시 태조의 병을 돌보던 의관들 가운데 태조의 신임을 가장 크게 받은 인물이었다.

당시 태조의 병은 특별한 것이 아니었다. 믿고 의지하던 아내의 죽음으로 인한 정신적 충격과 노환이 겹친 정도였다. 그래서 오래지 않아 회복되었다. 물론 양홍달의 처방이 효험을 본 덕도 있었다. 하지만 이듬해 5월에 이성계는 중병에 걸려 병상에 눕고 말았다.

이번에는 결코 그냥 스쳐가는 병마가 아니었다. 하지만 실록은 이때의 일을 자세하게 기록하고 있지 않다. 수개월 동안 운신이 힘들 정도로 병이 깊었지만, 실록엔 그저 임금이 병환이 났다는 기록만 남아 있다.

그렇게 이성계가 병상에서 꼼짝도 하지 못하며 사경을 헤매는 사이 이방원은 정도전, 남은 등 정적을 제거하고 권력을 장악해버렸다. 이른바 제1차 왕자의 난을 일으킨 것이다.

아마도 이방원은 이성계가 병상에서 영영 일어나지 못하리라고 판단했던 모양이다. 하지만 이성계는 기적처럼 건강을 회복했다. 이때 태조를 회생시킨 인물이 바로 양홍달이었다. 이에 대해 실록은 이렇게 적고 있다.

> 의인醫人 양홍달, 양홍적 등이 조사朝士와 함께 사진仕進하는 것을 허락하였다.
>
> 조박이 말하였다.
>
> "의인 양홍달, 양홍적 등이 모두 궁고宮庫 별좌가 되었는데, 감찰이 천한 노예의 자손이라고 하여 함께 앉으려고 하지 않습니다."
>
> 이에 임금이 말하였다.

"나도 일찍이 들었다. 그러나 양홍달 등은 훌륭한 의원이다. 태상 왕께서 두 번이나 병환이 나시었는데, 마음을 다해 구료하였기 때문에 태상왕께서 심히 사랑하시고, 나도 또한 형제같이 본다. 또 그가 천인이라는 것은 분명한 증거가 없으니, 비록 함께 일을 하더라도 또한 무슨 혐의스러울 것이 있겠는가! 만일 국가에 공이 있다면, 비록 천례賤隷라도 어찌 통通할 도리가 없겠는가?"_정종 1년(1399) 3월 13일

양홍달의 의술 덕에 이성계는 병마에서 회복한 뒤로 10년을 더 살았다. 그의 명성은 전국으로 퍼져나갔다.

양홍달은 이성계만 회생시킨 것이 아니었다. 이성계의 넷째 아들 이방간이 제2차 왕자의 난 이후 황해도 토산에 유배되어 심한 병마에 시달리며 사경을 헤맸는데, 양홍달이 가서 회생시킨 것이다. 이에 대해 실록은 이렇게 전한다.

의자醫者를 명하여 역마를 타고 익주에 가서 회안대군 이방간의 병을 치료하게 하였다. 행 전의감 양홍달이 익주에서 와서 태상왕께 아뢰었다.

"회안대군이 죽었다가 다시 살아났습니다."

이는 태상왕이 사람을 시켜 임금에게 '방간이 병들어 장차 죽게 되었으니, 급히 의자를 보내라'고 한 데 따른 것이었다.

_태종 1년(1401) 5월 17일

양홍달에 의해 회생한 이방간은 그로부터 20년을 더 살았다.

이렇듯 태조와 회안대군을 회생시킨 공로로 양홍달은 벼슬이 크게 올라 공조를 책임지는 장관이 되었다. 하지만 천민 출신인 그가 고위직에 오른 것에 대해 조정의 불만도 상당했다. 급기야 사간원에서 그의 파직을 요청하는 사태가 벌어졌다.

사간원에서 공조전서 양홍달을 파직시키자고 청하였으나, 윤허하지 않았다. 홍달의 어미가 천인이기 때문에, 임금이 윤허하지 않은 것은 태상왕의 명령을 좇은 것이었다. 헌사憲司에서 홍달에게 그 어미의 사조四祖 호구戶口를 바치게 하니, 임금이 집의 김자지를 불러 명하였다.

"홍달의 어미는 여러 사람들이 다 아는 바이니, 어찌 호구를 바치게 할 필요가 있느냐? 홍달은 부왕父王 때부터 오로지 의약을 맡았고, 내가 즉위한 뒤에도 또한 그 임무에 부지런하였다. 지금 부왕의 명령으로 벼슬 준 것이다."

하지만 태종은 양홍달을 계속 공조전서에 둘 수 없어 검교 승녕부 윤으로 벼슬을 옮겼다. 검교란 곧 벼슬은 있으되 실직實職은 없는 명예직이다. 또 승녕부는 당시 왕위에서 물러난 태상왕 이성계를 돌보는 관청이었는데, 이곳의 우두머리가 바로 윤이었고, 벼슬은 2품관이었다. 그런데 실직이 없는 검교직이라는 것에 양홍달은 다소 불만을 품었던 모양이다. 그래서 계속 실직을 얻기 위해 노력했는데, 이것이 문제가 되어 결국 검교직마저 파직되고 만다. 그 과정을 실록은 이렇게 싣고 있다.

명하여 양홍달의 직職을 빼앗게 하였다. 홍달이 항상 태상왕의 병을 시중하여 총애를 받아 검교 승녕부 윤이 되었는데, 진배眞拜(업무가 있는 실직)를 얻으려고 하였다. 헌부에서 논핵하여 아뢰었다.

"홍달은 천인인데, 의술로 벼슬이 2품에 이르렀으니 극진합니다. 마침내 분수에 넘치는 마음을 먹고 있으니, 청컨대 그 직첩을 거두고 국문하여 징계하소서."

이에 임금이 다만 작爵만을 빼앗게 하였다. _태종 5년(1405) 11월 18일

이후 양홍달은 2년 정도 양인으로 지내다 다시 태종 7년(1407)에 검교 한성부 윤 벼슬을 받고 의관 활동을 재개했다. 태종의 명에 따라 도승지였던 박석명의 병을 치료하고 명나라 사신 황엄을 치료하기도 했다.

이런 의관으로서의 삶은 태종이 죽고 세종이 즉위한 이후에도 계속되었다. 세종의 지병은 물론이고 수양대군의 홍역을 치료하기도 하며 왕실의 주치의로서 세종의 신임을 크게 얻었다. 세종은 양홍달에 이어 그의 아들들에 대해서도 총애를 아끼지 않았다.

"양홍달은 의술로 국가에 공로가 있었고, 또 아들 양제남은 태종께서 보호하기를 오래 하셨으며, 양회남은 나를 잠저潛邸(왕위에 오르기 전) 때부터 따랐으니, 비록 천인에 속하였으나 이미 천인을 면하고 양인이 되었으므로, 내가 제남을 3품으로 올리고자 한다."

_세종 13년(1431) 9월 8일

이때까지도 양홍달은 살아 있었다. 그해 9월 23일, 세종이 양홍달에게 의복을 하사한 기록이 남아 있다. 하지만 그가 언제까지 왕실 어의로 활동했는지, 또 그가 언제 사망했는지는 기록되지 않았다. 다만 실록에 그의 행적이 마지막으로 남은 것이 세종 13년인 것을 감안할 때, 이로부터 얼마 뒤에 사망한 것으로 추정할 수 있겠다.

태종의 총애를 한 몸에 받은 일본 출신 의사 평원해

평원해는 태종에서 세조 때까지 의사로 활동한 인물인데, 특이하게도 그는 일본에서 귀화한 승려 출신이었다. 그의 고향은 대마도인데, 어떤 이유인지 알 수 없지만 태조 6년(1397) 8월 25일에 처와 자식을 데리고 조선에 귀화했다. 이때 부모가 함께 오지 않은 것을 보면 피치 못할 속사정이 있었던 것 같다. 어쨌든 태조는 그가 의술에 정통한 것을 알고 전의박사典醫博士에 임명했다. 그의 본명은 원해였고, 태조는 그에게 평平씨 성을 하사했다. 평씨는 대마도의 귀족 성씨 중 하나였다.

평원해는 승려 신분이지만 처자가 있는 대처승이었고, 귀화한 뒤에는 머리를 기르고 의관 생활을 했다. 태종은 그의 의술을 높게 평가하여 세자 시절부터 그를 곁에 두었고, 왕위에 오른 뒤에는 매우 총애하여 항상 대궐에 나오도록 했다. 온천이나 사냥을 다닐 때도 늘 대동하고 다닐 만큼 그의 의술을 높게 평가했다.

평원해에 대한 태종의 각별한 신뢰는 실록의 다음 기록에서도 확인할 수 있다.

왜의倭醫 평원해에게 노비 두 구를 주었다. 내려준 패문牌文은 이러하였다.

"네가 의義를 사모하여 귀순해 와서, 내가 잠저에 있을 때부터 지금에 이르기까지 내 곁을 떠나지 아니하며, 증상을 진찰하고 약을 조제하되, 날로 더욱 근신하여 조금도 게을리하지 않았으며, 또 나라 사람이 병이 있으면 즉시 의료하여 자못 효험이 있었으니, 공로가 상을 줄 만하다."_태종 3년(1403) 5월 11일

이 글에서 알 수 있듯이 평원해는 근실하고 뛰어난 의사였고, 태종에 대한 충성심도 대단했다. 덕분에 태종의 총애를 한껏 받을 수 있었다. 심지어 태종은 잘못 제조된 약 때문에 하마터면 몸을 크게 상할 뻔한 상황에서도 평원해에 대한 신뢰를 잃지 않았다. 이와 관련하여 실록은 이렇게 기록했다.

사헌부에서 상소하여 좌부대언(훗날의 좌부승지) 맹사성 및 판전의감사 이주와 감監 평원해에게 죄주기를 청하였으나 용서하였다. 임금이 이주, 평원해 등이 조제한 상표초원桑螵蛸元을 먹고 구토하고 정

신이 황홀하였는데, 당직이었던 상호군 권희달 등으로 하여금 먹어
보게 하였더니, 그 독이 역시 그러하였었다. 사헌부에서 이주, 평원
해 및 약방대언(좌부대언) 맹사성을 탄핵하였다. 상소는 이러하였다.

"임금이 병이 있어 약을 먹으면 신하가 먼저 이를 맛보고, 아비가
병이 있어 약을 먹으면 아들이 이를 맛보는 것은 임금과 아비를 중
히 여겨서 의약을 삼가는 까닭입니다. 이제 이주와 평원해가 어약
御藥을 조제하면서 포구炮灸(임금이 약을 먹기 전에 신하가 먼저 먹는 것)
하는 절차를 잃어서 드디어 성체聖體를 평안치 못하게 하였으니, 불
경하고 불충한 죄는 큽니다. 맹사성은 감독하고 다스리는 명을 받
잡고도 자세히 살피지 못하였고, 특히 먼저 맛보는 도리를 잃었으
나, 또한 징계하지 않을 수 없습니다."

임금이 장령 이명덕을 불러 효유하였다.

"임금이 약을 먹으면 신하가 먼저 맛보는 것이 예이나, 내가 신하
로 하여금 먼저 맛보게 아니한 것은 나의 잘못이요, 신하의 죄가 아
니다. 또 이주 등이 어찌 나를 병들게 할 마음이 있었겠는가! 그를
다시 논하지 말라."_태종 6년(1406) 1월 5일

상기 내용을 보면 애초에 약을 잘못 제조한 것이 분명하다. 사
헌부에서는 맹사성이 약방을 감독하는 비서로서 포구 절차를 거
치지 않은 것을 공격하고 있지만, 더 큰 잘못은 약을 제조한 이
주와 평원해에게 있었다. 더구나 이 약을 먹고 왕이 큰 이상을

일으켰으니, 자칫하면 목숨을 잃을 수도 있는 중죄에 해당했다. 하지만 태종은 혹 의관들이 치죄를 당할 것을 염려하여 포구 절차를 무시한 자신의 탓으로 돌렸다. 덕분에 약을 제조한 평원해는 어떤 치죄도 당하지 않고 무사히 넘어갈 수 있었다.

태종이 그의 의술을 얼마나 신임했는지는 다음 기록에서도 드러난다.

한상경을 지의정부사 겸 사헌부 대사헌으로 삼았다. 임금이 박석명이 병으로 위독하다는 말을 듣고, 탄식하며 말했다.

"나이가 젊은데 지위가 높아서 그렇게 된 것이 아니겠느냐?"

그리고 바로 그의 직임을 파하고 한상경으로 대신하게 하였으니, 그가 생명을 이어주길 바란 것이다. 또 의관 양홍달과 평원해, 내관 윤흥부와 석명의 아들 박거비, 매부 정지당을 보내어, 약을 가지고 역마를 타고 가게 하였다.

박석명은 태종 이방원과 동문수학한 오래된 벗이다. 또한 이방원이 왕위에 올랐을 때 도승지로 삼을 만큼 아끼던 신하였다. 세종 때 조선 조정의 대들보 역할을 하게 될 황희를 추천하여 태종으로 하여금 다시 그를 쓰게 한 사람도 바로 박석명이었다. 그만큼 박석명에 대한 태종의 신뢰와 우정은 남달랐다. 그런 그가 깊은 병이 들자 태종은 당대 최고의 의사 양홍달과 함께 평원해를 보냈다. 이는 태종이 평원해의 의술을 당대 최고의 의사 양홍달 못지않게 신뢰했음을 엿볼 수 있는 장면이다.

태종은 재위 8년(1408)에 74세의 노인이 된 부왕 이성계가 노환으로 사경을 헤매자, 역시 평원해에게 치료를 맡겼다. 이때 양홍달의 동생 양홍적과 함께 평원해는 이성계를 회생시키는 데 성공했다. 덕분에 포 700필을 상으로 받기도 했다.

하지만 평원해에게도 시련은 있었다. 태조를 치료하고 상을 받은 때로부터 얼마 뒤에 태조는 생을 마감했고, 상을 당한 태종은 피로가 누적되어 병상에 누웠다. 그래서 평원해에게 약을 제조하라고 명했으나, 평원해는 제때 약을 제조하지 못했다. 이 일로 평원해는 내의원에서 전의감으로 쫓겨났다.

그 뒤로 평원해는 더 이상 내의원으로 돌아오지 못한 듯하다. 실록은 이 기록을 끝으로 의관으로서의 그의 활동을 싣지 않았다. 다만 태종 9년(1409)에 대마도에 있던 그의 어머니가 죽어 태종이 쌀·콩 15석과 종이 100권을 하사하였다는 기록이 남아 있다.

그렇다면 평원해는 그 뒤로 얼마나 더 살았을까? 다행히도 실록은 세조 8년(1462) 4월 24일 자에 이런 기록을 남겼다.

평순의 아비 중추원 부사 평원해는 지난 병자년에, 피상의의 아비 부사직 피사고는 지난 기묘년에 나와서 시위侍衛하다가 죽었습니다.

1409년 이후 병자년은 1456년이므로, 평원해는 내의원에서 쫓겨난 뒤로도 48년을 더 살다가 죽었다는 뜻이다. 그가 조선에 귀화한 것이 1397년이었고, 이후로 줄곧 의사로 활동했으니, 무려 59년 동안 조선에서 의사 생활을 한 셈이다. 또 귀화한 때에 이미 결혼하여 자녀가 있었으므로 적어도 20대 초반에 조선에 왔을 것이므로 80대 중반까지 장수했음을 알 수 있다.

평원해에 이어 그의 아들 평순도 의술을 익혀 의관이 되었는데, 평순은 세종 17년(1435) 10월 25일에 치료를 제대로 하지 못해 동지중추원사 설순을 죽게 만든다. 설순의 졸기에 그 내용이 다음과 같이 전한다.

> 동지중추원사 설순이 죽으니, 관곽棺槨(관과 관을 담는 궤)과 부물
> 賻物을 내려주었다. 순은 설경수의 아들이다. 성품이 질박하고 성실
> 하여 거짓이 없으며, 책을 많이 읽고 사물을 잘 기억하는 데다가 더
> 욱 사학史學에 장점이 있으매, 임금이 그를 존중하였다.
>
> 단독丹毒을 앓고 있으므로 의원 평순에게 명하여 치료하게 했더
> 니, 평순이 뜸을 잘못 떠서 드디어 죽었다. 임금이 노하여 형조로 하
> 여금 평순을 조사하게 하니, 형률에 의거하면 참형에 해당되는지
> 라, 임금이 말하였다.
>
> "평순의 죄는 이와 같지마는, 그러나 귀화한 사람의 아들이니 마
> 땅히 긍휼을 더해야 될 것이다."

그러면서 다만 장형 100대를 속贖바치게 하였다. 순은 귀화한 왜인 평원해의 아들이다.

이렇듯 평순은 참형에 해당하는 죄를 지었지만 세종의 배려로 '속바치는' 형, 즉 벌금형으로 감형되어 무사히 살아남았다. 이후 평순은 세조 8년에 자신에게 본향을 정해줄 것을 청하여 창원을 본향으로 하사받았다.

조선 초기 최고의 의사 반열에 오른 노중례

노중례는 조선 초기 의사 중에 가장 뛰어난 명의였다. 조선시대
엔 의사들이 천인에 속했기 때문에 죽은 뒤 실록에 졸기를 남기
는 경우가 거의 없었다. 그러나 노중례에 관해서는 실록에 다음
과 같은 졸기가 남아 있다.

고故 행 상호군 노중례의 집에 쌀·콩과 관곽을 부의로 내렸다. 노
중례는 의원을 직업으로 삼아 의술에 정통하여 근세의 의원으로서
는 그에 비할 이가 드물었다.

성품이 겸손하고 공손하여 내의內醫가 된 지 수십 년 동안에 처음
부터 끝까지 경신敬愼(예의 바르고 행동이 바름)하였으며, 두 임금에게
은혜를 받아 상사賞賜(상을 받은 일)가 이루 기록할 수 없을 정도였다.
비록 미천한 사람이라도 약을 물으면 반드시 곡진하게 가르쳐주면

서 싫어하는 기색이 없었다.

세상의 의원은 대개 미천한 데서 일어나서 관질官秩(벼슬)이 겨우 높아지면 지기志氣(마음)가 갑자기 교만해져서 비록 사대부 집안에서 초청하더라도 반드시 난처한 기색을 보이며, 또한 높은 값을 요구하였다. (그러나 그렇지 않았기에) 사람들이 노중례를 어질다고 여겼던 것이다. _문종 2년(1452) 3월 11일

이렇듯 노중례는 의술만 뛰어난 것이 아니라 인격도 매우 훌륭했다. 그런 까닭에 세종은 그를 매우 신뢰했다. 성종 대의 문신 성현이 쓴 《용재총화》에는 노중례의 의술과 관련해 다음과 같은 일화가 하나 전한다.

이李씨 성을 가진 선비가 병에 걸려 신열과 두통이 났었다. 모든 의사들이 '상한병傷寒病이니 삼소음을 쓰라' 하였다.

노중례가 나중에 와서 진맥하고는, '이는 떨어져서 다친 병이다' 하니, 이는, '근래에 그런 일이 없었다' 하였으나, 노盧가 '그렇지만 다시 생각해보라' 하니, 이가 '작년에 발을 잘못하여 뜰에서 떨어진 일이 있으나 심하게 다치지도 않았고 아프지도 않았으며 지금까지 아무렇지도 않았다' 하였다.

노가 상원활혈탕傷元活血湯을 복용하기를 권하니, 이가 몇 차례 복용하고 나서 엉긴 핏덩어리를 몇 되 쏟고는 그 병이 나았다.

이렇듯 의술로 명성을 얻은 노중례는 젊은 나이에 궁궐 내의가 되었다. 실록에 그의 이름이 처음 등장하는 것은 세종 3년 (1421)인데, 이때 세종의 큰형 양녕대군이 병을 얻어 병상에 누워 있었다. 그래서 세종은 노중례를 양녕에게 보내 치료하게 했다. 이후에도 노중례는 당시의 명의 양홍달과 함께 수차례 세종의 병을 치료하여 많은 상을 받았다.

그 무렵 세종은 조선에서 생산되는 약재를 통해 병을 치료할수 있는 방법을 제시하는 의서 편찬에 심혈을 기울이고 있었다. 당시 대다수의 병증에 사용하는 약재가 대부분 중국산이었다. 그런데 수입품인 중국 약재는 대단히 고가였기 때문에 세종은 백성의 경제적 부담을 덜어주기 위해 어떻게든 우리나라에서 생산되는 약재를 사용할 방도를 모색했다. 이를 위해서는 우리나라 약재를 근간으로 한 의서 편찬이 필수적이었다.

조선의 약재, 즉 향약을 사용하여 병을 치료하려는 노력은 조선 초기부터 지속되어왔다. 태조는 약재에 밝은 대신 권중화에게 향약 중심의 의서를 만들 것을 주문했다. 이에 권중화가 서찬에게 명하여 《간이방》이라는 의서를 저술하게 했다. 하지만 이 책은 대중성이 떨어져 널리 쓰이지 않았다. 태조는 다시 조준, 김사형, 김희선, 권중화 등 문신들에게 향약 의서를 주문했고, 마침내 《향약제생집성방》을 엮기에 이르렀다.

아쉽게도 이 책은 1책으로 되어 있어 내용이 풍부하지 못하여 다양한 병증에 활용할 수 없었다. 세종은 이런 문제점을 보완하기 위해 종합적인 의서가 필요하다고 판단했고, 그 소임을 노중례에게 맡겼다. 노중례 또한 여러 차례 중국을 오가며 중국의 약재와 우리 약재를 비교 검토하는 작업을 한 바 있었다. 그 과정에서 우리 약재를 사용해야만 일반 백성이 병증 치료에 많은 비용을 들이지 않을 수 있다는 사실을 절감한 상태였다. 이렇듯 세종과 노중례는 향약 중심의 의서가 꼭 필요하다는 데 공감했다. 그래서 시작한 것이 이른바《향약집성방》편찬 사업이었다.

당시 전의감의 실무 책임자였던 노중례는《향약집성방》편찬에 앞서 이를 위한 예비 작업으로 수하 의관이었던 박윤덕과 함께 우선《향약채취월령》을 편찬했다.

《향약채취월령》은《향약집성방》의 일부인 〈본초지부本草之部〉를 편찬하기 위한 준비 작업의 일환으로 간행되었다. 일반 백성이 편리하게 향약을 채취할 수 있도록 하기 위해 만든 책이었다.

노중례와 박윤덕의 편찬 작업에는 당시 집현전 직제학이던 유효통도 투입되었다. 유효통은 노중례의 편찬 작업을 학문적으로 뒷받침하고 최종적으로 수정, 편집하는 일을 맡았다. 말하자면 학자와 의사가 함께 의서를 편찬함으로써 전문성과 대중성을 동시에 확보하고자 했던 것이다.

《향약채취월령》이 완성된 것은 세종 13년(1431)이었다. 이후 유효통, 노중례, 박윤덕은 2년 동안《향약집성방》편찬 작업에 매달렸고, 마침내 세종 15년(1433) 6월 11일에 《향약집성방》을 완성했다. 《향약집성방》은 85권 35책 분량의 종합 의서이자 우리나라 최초의 향약 사전이었다.●

노중례의 의서 편찬 작업은 여기서 그치지 않았다. 세종 16년(1434)에 조선 의학을 총괄하는 전의감판사에 오른 노중례는 《태산요록胎産要錄》을 편찬했다. 상하 두 권으로 구성된 이 책은 임신과 분만, 영유아의 질병 치료에 관한 내용을 담았다. 그래서 상권은 주로 임신부가 태아를 관리하는 지식을 다루고 있고, 하권은 영아의 보호법을 기술하고 있다.

이후 노중례는 조선 의서 편찬 작업의 결정체라고 할 수 있는 《의방유취》 편찬 작업에 투입된다. 《의방유취》는 조선시대에 편찬된 의서 중에 가장 분량이 많은 책으로 일종의 의학 종합 백과사전이었다.●●

하지만 그 무렵 노중례도 나이가 들어 노년으로 접어든 상태였다. 그래서 세종은 노중례를 이을 재목감을 구하고 있었다. 이에 관한 기록이 실록에 다음과 같이 남아 있다.

임금이 말하였다.

● 이에 대해서는 5장 '조선 의학의 초석이 된 의서들'의 《향약집성방》 편에서 자세히 설명하겠다.

●● 이에 대해서는 5장의 《의방유취》 편에 상세히 서술되어 있다.

"의술은 인명을 치료하므로 관계되는 것이 가볍지 않다. 그러나 그 심오하고 정미한 것을 아는 자가 적다. 판사 노중례의 뒤를 계승할 사람이 없을까 염려되니, 나이 젊고 총명하며 민첩한 자를 뽑아서 의방醫方을 전하여 익히게 하라." _세종 22년(1440) 6월 25일

노중례의 의술에 대한 세종의 신뢰가 어떠했는지 여실히 보여주는 대목이다. 또한 세종은 소헌왕후의 어머니이자 자신의 장모인 안씨의 치료도 노중례에게 맡겼다.

《의방유취》가 완성되었던 세종 27년(1445)에 노중례는 이미 노인이었다. 내의로 근무하기엔 힘에 부치는 처지였다. 그래서 세종은 그를 전의감에서 중추원으로 자리를 옮겨 정3품 당상관인 첨지중추원사로 임명했다. 하지만 세종은 그를 끝까지 놓아주지 않았다. 《의방유취》의 감수를 맡긴 것이다. 당시 조선의 의사 중에 노중례만큼 의학 지식이 해박한 사람은 없었기 때문에 세종은 당연히 이 책의 감수는 노중례의 몫이라고 판단했다.

그 무렵 소헌왕후 심씨의 병증이 심상치 않았다. 세종은 소헌왕후의 병도 노중례에게 맡겼다. 이전에 이미 몇 차례 노중례의 치료 덕분에 소헌왕후가 건강을 회복한 적이 있었다. 하지만 이번엔 병증이 만만치 않았다. 어머니를 잃고, 연달아 광평대군과 평원대군을 잃은 소헌왕후는 더 이상 회복할 가망이 없었고, 결국 세종 28년(1446) 3월 24일에 영영 명줄을 놓고 말았다.

이 일로 노중례는 직첩을 빼앗기고 벼슬도 강등되었다. 하지만 간관들은 그 정도에서 끝내려 하지 않았다. 노중례에게 소헌왕후의 죽음에 대한 책임을 지우려 한 것이다. 이에 관한 실록의 기록을 옮겨보면 이렇다.

대간에서 아뢰었다.

"노중례가 오로지 의술로써 지나치게 성상의 은혜를 입사와, 벼슬이 첨추僉樞(중추원 첨지)에 이르렀으니, 마땅히 마음을 다하고 힘을 다하여 성은의 만분의 일이라도 갚기를 도모해야 할 터인데, 지금 중궁께서 병환이 계실 때에 방서를 고루 상고하지 않고, 우물쭈물하고 입을 다물고 말하지 않다가, 반드시 성상의 분부를 기다린 뒤에야 약을 썼사오니, 죄가 더 클 수 없습니다. 청하옵건대, 법대로 처치하여 뒷사람을 징계하소서."

이에 임금이 말하였다.

"중례가 약을 쓴 것이 만일 후회하고 한恨되는 일이 있으면 내가 어찌 아끼랴마는, 다만 중례는 그 마음이 본래 게으르고 풀어져서 조금 완만한 태도가 있기 때문에, 직첩을 회수하여 징계하고, 또 그 나머지를 경계한 것이다. 대개 죽고 사는 것은 명命이 있으니, 어찌 한 의원이 능히 구제할 수 있겠느냐. 너희들은 다시 말하지 말라."

대간에서 재청하였으나, 윤허하지 아니하였다. _세종 28년 4월 2일 당시 노중례는 노인이 되어 총기를 잃은 상태였고, 지병이 생겨 몸도 좋지 않았다. 그런 상태로 늘 과로에 시달리는 내의 생활을 지속하는 것은 무리였다. 그런데도 세종은 여전히 그를 궁궐에 출근시켜 내의 업무를 시켰다. 그러다 세종이 노중례의 의술을 더 이상 신뢰할 수 없게 된 사건이 발생한다. 소헌왕후의 죽음으로 벼슬이 강등된 지 얼마 되지 않은 때였다. 수양대군이 학질에 걸려 치료를 맡겼는데, 노중례가 제대로 처방을 내지 못한 것이다. 이에 대한 책임을 물어 세종은 며칠 뒤인 4월 12일에 그의 벼슬을 다시 강등시키며 이렇게 말한다.

"노중례가 중궁께서 병환이 났을 때에 죄가 있어, 삭직하여 전의권지典醫權知를 만들었는데, 지금 또 수양대군이 학질에 걸리었는데 내가 전날에 나의 학질을 치료하던 약으로 물으니, 중례가 다 잊어버려서 그 약으로 치료하지 못하였으니 이것은 중례의 죄가 크다. 이조로 하여금 전의감 영사令史를 삼게 하라."

영사란 관아의 서리나 아전 따위를 일컫는다. 세종이 아끼던 의원인 노중례를 영사로 강등시킨 사연은 이랬다.

당시 노중례는 연일 수양대군의 병을 치료하느라 밤낮없이 일을 하다 깜빡 잠이 들고 말았다. 그때 그를 방문한 세종이 노중례의 이름을 불렀는데 노중례가 미처 잠에서 깨지 못하고 대답을 하지 않았다. 이에 세종은 노중례가 왕에 대한 공경의 마음을 잃고 방만해졌다고 여겨 전의감 영사로 강등시킨 것이다.

이렇게 노중례를 미관말직으로 강등시켰지만, 세종은 못내 마음이 좋지 않았던 모양이다. 그래서 이런 말을 덧붙였다.

"전의감의 중례가 이미 당상관이 되었으므로 존경하다가, 또 영사를 삼아서 부리기는 미편할 것이다. 또 이 사람은 본래 병이 있으니, 다만 두건만 쓰고 영사방令史房에서 근무하게 하고, 다른 영사의 예에 비하지는 말라."

비록 벼슬을 강등시키긴 했지만, 그를 아끼는 세종의 마음을 엿볼 수 있는 장면이다. 사실, 수양대군의 학질 건으로 노중례의 벼슬을 재차 강등시킨 것은 그를 보호하기 위한 조치이기도 했다. 대간에서 노중례에게 중벌을 내려야 한다는 상소를 계속 올렸고, 이에 대한 대응으로 다시 벼슬을 강등시켜 전의감 심부름꾼으로 삼은 것이다. 그리고 9개월 뒤인 이듬해 1월 3일에 세종은 그의 직첩을 돌려줬다.

그러자 사간원에서 반발하며 말했다.

"중례는 중궁이 병세가 위중할 때에 약을 받들면서 근신하지 않으니 죄를 용서할 수 없습니다. 이 명령을 회수하기를 청합니다."

하지만 세종은 단호하게 사간원의 간언을 물리쳤다.

"중례는 이미 징계하였으며, 또 끝내 쓰지 않을 수 없다."

그러면서 10개월 뒤에 노중례의 중추원 첨지사 벼슬을 회복시켜주었다.

그러나 노중례의 시련은 거기서 끝나지 않았다. 당시 세자였던 향(문종)이 세종 31년(1449)에 병을 얻어 누웠는데, 의원들이 제대로 치료하지 못했다. 물론 노중례도 그 의원 중 하나였다. 이런 경우 의원들에게 벌을 내리는 것은 정해진 수순이었다. 그래서 세종이 중신들을 모아놓고 이렇게 말했다.

"내의 노중례, 전순의 등은 일찍이 동궁의 질병에 있어서 치료를 삼가지 못했으니, 참상 이상의 직첩을 빼앗고 조교助敎로 삼음이 어떻겠느냐?"

그러자 중신들이 세종의 뜻을 알고 이렇게 대답했다.

"비단 중례 등뿐만 아니라 그 나머지의 의원도 모두 다 직첩을 빼앗고 그대로 내의원에 근무하게 하옵다가 몇 달을 지난 뒤에 특별한 은혜를 베푸시는 것의 여부는 성상의 뜻에 달렸을 뿐입니다."

세자를 오랫동안 병상에 머무르게 한 죄를 그냥 둘 수는 없었지만, 그래도 고의로 한 것은 아니니 벌을 주는 시늉만 하자는 뜻이었다. 세종 또한 동의하여 노중례는 몇 달 동안 내의원 의원으로 지내다가 다시 중추원 첨지사로 복귀했다.

그런데 그때 세종은 지병이 악화되어 병상에 머무는 일이 많았다. 그리고 이듬해 2월 17일에 생을 마감했다. 왕이 사망했으니, 왕을 시료하던 의원들이 징계를 받는 것은 당연했다. 노중례를 비롯한 여러 의원들이 책임을 지고 벼슬에서 물러나야 했다.

그러다 문종이 즉위하여 노중례를 비롯한 여러 의원들의 벼슬을 회복시켰다. 이에 간관들의 반발이 심했지만 문종은 이렇게 그들을 다독였다.

"다만 의술이 정밀하지 못한 때문이니 어찌 다른 마음이야 있었겠는가?"

그 뒤로 노중례는 문종의 주치의가 되어 내의 생활을 계속했다. 그러다 노중례 본인의 지병이 악화되어 그만 병상에 눕고 말았고, 결국 문종 2년(1452) 3월 11일에 생을 마감했다.

노중례가 죽은 뒤에는 한동안 그에 필적할 만한 뛰어난 의원이 나타나지 않았다. 박윤덕, 전순의와 같은 의원을 양성하긴 했으나 그들의 의술과 의학 지식은 결코 노중례를 따라가지 못했다.

왕의 주치의가 된 유일한 의녀 대장금

실록에 의녀의 이름이 거론되는 것은 대부분 불미스러운 사건에 연루된 경우가 많다. 그것도 의녀의 간통 사건이나 양반들이 의녀를 첩으로 들였다가 생긴 문제가 대부분이다. 그러나 매우 드물지만 의술로 이름을 떨쳐 실록에 이름이 오르내린 의녀들이 있다. 그 가운데 가장 많은 기록을 남긴 인물은 중종 때의 명의로 유명한 대장금이다. 대장금은 의녀로서는 유일하게 임금의 주치의 역할을 했고, 중종이 마지막까지 자신의 몸을 맡겼을 정도로 신뢰받은 의원이었다.

대장금이 실록에 처음 등장하는 것은 중종 10년(1515) 3월 8일이다. 이때 사헌부에선 의원 하종해를 의금부에 가둬야 한다고 주장했다. 이는 중종의 계비 장경왕후가 그해 2월 25일에 원자(훗날의 인종)를 생산하고 불과 며칠 후인 3월 2일에 사망한 것에 따른 문책이었다. 그런데 사헌부의 요청에 대해 중종은 하종해가 약을 마음대로 지어 올린 것이 아니라 의녀가 말하는 증상에 따라 조제한 것이므로 하종해를 의금부에서 심문하는 것은 마땅치 않다는 의견을 피력했다. 이때 중종이 말한 의녀 중에는 대장금이 포함되어 있었다.

그러자 사헌부에서는 대장금이 왕비를 제대로 치료하지 못했으니 당연히 벌을 받아야 한다고 주장했다. 이에 중종이 말하길, 대장금은 원자를 생산하는 데 큰 공을 세웠기에 상을 내리려 했는데 갑자기 대고大故(왕이나 왕비가 죽는 것)가 생겨 그러지 못했다면서, 대장금에게 상을 내리지는 못할망정 형장을 가할 순 없다고 했다.

이튿날 대간이 아뢰었다.

"의녀인 장금의 죄는 하종해보다 훨씬 심합니다. 해산 후에 옷을 갈아입을 때 제의하여 말렸더라면 어찌 대고에 이르렀겠습니까? 형조에서 법조문대로 정률에 따라 적용하지 않고 장형을 속죄시키기까지 했으니 심히 온당치 않습니다."

하지만 중종은 끝까지 대장금을 죄주지 않았다.

이 사건 이후 대장금이 다시 실록에 등장한 것은 7년 후인 중종 17년(1522) 8월 15일이다. 이날 중종은 대비가 중풍 증세에 감기를 앓고 있다며 의녀에게 치료하게 했고, 차도가 미진하여 의원 하종해와 김순몽이 치료에 가세하도록 했다. 그리고 9월 5일에 자순대비의 병세가 호전되자, 왕은 대비를 치료한 의원 하종해와 김순몽, 의녀 신비와 장금에게 상을 내렸다. 이때 신비와 장금이 받은 상은 각각 쌀과 콩 10석씩이었다.

대장금은 이때의 공으로 중종의 치료를 전담하게 된다. 중종 19년(1524) 12월 15일, 대장금에게 체아직을 내리고 왕의 간병을 전담토록 조치한 것이다. 이렇게 됨으로써 대장금은 명실공히 중종의 어의녀이자 주치의가 되었다. 하지만 중종이 한갓 의녀를 주치의로 삼은 사실을 대신들은 몹시 못마땅해했다. 그들은 중종의 몸이 좋지 않을 때마다 그것을 마치 대장금의 의술이 부족한 탓인 양 말하곤 했다.

중종 27년(1532) 10월 21일, 내의원 제조 장순손과 김안로가 이런 말을 아뢰었다.

"옥체가 편안치 못한 것이 풍 증세 때문이라고 해도 상시에 금기해야 할 일은 모두 삼가는 것이 좋습니다. 지금 의녀에게 진맥하게 하는 것 또한 마음이 편치 못합니다. 의녀의 의술이 의원만 못하니, 의원으로 하여금 들어와서 살피게 하는 것이 어떻겠습니까?"

중종은 자신의 몸을 대장금이 보살피게 했는데, 이때 쉽게 병이 낫지 않자 내의원 제조들이 그녀를 믿지 못하겠다는 투로 한 말이었다. 중종은 그들의 의견을 존중하여 의원 하종해와 홍침을 대전으로 불러 진맥하게 했다.

중종의 병증은 풍이 원인이 되어 겨드랑이 아래쪽에 종기가
돋아난 것이었다. 그 종기로 인해 중종은 몹시 고통스러워했다.
이 일로 대신들은 왕의 치료를 의녀와 의원에게만 맡겨둘 수 없
다며 재상들이 직접 대전으로 가서 병증을 확인해야 한다고 건
의했다. 이에 중종은 재상들이 출입하면 사관이 함께 와야 하고,
그리되면 오히려 치료에 도움이 되지 않는다며 거절했다.

그러나 중종의 종기는 수개월 동안 낫지 않았다. 그 때문에 대
신들이 의아해하자 중종은 약 3개월 후인 이듬해 1월 9일에 자
신의 병을 해명했다.

"내 종기 증세는 당초 침으로 터뜨렸을 때 침 구멍이 넓지 않
아서 나쁜 피가 다 빠지지 않고 여러 곳에서 고름이 새어 나온 탓
이다. 멍울이 생긴 곳은 아직 곪지 않아서 요사이 태일고, 호박고,
구고고 등의 고약을 계속 붙였다. 그러자 멍울 섰던 곳에서 고름
이 계속 나오는 것이지, 다른 곳이 새로이 곪은 것은 아니다."

그러자 대신들은 종기가 났던 곳은 이미 죽은 살이 되었으니
다시 응어리가 박힐 까닭이 없다면 대장금으로 하여금 다시 진찰
하여 약을 쓰는 것이 좋겠다는 의견을 냈고, 중종은 받아들였다.

그리고 1개월 뒤 중종의 종기가 나았다. 이때 병 치료에 공을
세운 사람은 의원 하종해와 의녀 대장금, 계금 등이었다. 중종은
대장금과 계금에게 각각 쌀과 콩 15석씩을 하사했다.

이후 대장금이 실록에 다시 등장하는 것은 중종 39년(1544)

2월 3일이다. 이 무렵에 중종의 병증은 매우 악화되어 있었다. 중종은 이미 57세의 노구였고, 오랫동안 앓아오던 풍증과 그에 따른 합병증으로 병증이 돌이킬 수 없는 지경에 이른 상태였다. 그 증세에 대해 중종은 스스로 이렇게 말했다.

"어제저녁 온몸에 땀이 났기 때문에 열기는 처음처럼 심하지 않으니, 약을 자주 올릴 필요는 없다. 하지만 증세에 따라 약을 알아서 올리라. 다만 여러 날 약을 먹었더니 기운이 점점 약해져서 식사가 평상시만 못하고 병이 오랫동안 지속되니 또한 우려가 된다. 또 목이 쉬고 땀이 많이 나므로 약을 써야 한다는 것은 의녀가 알고 있다. 의원을 자주 불러보고 싶지만 별다른 증세가 없어 그만뒀다. 소소한 약에 관한 의논은 의녀를 통해서 전해줄 터이니, 상의하도록 하라."

중종의 말에 등장하는 의녀는 대장금이다. 중종은 당시 자신의 병을 오로지 대장금에게 맡겨두고 있었다. 이런 일은 조선사 전반을 통틀어 거의 유일한 사건이었다. 그만큼 중종은 대장금을 신뢰하고 있었다.

며칠 뒤인 2월 7일, 내의원 제조가 중종을 문안하며 아뢰었다.

"대체로 약간 차도가 있다고 하긴 하나 너무 오랫동안 누워 계십니다. 의녀의 진맥이 의원보다 정밀하지 못할 것이니, 의원으로 하여금 진맥하게 하소서."

중종이 대답했다.

"모든 증세가 이미 나았고, 음식도 점차 평소와 같아지고 있다. 단지 해소 기운이 완전히 사라지지 않았다. 오늘이나 내일이 지나면 의원이 물러가도 될 것이니, 꼭 진맥할 것까진 없고, 경들도 이제 문안하지 말라."

자신의 말대로 중종은 이틀 뒤에 자리를 털고 일어나 자신을 치료한 의녀 대장금과 은비에게 상을 내렸다.

그러나 중종의 병은 완치된 것이 아니었다. 중종의 몸엔 늘 냉기가 감돌았고, 대소변도 원활하지 않았다. 그리고 그해 10월경엔 중증으로 악화되었다. 10월 24일에 내의원 제조 홍언필이 왕을 문안하고 처방과 진맥을 청했다.

"주상의 증세는 진실로 심한 것이 아닙니다. 다만 냉기 때문에 이렇게 되셨으니, 반총산을 복용하심이 마땅할 듯합니다. 대소변이 평소와 다른 것도 하부에 냉기가 쌓여 그런 것이니 소금과 총백(대파)을 주머니에 담아 붙이는 것이 어떻겠습니까? 또 의녀가 비록 진맥한다고는 하나 천박한 식견으로 뭘 어떻게 알겠습니까? 박세거로 하여금 진맥하게 하소서."

이에 중종이 말했다.

"반총산을 즉시 지어서 들이라. 소금과 총백은 지금 붙이고 있는 중이니 다시 증세를 보아 의원으로 하여금 진맥하도록 하겠다."

이 말에서 알 수 있듯 중종은 의원들보다는 대장금을 훨씬 신뢰했다. 그러나 대신들은 항상 그것이 불만이었다. 왕이 일개 의녀 말만 듣고 의원을 무시한다고 생각하여 틈만 나면 의녀를 공격했다.

그다음 날 의정부와 중추부, 육조, 한성부의 당상 및 대사헌 등이 문안하러 오니, 중종은 대장금으로 하여금 자신의 병증에 대해 설명토록 했다. 이에 대장금이 대신들에게 이렇게 설명했다.

"어제저녁에 주상께서 삼경에 잠이 들었고, 오경에 또 잠깐 잠이 들었습니다. 또 소변은 잠시 통했으나 대변은 불통한 지가 이미 3일이나 되었습니다."

그 말을 듣고 의원 박세거와 홍침이 진맥하니, 왼손 간장과 신장 맥이 들뛰고 급하였으며, 오른손 맥은 미약하고 느렸다. 의원들은 처방에 대해 의논한 후 오령산에 마황, 방기, 원지, 빈랑, 회향을 넣어서 5첩을 올렸다. 그 덕분에 10월 29일에 비로소 대변이 나왔다. 무려 변을 보지 못한 지 7일 만이었다. 이날 대신들이 문안하자, 중종은 의녀 장금을 내보내 대변이 통하여 기분이 좋다며 걱정하지 말라는 말을 전했다. 이에 내의원 제조는 갈증이 날 때마다 생지황을 달여 먹을 것을 권하면서 절대로 냉수는 먹지 말라고 당부했다.

그러나 중종의 병은 이미 돌이킬 수 없는 상태였다. 중종 스스로도 그 사실을 잘 알고 있었다. 대신들도 상황이 심상치 않음을 알고 여러 차례 의원을 들여보냈지만 별 효험이 없었다.

그런 상황에서 11월 12일 아침에 대장금이 대전에서 나와 중종의 병증을 설명했다.

"지난밤 주상의 옥체에 번열이 있는 것 같아 야인건수, 양격산, 지보단을 올렸습니다."

이에 의원 박세거가 들어가 진찰하고 다시 약을 올렸다. 정오에 대장금이 다시 나와 왕의 상태를 설명했다.

"오전에 번열이 있었으므로 정화수에 소합원을 타서 올렸습니다."

저녁에 박세거가 다시 들어가 진찰했다. 그리고 건갈, 승마, 황련, 맥문동, 인삼을 첨가한 강활산 및 오미자차, 검은콩, 대나무 잎 등을 달인 물을 올렸다. 전부 기력을 보충하는 약이었다.

그러나 무소용이었다. 11월 15일, 어두워질 무렵에 대장금이 밖으로 나와 말했다.

"상의 징후가 위급하십니다."

그로부터 얼마 후 내전에서 곡소리가 터져 나왔다.

그렇게 중종은 승하했다. 중종의 승하와 함께 대장금에 관한 기록도 사라졌다. 왕이 죽었으니, 왕을 치료했던 어의녀 역시 법에 따라 죄받았을 것이다. 당시 왕이 죽으면 왕의 주치의는 대개 유배되거나 벼슬이 강등되곤 했는데, 대장금 역시 그런 처벌을 면하지 못했을 것으로 짐작된다.

허준과 쌍벽을 이룬 명의 양예수

양예수는 명종, 선조 대의 의관으로 허준과 함께 쌍벽을 이룬 명의였다. 하지만 여느 의관들과 마찬가지로 그의 삶에 대해서는 실록에만 일부 남아 있을 뿐 자세한 기록은 찾을 수 없다. 실록에 그가 처음 등장하는 것은 명종 18년(1563)에 명종의 유일한 아들 순회세자의 병을 치료하지 못한 책임으로 공격을 받는 내용이다. 이 사건과 관련하여 당시 사관은 명종 18년 9월 20일 자 실록에 다음과 같은 기록을 남겼다.

이때 동궁이 편찮은 지 오래되었는데 내의 양예수가 모시고 진찰하고 약을 쓰면서 다른 의원은 알지 못하게 한 것은 그 공을 독차지하려고 한 짓이었다. 그러다가 위독한 지경에 이르러 일이 어쩔 수 없게 되어버리니 사람들이 다 통분스러워했다.

하지만 사관의 이런 평가와 달리 명종은 양예수를 매우 총애했다. 명종은 양예수가 결코 그런 인물이 아니라고 판단했다. 그래서 별도의 죄를 묻지 않고 양예수를 내의원에 그대로 두었다.

그런데 2년 뒤에 다시 양예수는 궁지에 내몰렸다. 명종 20년 (1565) 4월 7일에 명종의 모후 문정왕후가 죽자 이에 대한 책임 공방이 있었던 것이다. 당시 사헌부와 사간원 관원들은 어의 유지번, 양예수, 손사번, 김세우 등이 문정왕후를 제대로 돌보지 않았으므로 징계해야 한다고 주장하면서 2년 전 순회세자가 죽은 일까지 들먹였다.

"어의 유지번, 양예수, 손사균, 김세우는 대행 대왕대비께서 편찮으실 때를 당하여 약이藥餌의 일을 오로지 주장하였으니, 맥후脈候의 허실虛實과 증세의 경중을 입시한 의녀에게 자세히 묻고 약을 쓸 때에 십분 근신하여 실수가 없도록 했어야 마땅합니다. 그런데 오직 의녀의 말만 믿을 뿐이었습니다. 그래서 의녀가 자전慈殿(대비)의 환후가 나아가신다고 하면 네 의원도 그렇게 여기고, 심지어 승하하시던 하루 전까지도 오히려 점차 나아가신다고 하였고 무슨 증세에 무슨 약을 올렸다는 말을 듣지 못하였으며, 마침내 대고에 이르게 되어도 구하지 못하였으니, 일국의 신민으로서 누가 마음 아파하지 않겠습니까?

이보다 앞서 동궁東宮(순회세자)의 병이 위독할 때에 시약의(당시 양예수가 맡고 있었다)가 치료를 제때 하지 않은 죄가 있었는데도 내버려두고 따져 묻지 않았으므로 물정이 지금까지 분격하고 있습니다. 청컨대 네 의원을 의금부에 내려 추국하도록 하소서."

그러나 명종은 간관들과 생각이 달랐다.

"외간에서는 자세히 알지 못하므로 이와 같이 아뢴 것이다. 의관과 의녀에게 죄줄 만한 일이 있으면 나의 망극한 정으로 어찌 물론을 기다리겠는가. 내가 자세히 이르리라. 내가 시병侍病할 때에 자후慈候(문정왕후)를 살펴보니, 일정하지 않으셨다. 하루 덜하신 듯하다가 또 하루는 편치 않으셨다. 승하하시기 하루 전에는 과연 나아지시는 듯하더니, 이튿날 갑자기 대고에 이르셨다. 의녀가 옆에서 진찰하여 반드시 십분 헤아린 뒤에 약방에 전하니, 네 의관이 의녀의 말만 믿는 것은 사세가 그러한 것이지, 모두 사실대로 고하지 않고 의약을 성실히 쓰지 않은 죄가 아니다. 지금 만일 하옥하여 추국하기에 이른다면 하늘에 계시는 영혼이 또한 편치 않으실 것이니, 윤허하지 않는다."

이렇게 명종의 신뢰에 힘입어 양예수는 아무런 처벌도 받지 않았지만, 명종이 죽자 이번에는 처벌을 피할 수 없었다. 하지만 잠시 투옥된 뒤에 의관으로 복귀하여 선조의 총애를 받았다.

선조는 그를 아주 총애하여 재위 12년(1580)에 종2품 가선대부의 벼슬을 내렸고, 이후 늘 곁에 두었다. 심지어 양예수가 부모상을 당해 시묘살이를 하고 있을 때도 내의원으로 돌아오라고 했을 정도였다.

양예수는 임진왜란 중에도 선조와 의인왕후 박씨를 번갈아 보살폈다. 그 무렵인 선조 28년(1595)에 세자 광해군이 위장병에다 이질까지 걸려 고생이 막심했는데, 이 때문에 우의정이자 약방 도제조였던 김응남이 선조에게 이런 건의를 했다.

"동궁의 환후가 오래도록 회복되지 아니하고, 이질의 빈도는 조금 감하여진 듯하나 비위가 크게 손상되어 복통이 그치지 않으며, 하루에 드시는 것이 두세 수저에 불과하고 오래도록 낫지 않아 원기가 더욱 탈진한 듯하니, 매우 민망스럽습니다. 의관 중에 양예수가 의술이 정통하고 경력도 많은데 현재 중전을 호위하러 해주에 가 있으니 다른 의관을 대신 보내고 즉시 올라오도록 하유하시는 것이 어떻겠습니까?"

하지만 선조의 생각은 달랐다.

"그 말은 매우 타당하다. 그러나 요즈음 동궁의 증세는 좋아지는 듯하고 내전(의인왕후)은 슬픔 속에 있으니 병이 나지 않을까 항시 걱정이 된다. 해주에는 다른 명의가 없으니 우선 그대로 두어라."

이렇듯 양예수는 당시 의관 가운데 가장 뛰어나다고 평가받았다. 그래서 의주와 해주, 평양을 오가며 왕과 왕비, 세자를 번갈아 시종했다. 그런데 그때 이미 양예수는 연로했다. 더구나 임진왜란 중에 건강이 많이 악화되어 전쟁 막바지 무렵인 선조 30년(1597)에 생을 마감하고 말았다. 하지만 전란 중이라 제대로 장례도 치르지 못했다. 그래서 3년 뒤에야 제대로 상을 치를 수 있었는데, 이때의 일을 실록은 선조 33년(1600) 12월 1일 자 기사에 "지사知事 양예수를 조제弔祭하는 예조의 공사公事에 대해 우승지 김시헌에게 부의를 보내라고 전교하였다"고 실었다. 이 기사 끝에 사관은 "양예수는 의관인데 의술로 당세에 유명하였다"고 덧붙였다.

양예수에겐 형과 아우가 있었는데, 양예수의 형 양인수는 한때 선조의 글 선생이었다. 당시 하성군이던 선조는 양인수에게 역사를 배웠고, 훗날 왕위에 오른 뒤 그에게 문관 벼슬을 주고 싶어 했는데 신하들의 반대로 뜻을 이루지 못했다. 그래서 양예수를 곁에 두고 무척 총애했던 것 같다. 양예수의 아우 양지수도 의관이 되었는데, 임진왜란 때 적의 포로가 되자 스스로 강에 투신하여 죽었다고 전해진다.

양예수의 성격과 관련하여 이긍익의 《연려실기술》에 다음과 같은 내용이 실려 있다.

어의 양예수는 노경에 다리에 병이 있다고 핑계하고 권세 있는 이들 집에서 진찰을 청해도 대개 가지 않는 일이 많았다. 이번에 창졸간에 말을 준비할 겨를이 없어 도보로 따랐다. 행차가 모래재에 이르러 이항복이 돌아보고 웃으며, "양동지, 다릿병에는 난리탕亂離湯이 그만이로구나" 하니, 임금이 듣고 말을 주라 명하였다.

이 이야기는 임진왜란 때 선조가 도성을 버리고 몽진을 떠날 때의 일화다. 당시 양예수는 동지중추원사 벼슬에 있었는데, 함께 가던 이항복이 평소에 양예수가 다리에 병이 있다는 핑계로 권세가들의 진찰 요청을 거절한 것을 되새기며 농을 던진 것이다. 다릿병이 있다면서 난리가 나니 잘 걷는다는 투의 농이었다. 하지만 선조는 양예수가 정말 다리에 병이 난 줄 알고 말을 주라고 명했으니, 양예수에 대한 선조의 총애가 남달랐음을 짐작할 수 있다.

동방의 편작으로 불린 허준

시대를 막론하고 사람들이 가장 중시한 것은 자신의 건강이었다. 조선시대 또한 예외가 될 수 없었으니, 노비에서부터 평민과 양반, 왕에 이르기까지 자신의 능력이 닿는 한 건강을 챙기는 것은 당연지사였다. 그런 까닭에 뛰어난 의사는 신분에 상관없이 각광을 받았다. 중국 문화권에서 의사의 대명사로 불리는 인물은 편작이었다. 편작은 상고시대인 주나라의 명의였다. 그는 제자들과 함께 중국 대륙을 돌아다니며 의술을 베풀었는데, 그 실력이 워낙 출중해 신의로 불리게 되었고, 그가 죽은 후에는 약왕藥王으로 불렸다. 편작의 의학 이론은 후예들에 의해 정리되었는데, 그 책이 《난경難經》이다. 《난경》은 현재까지도 전해지며, 동양 의서 중 가장 오래된 《황제내경》과 함께 한의학에서 가장 중시하는 책으로 손꼽힌다.

편작 이후, 당대마다 편작이라 불린 의사들이 있었다. 그중 '조선시대의 편작'이라 하면 단연 《동의보감》의 저자 허준을 꼽을 수 있다. 허준은 무인 집안의 서출로 태어났다. 그의 조부 허곤은 무과에 급제한 무인이었고, 아버지 허론은 평안도 용천 부사를 지냈다. 허론은 손희조의 딸과 결혼했지만 첩에게서 먼저 아들을 얻었으니, 바로 허옥과 허준이었다. 그리고 본처 손 부인이 그 이후에 허징이라는 아들을 낳았다.

이렇듯 허론의 서자로 태어난 허준은 의학을 공부하여 30대에 이미 명성을 얻었다. 실록에 그의 이름이 처음 등장한 것은 선조 8년(1575) 2월 15일 자 기사에서다.

명의 안광익과 허준이 들어가서 상의 맥을 진찰하고는 상이 전에 비해 더 수척하고 비위의 맥이 매우 약하다고 하였다. 또 번열이 많아 찬 음식 드시기를 좋아하고 문을 열어놓고 바람을 들어오게 한다고 하였다.

이 기록에서는 허준을 '명의'라고만 표현하고 관직을 쓰지 않았다. 당시 허준에게 관직이 없었기 때문이다. 그런데 선조 20년 (1587) 12월 9일 자 기사에는 양예수, 안덕수, 이인상, 김윤헌, 이공기, 남응명 등과 더불어 '어의'라 불린다. 이는 허준이 명의로 이름을 날리다가 내의원에 발탁되어 벼슬을 받았고, 불과 12년

만에 어의의 반열에 올랐다는 뜻이다. 그만큼 허준의 의술이 뛰어났다는 의미다.

양천 허씨 족보에는 허준이 선조 7년(1574)에 의과에 급제하고 벼슬을 얻었다고 기록되어 있지만 사서에서는 사실 여부가 확인되지 않는다. 또 선조 8년 입궐 당시 '명의'라고 칭한 것을 볼 때 벼슬이 없었던 것은 분명하다. 유희춘이 쓴 《미암일기초》에는 허준의 의술을 신뢰하던 유희춘이 이조판서 홍담에게 건의해서 내의원에 들어가도록 했다는 기록이 있다. 그러니 입궐 당시에는 내의원의 임시 의원 정도로 쓰였을 것이다.

어쨌든 허준은 명의로 이름을 날리다 어의가 되었는데 허준 이전엔 집안에서 의원이 된 사람이 없었다. 허준의 형 허옥은 궁궐에서 말을 돌보는 관청인 사복시의 말단 관원을 지냈고, 허곤의 적자이면서 허준의 이복동생인 허징은 과거에 급제하여 외교 문서를 담당하는 승문원 관원을 거쳐 딩싱관에 올랐다. 유일하게 허준만 의관이 된 것이다.

허준이 37세에 이미 명의라는 소리를 듣고 궁궐로 불려가 왕을 보살필 정도였다면, 그는 적어도 20세를 전후하여 의술을 배웠을 것으로 짐작되나 누구에게 의술을 배웠는지는 기록이 남아 있지 않다.

일설에는 어의 양예수가 그의 스승이라는 말이 있다. 양예수는 명종 때부터 어의로 이름을 날린 명의였다. 선조 때는 어의 중에서 가장 높은 태의 자리에 올랐다. 선조 20년에 허준이 어의의 대열에 끼게 되었을 때, 양예수는 이미 태의 자리에 있었다. 선조가 《동의보감》을 편찬하도록 지시했을 때도 양예수가 그 책임을 맡았다(그런데 그가 임진왜란이 진행되고 있던 1597년에 사망했기 때문에 선조가 허준에게 《동의보감》 집필을 명했다). 양예수가 참여하여 편찬한 대표적인 책은 《의림촬요》다. 《의림촬요》는 중국의 명의들을 소개하고 끝자락에 조선의 명의로 양예수와 허준을 소개한다. 이 책은 양예수가 편찬한 것으로 되어 있는데, 허준은 《동의보감》에서 내의 정경선이 편찬하고 양예수가 교정을 보았다고 기록하고 있다.

허준의 스승으로 거론되는 또 다른 인물은 《동의보감》 편찬 초기에 동참했던 정작이다. 정작은 북창 정렴의 동생이다. 정렴은 의관이 아니라 양반 출신의 유의儒醫였다. 유재건의 《이향견문록》에는 허준에 대해 "어려서부터 배우기를 좋아해 경전과 역사서에 통달했고, 특히 의학에 정통했다"고 쓰고 있다. 이 기록에 따르면 허준이 단순히 의학만 공부한 인물이 아니었다는 점에서 정작의 제자였을 가능성이 높아진다.

정작은 허준보다 6세 연상으로, 그의 아버지는 정순붕이었다. 정순붕은 명종 시절에 이기, 윤원형 등에게 아부하여 우의정에 올라 권세를 누렸기 때문에 세간에서는 명종 시대의 3대 원흉이라고 지목받았다. 하지만 그의 아들들인 정렴과 정작은 학문이

깊어 명성을 얻었다. 정렴은 정북창이라는 이름으로 더 잘 알려진 인물로 유학, 천문, 지리, 의학, 음악, 역학, 중국어에 이르기까지 학문에 두루 능통하였고, 《정북창방》이라는 의서를 저술하여 의원으로서도 이름을 날렸다. 또한 《북창비결》을 저술하기도 했고, 장악원, 관상감, 혜민서 등의 관청에서도 근무했다. 그는 포천 현감으로 있다가 아버지 정순붕 때문에 관직에서 물러나 의원 생활을 했다. 정렴의 동생 정작은 형 정렴보다 27년이나 늦게 태어난 늦둥이다. 그 역시 형 정렴처럼 유학에 정통하고 천문과 지리, 의학에 밝아 유의로 명성을 얻었다. 그러나 그가 허준의 스승이라는 사실을 뒷받침하는 명확한 기록은 없다.

허준의 스승으로 거론되는 또 다른 인물은 유이태다. 이는 광복 이후 한의학계를 이끌었던 신길구의 《신씨본초학》에 나오는 내용이다. 하지만 유이태는 허준보다 후대의 사람이라 허준의 스승이 될 수는 없다.

이은성이 쓴 《소설 동의보감》에서는 허준의 스승을 유의태라고 기술하고 있다. 유의태는 한의학계에서 전설처럼 전해지는 인물인데, 그에 대한 구체적인 기록은 남아 있지 않다.

사실, 허준뿐 아니라 조선 의원 대부분이 누구에게서 의술을 배웠는지 거의 알려지지 않았다. 조선시대엔 의사를 천시하는 풍조가 있었기 때문에 양반 가문에서는 의관이 되려는 사람이 별로 없었다. 비록 양반으로서 의관이 되면 유의라고 하여 평민이나 중인, 천민 출신들보다 높게 평가했지만 문관에 비할 바는 아니었다. 그런 까닭에 의사에 대한 기록이 자세하지 않은 것이다. 실록에서도 정2품 이상의 벼슬을 한 사람이 죽으면 졸기를 남기는데, 의원의 경우는 정2품 이상의 벼슬을 받았더라도 졸기를 남기는 예가 거의 없었다. 허준 역시 종1품 숭록대부 벼슬을 받았고 양반 중 하나인 동반에 적을 올렸지만, 실록에 졸기가 남아 있지는 않다.

허준의 성격에 대해서는 크게 알려진 바가 없으나 그의 인간미를 엿볼 수 있는 일화가 하나 전한다. 인조 때의 문인 신익성의 《낙전당집》에 실린 〈박준 묘지명〉에 기록된 내용이다.

공(박준)은 14세에 모친의 상을 당했다. 부사군(박준의 아버지 박희성)이 중풍을 앓자 공은 부축하고 약시중을 들면서 밤낮으로 하늘에 빌었다. 새벽에 당시 어의였던 허준의 집을 찾아갔는데, 허준은 매우 강직하여 막고서 집으로 들이지 않았다. 이후 공은 날마다 닭이 울기만 하면 찾아갔는데, 오래되어도 게으른 모습을 보이지 않자 허준이 공의 지극한 효성을 살펴 드디어 왕래하며 치료해주었다.

허준은 내의원에서 어의의 소임을 맡고 있었기에 이미 전국에 명성이 자자한 의사였다. 그런 까닭에 사사로이 허준에게 치료받고자 하는 사람이 많을 수밖에 없었다. 하지만 어의를 맡고 있는 그는 사사로운 청탁을 받지 않았다. 그런데 박준의 정성과 효성에 감복하여 그의 아버지 박희성을 치료해준 것이다. 이를 보면 허준이 재물이나 이익을 추구하는 종류의 인간은 아니었음을 알 수 있다.

침과 뜸의 달인 허임

《침구경험방》의 저자이자 선조, 광해군 때의 명의 허임은 특이하게도 관노 출신이다. 대개 의관들이 중인 출신인 것과는 대조되는 부분이다. 그의 아버지 허억복 역시 관노 출신의 악공이었고, 어머니는 양반집 종이었다. 그럼에도 허임은 뛰어난 의술 덕분에 관노에서 풀려나 의관이 되었고, 수차례 지방관 벼슬을 받기도 했다.

허임의 성장 과정에 대해서는 알려진 사실이 거의 없다. 의술을 배운 계기는 《침구경험방》 서문에 스스로 밝혀놓았는데, 어렸을 때 부모가 많이 아팠기 때문에 부모의 병을 직접 고치기 위해 의술에 관심을 두었다고 한다.

그가 두각을 드러낸 분야는 침구, 즉 침과 뜸이었다. 그는 침구술로 선조를 치료한 공으로 벼슬을 얻었고, 광해군은 그의 의술을 높이 평가하여 영평 현령, 양주 목사, 부평 부사, 남양 부사 등에 임명했다.

허임에 대한 기록은 선조와 광해군 때의 실록에서 찾을 수 있다. 선조와 광해군은 허임의 침술을 매우 신뢰했는데, 선조 35년(1602) 6월 12일 자 기록을 통해 그 사실을 확인할 수 있다.

"모든 의관은 서울에 모여서 상하의 병을 구제하여야 하는데, 의관 김영국·허임·박인령 등은 모두 침을 잘 놓는다고 일세를 울리는 사람들로서 임의로 고향에 물러가 있으나 불러 모을 생각을 하지 않으니 설사 위에서 뜻밖에 침을 쓸 일이라도 있게 되면 어떻게 할 것인가? 내의와 제조 등은 그 직책을 다하였다고 말할 수 있겠는가. 약방에 말하라."

이는 당시 선조가 승정원에 내린 비망기의 내용이다. 이 기록으로 미루어 당시 허임은 김영국, 박인령과 함께 침술로 이름을 날리던 인물이었음을 알 수 있다. 천민 출신인 허임이 다른 의원들과 어깨를 나란히 했다는 것은 그의 침술이 대단했음을 의미한다.

선조 37년(1604) 9월 23일에 허임은 선조의 두통을 치료하기도 했다. 당시 선조는 편두통으로 인해 갑작스럽게 발작을 했는데, 그때 선조 옆에는 어의 허준도 있었다. 당시 상황을 실록은 다음과 같이 전한다.

일경 말에 상이 앓아오던 편두통이 갑작스럽게 발작하였으므로 숙직하는 의관에게 전교하여 침을 맞으려 하였는데, 입직하고 있던 승지가 아뢰었다.

"의관들만 단독으로 입시하는 것은 온당치 못하니 입직한 승지 및 사관史官이 함께 입시하는 것이 어떻겠습니까?"

그러자 상이 전교했다.

"침을 맞으려는 것이 아니라 증세를 물으려는 것이니, 승지 등은 입시하지 말라."

이에 아뢰기를,

"허임이 이미 합문에 와 있습니다."

그러자 들여보내라고 전교하였다. 이경 3점點에 편전으로 들어가 입시하였다. 상이 일렀다.

"침을 놓는 것이 어떻겠는가?"

그러자 허준이 아뢰었다.

"증세가 긴급하니 상례에 구애받을 수는 없습니다. 여러 차례 침을 맞으시는 것이 미안한 일이지만, 침의들은 항상 말하기를 '반드시 침을 놓아 열기를 해소시킨 다음에야 통증이 감소된다'고 합니다. 소신은 침놓는 법을 알지 못합니다마는 그들의 말이 이러하니 아뢰는 것입니다. 허임도 평소에 말하기를 '경맥을 이끌어낸 뒤에 아시혈에 침을 놓을 수 있다'고 했는데, 이 말이 일리가 있는 듯합니다."

상이 병풍을 치라고 명하였는데, 왕세자 및 의관은 방 안에 입시

하고 제조 이하는 모두 방 밖에 있었다. 남영이 혈을 정하고 허임이
침을 들었다. 상이 침을 맞았다.

허임이 선조를 치료한 시간은 밤 열 시경이다. 삼경이 머지않
은 아주 늦은 시간이었다. 선조는 편두통이 얼마나 심했던지 마
음이 몹시 급했다. 그래서 어떻게 해서든 빨리 침을 맞기 위해
입직 승지에게 거짓말을 하기까지 한다. 입직 승지가 왕의 상태
를 기록으로 남기기 위해 사관과 승지가 함께 왕의 침실에 들어
가야 한다고 주장했는데, 선조는 병증에 대해서만 물어볼 것이
라며 사관과 승지를 들어오지 못하도록 한 것이다. 그런 다음 허
임이 들어오자 바로 치료를 받는다.

이 기록에서 또 하나 알 수 있는 사실은 명의로 이름을 떨치며
어의에 올라 있던 허준이 침술엔 밝지 않았다는 점이다. 선조에
게 침을 놓은 사람은 허준이 아니라 허임이었다. 침술에 있어서
만큼은《동의보감》의 저자 허준조차 허임을 인정했다는 것을 짐
작할 수 있다.

이날 편두통을 치료한 공로로 선조는 허임의 작위를 특진시켰
고 어의 허준에게도 말 한 필을 하사했다. 하지만 허임의 관작이
올라간 것에 대해 당시의 사관은 이렇게 비판했다.

"관작은 세상 사람들을 면려하려는 것이 목적인데, 허임과 남
영은 6, 7품의 관원으로서 하찮은 수고를 한 것 덕분에 갑자기

당상으로 승진하였으니, 관작의 참람됨이 이때에 극에 달했다."

당시 허임은 종6품 의관직에 있었는데 갑자기 통정대부의 작위를 받았다. 통정대부는 정3품 상계다. 정3품에는 상계와 하계의 작위가 있었는데, 하계는 통훈대부였고 상계는 통정대부였다. 즉, 흔히 말하는 당상관 작위를 받은 것으로 심지어 무반이 아닌 문반 작위였다. 이 때문에 사헌부 장령 최동식이 이는 잘못되었다며 개정할 것을 주청했다. 하지만 선조는 받아들이지 않았다. 환자의 입장에선 자신의 병을 고쳐준 의원만큼 고마운 존재가 없었기 때문이리라.

허임을 총애한 임금은 선조만이 아니었다. 광해군도 허임의 의술을 높이 평가해 그에게 마전 군수 자리를 주었다. 마전군은 지금의 경기도 연천 지역에 있던 지명이다. 광해군은 허임이 벼슬이 없어 경제적으로 힘든 상황이라는 이야기를 듣고 군수 자리를 내주었다.

허임의 침술을 높게 평가한 광해군은 여러 차례 그를 불러 침을 맞았고, 그에 대한 보답으로 3등 공신에 녹훈하기도 했다. 이후 허임을 다시 영평 현령으로 임명했다. 영평현은 지금의 포천 지역에 있던 현이다. 그 뒤로 광해군은 허임을 양주 목사로 임명했는데 이에 대한 비판이 거세지자 부평 부사로 벼슬을 낮췄다. 그리고 몸이 좋지 않을 때마다 그를 불러 침을 맞았다.

이렇듯 선조와 광해군이 그토록 신임하던 의원 허임이 남긴 대표적인 의서가 바로《침구경험방》이다. 그는 또한《동의문견방》이라는 책도 남겼다. 그런데《동의문견방》은 책명만 전하고 책은 남아 있지 않다. 다만 이석간과 채득기 등이 편찬한《사의경험방》에 인용된 일부 내용만 전한다.

인조의 총애를 독차지한 번침의 명인 이형익

이형익은 뛰어난 침의였으나 소현세자 독살에 연루되어 후세의 사가들로부터 많은 비난을 받은 인물이다. 하지만 그는 의술로는 당대 최고의 의사였다. 특히 침으로 유명했는데, 그중에서도 번침에 관한 한 독보적인 존재였다. 대개 한의학에서는 불에 달군 침인 번침을 잘 쓰지 않지만, 이형익은 번침으로 많은 환자를 고쳐 일개 시골 의사에서 어의에 올라 일세에 이름을 날렸다.

이형익은 충청도 대흥 출신으로 신분은 양반이었다. 그가 어떤 경로로 의술을 익혔는지는 분명하지 않으나, 그의 의술이 전국적으로 알려져 의과를 거치지 않고 추천으로 인조 11년(1633)에 내의원 의관이 되었다. 이와 관련하여 실록은 이런 기록을 남겼다.

대흥 땅에 이형익이란 자가 있어 약간 침법鍼法을 알아 사기邪氣를 다스린다고 세상 사람을 현혹했는데, 남의 괴질을 치료하여 간혹 효험을 본 경우도 있었다. 이때 와서 내국內局이 아뢰었다.

"이형익의 침술이 매우 묘하다고 하기에 본원本院이 불러오려고 했으나, 먼 데에 사는 사람이라서 돈을 마련할 곳이 없으니, 해조로 하여금 급료給料토록 하소서."

이에 상이 답하였다.

"괴이하고 허탄한 술법을 추장推獎할 필요가 없으니, 급료하지 말라."_인조 10년(1632) 11월 2일

인조는 일단 이형익을 내의원에 들이는 것을 허락하지 않았지만, 이듬해인 인조 11년 1월에 다시 내의원에서 이형익에게 봉록을 주고 내의원에 들일 것을 요청하자 그제야 허락했다. 하지만 그에 대한 세간의 평은 좋지 않았다. 당시 사관은 이형익이 "허탄하고 망령되어 번침술로 병을 고친다고 말하니, 사람들이 많이 현혹되었다"고 쓰기도 했다.

그러나 막상 이형익의 번침을 맞은 뒤 인조는 그의 의술에 크게 매료되었다. 당시 인조는 오랫동안 병마에 시달렸는데, 이형익의 번침을 맞고 일시에 호전되었기 때문이다. 그런데 조정에서는 이형익의 번침에 매우 적대적이었다. 당시 번침은 극히 위험한 처방으로 알려져 있었기에 내의원에서는 사술邪術이라 하

여 전혀 사용하지 않았다. 또 내의원에는 번침에 대해 잘 아는 의관도 없었다. 이런 우려 때문에 인조 11년 2월 22일에 대사간 김광현 등이 이런 말을 올렸다.

"근래 옥체가 오랫동안 편치 못하여 침을 너무 많이 맞으셨습니다. 신민의 우려가 한이 있겠습니까. 삼가 듣건대 또 화침火鍼을 맞으신다고 하니 이는 범인도 맞을 수 없는 것인데 하물며 지존의 옥체이겠습니까. 이 말을 듣고 자신도 모르게 머리털이 서고 마음이 떨렸습니다. 전년에 약방에서 이형익에게 녹을 줄 것을 청하자, 전하께서 그가 괴탄하다고 물리치시므로 조야가 모두 흠앙하였는데, 이 사람의 요괴한 의술이 끝내 전하를 현혹시킬 줄을 어찌 생각이나 하였겠습니까. 삼가 바라건대 전하께서는 마음을 가라앉혀 사리를 살피고, 원기를 조화하면서 약성이 화평한 보약으로 치료하고, 요괴한 의술에 동요되지 말아 빨리 화침을 중지하고 이 무리를 물리치면, 의외에 걸린 병이므로 자연 낫는 기쁨이 있을 것입니다."

이에 대해 인조가 검토를 고려하겠다고 하자, 이번에는 홍문관에서 다시 이형익의 손에 치료를 맡기지 말 것을 요청하며 이렇게 말했다.

"대개 사람의 육체는 오직 원기로 부지하는 것입니다. 옥체가 미령하신 지 이미 여러 달이 지나 오랫동안 침약을 쓰고 계시니 원기가 소삭되었을 것은 알 만한 일인데 빨리 치료하고자 하여 날로 침을 맞고 뜸을 뜨고 계시니 영위榮衛를 소모할 염려가 없지 않습니다. 만약 이로 인하여 더 손상된다면 형익을 죽인다 하더라도 무익할 것입니다.

삼가 바라건대 성명께서는 널리 의원들에게 물어 모든 침과 약을 일체 보통 처방에 의하여 조용히 치료하여 점차 효험을 거두게 하고 오활하고 괴이한 사람을 통렬히 물리쳐 사람을 현혹하지 못하게 하소서.

또 임금이 외신外臣을 접할 때 승지와 사관이 반드시 입시하는 것은 그 의도가 있어서인데, 듣기로는 침을 맞을 때 입시하는 신하는 내시와 이형익의 무리 몇 사람뿐이라 하니, 사리로 헤아려 볼 때 어찌 한심하지 않겠습니까. 신 등은 모두 무상한 자로 논사의 직책에 있으면서 임금을 사랑하는 구구한 정성이 그지없기에 조용히 섭양하고 계시는 중이지만 부득불 귀찮게 아룁니다."

하지만 이 말을 듣고도 인조는 여전히 이형익에게 자신의 건강을 맡겼다. 그러다 그해 10월에 내의원에서 이형익이 침을 놓을 때 잘못된 혈에 놓았다는 말을 듣고 인조가 그 내막을 따져 물으라고 했다. 하지만 여전히 이형익에 대한 신뢰를 버리지는 않았다. 사헌부에서 이형익을 국문하여 죄주려 했지만, 인조는 끝내 거부했다. 오히려 인조는 이후로 이형익을 더욱 총애하여 항상 그의 침을 맞았다.

이렇듯 인조가 오직 이형익에게만 치료를 받자, 이형익의 명성은 더욱 높아졌다. 하지만 조정에서는 임금이 무려 10년 이상을 한 의원에게만 의지하자 어떻게 해서든 이형익을 인조에게서 떨어뜨리려 했다. 그래서 인조 21년(1643) 8월 2일에 사림의 영수 김육까지 나서서 이렇게 말했다.

"신이 약방의 일원으로 있는데 때마침 옥후玉候가 미령하심을 만나 걱정스러움이 그지없습니다. 실로 효험을 거둘 방도가 있다면 있는 수단을 다 쓰지 않을 수 없지만, 이 번침의 방법만은 삼가 온당치 못하다고 생각합니다. 대체로 약이 증세에 맞지 않으면 병이 낫지 않고, 침이 혹 법을 잃으면 도리어 해가 되는 것입니다. 이제 우리 성상께서는 불행한 운세를 만나 노심초사로 병이 생기고 뜻이 풀리지 않으며, 홀로 궁중에 깊이 계시므로 기운이 맺혀 트이지 않고 혈맥이 정체되어 돌지 않습니다. 이로 인해 몸이 부어오르고 한기와 열이 오르락내리락하는 것이니, 이것이 병의 근원입니다. 오직 마음을 맑게 가지고 진기와 원기를 보양하는 것이 실로 조섭하는 방도에 합당합니다."

그러자 인조는 화를 내며 소리쳤다.

"번침은 과거에도 효과가 있었으니 그만둘 수 없다."

이처럼 이형익에 대한 인조의 총애가 끊이지 않자 조정 신하들 사이에서는 이형익이 요술로 임금을 현혹하고 있다는 말이 돌았다. 몇몇 간관들이 이형익을 멀리할 것을 직언했지만 인조는 화를 내며 그들을 지방관으로 내쫓아버렸다. 이형익의 의술에 대한 인조의 믿음은 아주 대단해서 인조는 그에게 현령 벼슬을 내렸을 뿐 아니라 특명으로 어의로 서용했다.

이형익은 당시 인조의 총애를 독차지하고 있던 후궁 소용 조씨와도 친밀했다. 심지어 조씨의 친정어머니와 왕래가 잦아 두 사람이 내연관계라는 추잡한 소문까지 돌았다. 그래도 인조는 전혀 개의치 않았다.

그 무렵인 인조 23년(1645) 2월에 8년 동안 청나라에 볼모로 잡혀 있던 세자 왕(소현세자)이 돌아왔다. 인조는 소현세자의 귀국을 몹시 못마땅해했다. 소현세자가 볼모로 있으면서 청국 조정과 친해졌고, 그 때문에 소현세자가 돌아오면 청국이 인조를 밀어내고 소현세자를 왕위에 올릴 것이라는 소문을 들은 탓이었다.

소현세자는 귀국한 지 얼마 지나지 않아 병상에 누웠는데, 당시 어의였던 박군은 소현세자가 학질을 앓고 있다고 진단했다. 내의원에서는 인조에게 세자의 치료를 이형익에게 맡길 것을 요청했고, 인조는 즉시 이형익을 불러 침술로 세자의 열을 내리라고 지시했다. 인조가 이런 지시를 내린 것은 4월 23일 새벽이었다. 이후 이형익은 24일과 25일, 양일에 걸쳐 세자에게 침을 놓았는데, 그만 사흘째 되던 날인 4월 26일에 세자가 죽고 말았다. 그러자 사헌부와 사간원 양사에서 이형익을 국문할 것을 강력하게 주청했다.

"왕세자의 증후가 하루아침에 갑자기 악화되어 끝내 이 지경
에 이르렀으므로, 뭇사람의 생각이 모두 의원들의 진찰이 밝지
못했고 침놓고 약 쓴 것이 적당함을 잃은 소치라고 여깁니다. 의
원 이형익은 사람됨이 망령되어 괴이하고 허탄한 의술을 스스로
믿어서 일찍이 들어가 진찰하던 날에 망령되이 자기의 소견을
진술했는데, 세자께서 오한에 시달린 이후에는 증세도 판단하지
못하고 날마다 침만 놓았으니, 그 신중하지 않고 망령되게 행동
한 죄를 다스리지 않을 수 없습니다. 이형익을 잡아다 국문하여
죄를 정하고 증후를 진찰하고 약을 의논했던 여러 의원들도 아
울러 잡아다 국문하여 죄를 정하도록 하소서."

하지만 인조는 양사의 의견을 물리쳤다.

"여러 의원들은 신중하지 않은 일이 별로 없으니, 굳이 잡아다
국문할 것 없다."

오히려 인조는 자신이 침을 맞고자 이형익을 불렀다. 이형익
은 대간의 탄핵을 받은 처지라며 입궁하지 않았다. 그러자 사헌
부와 사간원 관원들이 출근도 하지 않고 이형익의 국문을 계속
요구했다. 심지어 홍문관 관원들까지 가세했다. 그래도 인조는
요지부동이었다. 되레 이형익을 몰래 불러 승지와 사관을 모두
물리치고 뜸을 뜨기까지 했다.

이 때문에 암암리에 인조가 이형익에게 명해 세자를 죽였다
는 말이 돌았다. 소현세자의 시신을 보고 온 사람들에 의해 시신

이 새까맣게 변해 있었고 배 속에서는 피가 쏟아졌다는 소문이 돌았기 때문이다. 현재까지도 인조가 이형익을 시켜 소현세자를 독살했다는 설이 있다.

한편 그 무렵 소현세자에 이어 세자에 오른 세자 호(봉림대군, 훗날 효종)가 오랫동안 감기로 고생하고 있었다. 내의원의 여러 의관들이 누차 처방전을 만들어 약을 썼으나 좀체 낫지 않았다. 그러자 인조는 이형익을 불러 진맥하라고 했다. 이형익이 세자의 맥을 짚어보더니 이렇게 말했다.

"이 병은 사질邪疾(사악한 질병)이므로 사기를 다스리는 혈에다 침을 놓아야 합니다."

그래서 인조가 이형익에게 침을 놓으라 하니, 세자가 거부하며 말했다.

"이것은 감기입니다. 어찌 사질이겠습니까."

세자 호의 거부에도 인조는 계속해서 이형익의 침을 맞으라고 강권했다. 그래도 세자는 끝까지 거부했고, 결국 침을 맞지 않고도 며칠 만에 나았다. 인조와는 달리 대다수 신하들은 물론이고 세자까지 이형익의 의술을 한낱 요술이라 생각하여 믿지 않았던 것이다.

당시 인조는 여전히 여러 병증에 시달렸는데, 재위 24년(1646) 1월엔 어의들을 불러 이런 말을 했다.

"이달 초부터 열이 가끔 위로 치밀어 가슴이 답답하더니 근래에 들어서 증세가 더욱 심해지고 있는데, 독을 먹은 데서 오는 증상인 것 같다."

이후 이형익이 들어와 진찰을 하고 독을 제거하는 처방을 올렸다. 덕분에 인조는 호전되었다. 이처럼 이형익이 처방만 하면 건강이 되돌아오곤 했기 때문에 인조가 그의 의술을 절대적으로 신뢰하는 것은 당연했다.

이후 인조는 이형익에게 김포 군수 벼슬을 내렸고, 여전히 몸에 이상만 있으면 이형익을 불러 침을 맞거나 뜸을 떴다. 그 때문에 조정에서 비판이 있자, 아예 조정 신하들 모르게 이형익만 불러 치료를 받았다. 인조 26년(1648) 6월 30일 자 실록엔 이런 기록도 있다.

한밤중에 상이 요안혈에 뜸을 떴다. 이형익이 아뢰었다.

"요안혈에 뜸을 뜨는 것은 비밀스럽게 해서 사람들이 모르게 해야 합니다."

한밤중이 된 뒤에 상이 은밀히 형익 등을 불러 좌우의 요안혈에 뜸을 뜨게 하여 정원에서 모르게 하였다. 형익은 인품이 어리석고 외람되며 행동거지가 추솔하였으므로 상의 앞에서 말을 가리지 않았는데, 상도 그것을 나무라지 않았다.

요안혈은 제4요추 극돌기 아래서 옆으로 3.5촌 되는 지점에 있는 혈로서, 주로 요산요통을 치료할 때 이곳에 뜸을 뜬다. 당시 인조는 요산요통에 시달렸던 모양이다. 그런데 요안혈에 뜸을 뜬 것이 별다른 효과를 보이지 않자, 1개월 뒤인 7월 28일에 인조는 다시 치료를 받기 위해 약방 관련 신하들과 어의들을 불렀다. 물론 이형익도 동석했다.

"요안혈에 뜸을 뜨고 난 뒤에도 별로 차도가 없으니, 아직 딱지가 떨어지지 않아서 그런 것이 아닌가."

그러자 대사헌 조경이 아뢰었다.

"지난번 요안혈에 뜸을 뜬 일은 뜻밖에 나온 일이어서 신들이 창졸한 가운데 계청할 겨를이 없었습니다. 그 뒤 여러 의서를 상고하여 보니, 요안혈에 뜸을 뜨는 것이 실로 치료를 주관하고 있기는 하였습니다만, 상의 병환에는 합당하지 않았습니다. 형익이 망령되이 시행한 죄를 추고하게 하소서."

하지만 인조는 조경의 말에 동의하지 않았다.

"딱지가 아직 떨어지지 않았으니 우선 기다리라."

이후 이형익이 번침을 잡고 13개의 혈에 침을 놓았다. 그리고 이후로도 매일같이 이형익을 불러 침을 맞았다.

이듬해인 재위 27년(1649) 5월에 인조는 몸에 열이 자주 나는 등 학질 증세를 보였다. 물론 그때도 매일매일 이형익을 불러 침을 맞았다. 그러다 5월 7일에 증세가 악화되어 위독한 지경에 이르더니 결국 다음 날 생을 마감하고 말았다.

인조가 죽자 조정에서는 이형익을 사형에 처해야 한다고 주청했다. 이형익으로서는 다행히도 효종이 인조가 아끼던 의원인 만큼 사형은 안 된다고 거부한 덕에 유배되는 데 그쳤다.

함경도 경원으로 유배된 이형익은 그곳에서 2년을 지냈다. 그리고 효종 2년(1651)에 인조의 계비 장렬왕후 조씨가 병상에 눕자, 효종이 그를 특별 방면하라는 지시를 내렸다.

"왕대비의 증세가 차츰 위급해지고 있어 침의 이형익을 특별히 석방하니 말을 지급하여 들어오게 하라. 일이 다급한데 길은 멀어 마음이 초조하기 그지없다. 즉시 거행하고 잠시라도 지체하지 말라."

이에 사헌부에서 이형익의 석방은 불가하다고 간했지만, 효종은 명을 거두지 않았다.

이 기록을 끝으로 이형익은 더 이상 실록에 등장하지 않는다. 당시 중병을 앓았던 장렬왕후가 회생하여 숙종 14년(1688)까지 살았던 것을 보면 이형익의 치료 덕에 회복된 것으로 추정된다. 하지만 이형익이 다시 내의원으로 돌아왔다는 기록은 확인되지 않는다. 이후에 이형익을 다시 부른 기록도 없는 것으로 미루어 유배에서 풀려난 지 오래지 않아 생을 마감한 것으로 보인다.

한낱 마의에서 어의로 발탁된 까막눈 백광현

백광현은 현종, 숙종 때 침으로 이름을 날린 의관이다. 인조 3년
(1625)에 태어난 그는 미천한 출신이었으며 글자를 알지 못했다
고 전해진다. 어떻게 의술을 익히게 되었는지도 알려지지 않았
다. 그는 의술 가운데 특히 침술에 뛰어났으며, 그중에서도 침으
로 종기를 치료하는 독특한 의술을 가지고 있었다. 그런데 특이
하게도 그는 자신의 침술을 말을 고치는 데 먼저 사용했다. 이와
관련하여 영조 때 문인 정내교가 남긴 《완암집》에는 이런 기록
이 전한다.

　광현은 본래 말의 병을 잘 고쳤는데, 침만 써서 치료했고 의서를
따른 것이 아니었다. 세월이 흘러 솜씨가 더욱 노련해지자 사람의
종기에도 시술해보았는데, 왕왕 신통한 효험이 있어 마침내 사람

의 치료를 전문으로 하게 되었다. 여염집을 두루 돌아다니며 다양한 종기를 볼 수 있어 지식은 더욱 정심해졌고, 침술은 더욱 훌륭해졌다.

이렇듯 백광현은 처음엔 말의 병을 고치는 마의였다가 사람의 병을 고치는 의원으로 성장했다. 요즘의 수의사에 해당되는 마의는 원래 의원으로 취급받지 못하는 천한 직종이었다. 그래서 의과에 합격하여 의관이 된 사람들도 마의가 되는 것을 몹시 꺼렸다. 하지만 백광현은 말을 치료하는 것을 결코 마다하지 않았다. 더구나 그는 오직 침으로만 말을 치료했는데, 그의 치료법은 종래의 어떤 책에도 실려 있지 않은 독특한 방법이었다. 말하자면 스스로 침을 통해 종기를 치료하는 법을 터득한 셈이었다. 그는 자신의 종기 치료법을 말뿐만 아니라 사람에게도 적용했고, 이후 오직 침으로만 많은 사람들의 종기를 고쳐 신침神鍼이라는 찬사를 들었다.

침을 통한 그의 종기 치료법에 대해《완안집》은 또 이렇게 쓰고 있다.

독성이 강하고 뿌리가 깊은 종기는 옛 처방에 치료법이 없었다. 그러나 광현은 환자를 치료하게 되면 꼭 대침大鍼을 써서 환부를 찢어 독을 제거하고 뿌리를 뽑아 죽어가는 사람을 살려냈다.

이 내용은 백광현이 종기를 절개하여 치료하는 시술을 했음을 알려준다. 당시엔 종기를 절개하는 시술을 행하는 의사는 없었는데 백광현이 최초로 종기 절제술을 행했다는 뜻이다.

물론 백광현의 종기 절제술이 항상 성공했던 것만은 아니었다. 그는 절제술을 너무 과신한 탓에 때론 환자를 죽게 만들기도 했다. 그럼에도 많은 환자들이 그에게 몰려든 것은 사망에 이른 사람은 아주 극소수일 뿐 대다수의 환자를 살려냈기 때문일 것이다. 또 그는 자신의 의술을 더욱 정교하게 다듬어 치료 중 환자가 죽는 사태를 없앴다. 이후 그는 신의라는 소리를 들으며 전국으로 이름을 떨쳤다.

그의 명성이 서울까지 흘러가자 내의원에서 그를 의관으로 채용했고, 곧 종기 치료를 전문적으로 가르치는 치종교수로 삼았다. 그리고 마침내 어의의 자리까지 올라 그의 이름이 실록에 실리게 되었다.

실록에 그가 처음 등장한 것은 46세 때인 현종 11년(1670) 8월 16일이다. 이때 현종이 병을 앓고 있었는데, 백광현은 이동형, 윤후익, 김유현, 이후담 등의 의관들과 함께 현종을 치료한 공로로 벼슬과 상을 받았다. 이후 한동안 백광현의 이름은 보이지 않다가 무려 14년 뒤인 숙종 10년(1684) 5월 2일에 이르러 다시 등장한다. 이때 백광현은 이미 60세의 노구였다. 이날의 기록은 이렇다.

의관 백광현을 특별히 강령 현감에 임명하였다가 이어 포천 현감으로 바꾸었다. 의관의 수령 임명이 여러 번 임금의 비답에서 나와 세상 사람들의 마음이 진실로 이미 만족하게 여기지 않았던 데다가 백광현이 미천한 출신이고 또 글자를 알지 못함에도 별안간 이 벼슬을 임명하기에 이르렀으니, 사람들이 모두 놀랐으며 대론臺論(사헌부의 반대)이 거듭 일어났으나 끝내 윤허하지 않았다.

숙종은 백광현의 의술을 매우 높게 평가했다. 그래서 어떻게 해서든 대우를 해주기 위해 벼슬을 내린 것인데, 조정 신하들은 그의 출신이 미천하고 문자도 모른다는 점을 이유로 극력 반대했다. 하지만 숙종은 끝까지 뜻을 굽히지 않고 그의 벼슬을 거두지 않았다.

이후로도 백광현은 꽤 연로한 나이까지 어의 생활을 계속했다. 그의 나이 72세 때인 숙종 22년(1696) 12월 7일 자 실록에 이런 기사가 있다.

약방에서 입진하기를 청하니, 윤허하고 이어서 하였다.
"요즈음 혹 신기(신장)가 허약할 것이라는 한 가지 의논이 있는데, 이것은 설파하지 않을 수 없다. 무오년(1678)에 크게 앓고 나서부터 일생 동안 삼가고 조섭하는 것을 애쓰니, 이 말은 크게 제목에서 벗어난다. 이렇게 귀일歸—하여 약을 의논하라."

일전에 약을 의논할 때 노의老醫 백광현이 '성상의 환후는 신기가 허약하여 습담濕痰(습기가 원인이 되어 생기는 가래)이 힘을 쓰기 때문에 그러하다'고 말하였으므로, 임금의 분부가 이러하였다.

백광현은 이로부터 얼마 지나지 않아 이듬해에 73세를 일기로 사망했다. 그의 행적은 《완암집》에 다음과 같이 기술되어 있다.

숙종 초에 어의에 뽑혀 공이 있을 때마다 품계가 더해져 숭품崇品(높은 품계)에 이르렀고, 여러 벼슬을 두루 거쳐 현감이 되니, 항간에서는 영광스럽게 여겼다. 그는 병자를 보면 귀천과 친소를 가리지 않고 부르는 즉시 달려갔고, 가서는 반드시 정성과 기량을 다해 환자가 좋아진 것을 본 뒤에야 그만두었다. 나이가 많고 귀한 몸이 되었다는 핑계로 게으르지 않았으니, 단지 그 기술과 재주가 그렇게 시킨 것이 아니라 대개 천성이 원래 그러했던 것이다.

이에 덧붙여 《완암집》의 저자 정내교는 자신의 경험 한 토막도 들려준다.

내 나이 열다섯 살 때 외숙 강군이 입술에 종기가 나서 백 태의를 불러 보이니, 그가 말하였다.
"안 되겠습니다. 이틀 전에 보지 못한 것이 유감입니다. 어서 장사

지낼 준비나 하십시오. 반드시 오늘 밤을 못 넘길 것입니다."

밤이 되자, 과연 그의 말과 같이 되었다.

이때 백 태의는 아주 늙은 노인이었다. 그러나 신묘한 진단은 여전하여 환자가 죽을지 살지를 알아 털끝만 한 실수도 없었다.

백광현이 세상을 떠난 뒤 그의 아들 백흥령이 의업을 계승했다. 백흥령도 의술이 뛰어나긴 했지만 결코 아버지에 미치지 못했다고 전해진다. 백광현의 제자 박순 또한 의술이 뛰어났지만 역시 스승에 미치지 못했다. 그래서 세간에서는 심한 종기를 앓아 고칠 수 없는 상태에 이르면 이런 말을 했다고 한다.

"세상에 백광현이 없으니, 아아, 죽는 일만 남았구나."

이렇듯 백광현의 침술이 유명하니, 심지어 《승정원일기》에는 영조가 백광현을 침의를 뽑는 기준으로 삼으라며 남긴 말이 기록되어 있다. 그만큼 백광현의 침술이 대단했음을 시사한다.

"지금 이후로 약은 허임만 못하고 침술은 백광현만 못하다면 일체 선조先朝(숙종) 때 수교대로 외방의 유의儒醫로 하여금 의약의 대열에 참여하지 못하게 하라."_영조 즉위년(1724) 9월 29일

고약 하나로 종기 치료의 명인이 된 피재길

피재길은 정조 대의 명의다. 그의 집안은 대대로 의원 생활을 했고, 피재길 역시 어린 시절부터 아버지의 의술을 접했다. 피재길의 아버지는 특히 종기 치료에 남다른 능력을 보였다. 백광현처럼 침으로 종기를 치료하지는 않았고, 자기 나름대로 약을 배합하는 비방으로 고약을 만들어 썼다. 피재길 또한 아버지의 고약을 발전시켜 종기 치료의 명인이 되었다.

그런데 그는 아버지로부터 종기 치료법을 배운 것이 아니었다. 그가 너무 어렸을 때 아버지가 세상을 떴기 때문이다. 이에 대해 홍양호의 《피재길소전》에는 이렇게 전한다.

아버지가 세상을 떴을 때, 재길은 아직 어려 아버지의 의술을 전수받지 못했으므로 어머니가 듣고 보았던 여러 처방을 그에게 가르쳐주었다. 재길은 의서를 읽은 적이 없고, 다만 약재를 모아 고약을 고는 법만 알 뿐이었다.

피재길은 의술을 익히지 못한 상태에서 어머니에게서 들은 내용만으로 고약을 제조하여 팔았다. 그 때문에 의원 축에도 끼지 못하는 위인이었다. 그런데 다른 것은 몰라도 피재길의 고약이 종기에는 꽤 효험이 있었던 모양인지 양반가에서 그의 고약으로 종기를 고친 일이 많았다.

그런 가운데 정조 17년(1793)에 이름을 세상에 알릴 만한 뜻밖의 기회가 찾아왔다. 당시 정조는 머리에 난 부스럼 때문에 매우 고통스러운 나날을 보내고 있었다. 어의들이 침과 약을 번갈아서 써보았지만 도통 차도가 없었다. 더구나 한여름이었다. 날씨 탓에 부스럼이 한층 심해져 종기가 얼굴과 턱까지 번져갔다. 내의원은 어쩔 줄을 몰라 허둥댔고, 조정 대신들은 백방으로 정조의 종기를 치료할 처방을 찾아다녔다. 그러다 한성의 양반가에서 피재길의 고약이 종기에 특효약이라는 소문을 듣게 되었다. 대신 중 하나가 정조에게 피재길의 이름을 거론하자, 정조는 당장 피재길을 대궐로 불러들였다. 당시 상황을《피재길소전》은 이렇게 전한다.

그런데 재길의 이름을 아뢰는 사람이 있어 불러들이라 명하여 증세를 대고 물어보았다. 재길이 지체가 천한 탓에 벌벌 떨고 땀을 쏟으며 대답을 하지 못하니, 좌의 내의들이 모두 속으로 비웃었다. 정조께서 재길에게 가까이 와서 진찰하게 하시었다.

"두려워하지 말고 네 의술을 다 발휘해보도록 하라."

"소인에게 한 가지 써볼 만한 처방이 있습니다."

물러가서 약을 만들어 올리라고 명하자, 곧 웅담을 여러 약재와 배합해 고아서 고약을 만들어 환부에 붙였다. 정조께서 며칠이면 낫겠느냐 하문하시자, 재길이 이렇게 대답하였다.

"하루면 통증이 가라앉고 사흘이 지나면 나을 것입니다."

얼마 지나지 않아 과연 재길의 말과 꼭 같았다. 정조께서 약원에 유시하셨다.

"약을 붙이고 조금 지나자 전날의 통증을 씻은 듯 잊었으니, 지금 세상에 숨은 기술과 비방이 있을 줄은 생각지도 못하였다. 의원은 명의라 할 만하고 약은 신방神方이라 할 만하다."

이렇게 해서 피재길은 졸지에 내의원 의관으로 채용되었다. 그 내용이 정조 17년 7월 7일 자《일성록》에 다음과 같이 기록되어 있다.

내의원이 아뢰었다.

"의인 피재길은 의술이 매우 정통하여 같은 무리 중에 뛰어납니다. 금번에 부스럼이 20일이나 되었는데 훌륭한 처방을 조제하여 올리자 바로 신기한 효과가 나타났고 하루이틀 지나자 점점 더 나아서 회복되었으니, 성심을 다하여 공을 세운 것에 대해 의당 별도의 포상이 있어야 할 것입니다. 피재길을 우선 침의로 더 차하差下하고, 이어 해당 조로 하여금 동반東班이나 서반西班 6품 정직에 즉시 조용하게 하는 것이 어떻겠습니까? 그리고 성상의 기후가 완쾌되기를 기다려 다시 가등加等하여 논상論賞하는 것이 어떻겠습니까?"

이에 윤허하였다.

이후 피재길은 나주 감목관에 임명되었다. 한순간에 6품 벼슬에 오른 것이다. 동시에 내의원의 침의로 임명되었다.

그런데 피재길의 고약이 항상 정조의 종기 치료에 특효약인 것은 아니었던 모양이다. 그래서 정조는 재위 18년(1794)에 《일성록》에 이렇게 썼다.

성정각誠正閣에서 약원 제조 정창순과 부제조 정대용을 소견하였다. 약원이 계청하여 입진한 것이다.

내가 일렀다.

"가슴앓이 증세는 답답함으로 나를 힘들게 하고 부스럼증은 가려움을 수반하여 밤새도록 잠을 설친다. 연일 열을 식히는 탕제를 복용하고 또 고약도 쓰고 있으나 이렇다 할 효험이 없으니 피재길이란 자가 참으로 영험하지 못하구나."

정조는 피재길의 고약에 기대가 컸는데 낫지 않자 실망감을
드러냈던 것이다. 그 뒤로 정조는 피재길을 자주 찾지 않았다.
그러다 재위 24년(1800)에 아주 심한 종기에 시달리게 되자, 다
시 그를 불렀다. 당시 정조의 병증은 매우 심각한 상태였다. 정
조는《일성록》에 당시 상황을 이렇게 적었다.

이시수가 아뢰었다.

"조섭하시는 중이라 조금이라도 오래 앉아 계시기는 어려울 듯하
니 의관들에게 진찰해보게 하는 것이 어떻겠습니까?"

이에 내가 일렀다.

"피재길에게 방외方外의 의관 김한주, 백동규와 함께 들어와서 진
찰하게 하라."

피재길 등이 진찰을 마친 뒤 내가 일렀다.

"나미반糯米飯(찹쌀밥)을 붙인 뒤 고름이 꽤 많이 나왔는데, 지금은
얼마나 곪았는가?"

김한주가 아뢰었다.

"지금은 푹 곪았다고 할 수 있겠습니다."

그러자 백동규가 아뢰었다.

"비록 고름이 많이 나왔지만 아직도 푹 곪지는 않았습니다."

하지만 각종 처방에도 정조는 회복되지 않았다. 그래서 좌의정 심환지의 추천을 받아 의원 심인을 들여 연훈방으로 치료하게 했다. 연훈방이란 약재를 태워 그 연기로 치료하는 방술이다. 물론 심인이 연훈방을 행할 때 피재길과 다른 의관들도 동석했다. 연훈방은 일시적으로 정조의 고통을 완화하기는 했으나 병을 치료하지는 못했고, 결국 정조는 눈을 감고 말았다.

정조가 사망하자 치료에 참여했던 의관들이 모두 처벌을 받았고, 피재길도 처벌을 피할 수 없었다. 연훈방을 행했던 심인은 물론이고 피재길 역시 사형될 위기에 처했으나 수차례의 논의 끝에 유배형으로 결정되었다. 이후 피재길은 무산부에서 2년 동안 유배 생활을 하다가 순조 3년(1803)에 석방되었다. 피재길에 대한 기록은 더 이상 발견되지 않아 이후의 행방은 알 수 없다.

Medical

5장

조선 의학의
초석이 된 의서

朝鮮

동서양을 막론하고 인류는 고대로부터 질병을 극복하기 위해 각고의 노력을 해왔다. 그리고 18세기에 이르러 서양에서 산업혁명이 일어나 과학이 급속도로 발전하자, 그 여파로 의학 역시 대단한 성과를 일궈냈다. 그러한 서양의 의학은 제국주의 시대에 이르러 동양으로 전파되었고, 한국 또한 서양의학을 도입하여 100여 년을 노력한 끝에 현대의 의학 체계를 마련했다. 그 과정에서 수천 년을 이어오던 우리의 전통 의학은 서양의학을 보조하는 수단으로 전락하기에 이르렀다. 그러다 보니 과거 조선시대의 의학은 한의학이라는 이름표를 단 채 퇴락한 과거 문화로 취급받는 상황이 되었다.

하지만 적어도 100년 전까지 한의학은 조선 백성이 의지하는 유일한 의학 체계였다. 그 의학 체계는 단순히 조선 500년 동안 형성된 것이 아니라 수천 년 동안 동아시아 백성을 위협하던 질병과 싸우면서 만들어낸 위대한 의학 유산이었다. 그 유산의 중심이 된 것이 바로 의학 서적, 즉 의서들이었다.

우리 전통 의학을 일군 의서의 뿌리는 《황제내경》이 시초다.《황제내경》이후로 수천 종의 의학 서적이 저술되었고, 조선은 그 의서들을 바탕으로 조선만의 독자적인 의료 체계를 갖출 수 있었다. 이제 조선 의학의 초석이 된 의서들을 살펴본다.

동양의학의 뿌리, 《황제내경》

동양의학을 거론하자면 《황제내경黄帝內經》을 빼곤 그 어떤 이야기도 할 수 없다. 《황제내경》은 동양의학의 뿌리라고 해도 과언이 아니다. 중국, 한국, 일본, 베트남 등에서 성립된 전통 의학은 모두 《황제내경》에서 비롯되었기 때문이다. 조선의 의학 또한 《황제내경》의 영향권에서 결코 벗어날 수 없었다. 실록에도 《황제내경》을 언급한 기록이 있는데, 세조는 재위 7년(1461) 10월 6일에 이런 명령을 내렸다.

"의학의 취재를 할 때에는 《황제소문黄帝素問》을 아울러 강講하라."

여기서 말하는 《황제소문》이란 《황제내경》의 〈소문素問〉 편을 일컫는다. 《황제내경》은 〈소문〉과 〈영추靈樞〉로 나뉘는데, 각각 9권 162편으로 구성되어 있다. 중국의 문명 개조로 일컬어지는 전설상의 제왕 황제黃帝와 그의 신하인 기백, 뇌공 등이 의학 문제로 대화하는 내용이다.

《황제내경》은 《황제외경》과 쌍을 이루는 책이었다. 하지만 현재 《황제외경》은 전하지 않고, 《황제내경》만 남아 있다.

이 책이 완성된 시점은 중국의 전국시대에 해당하는 기원전 3세기경으로 추정된다. 말하자면 황제가 살았다고 전해지는 기원전 2500년경에 처음 만들어져 전국시대까지 2000년 동안 지속적으로 내용이 추가된 끝에 이 무렵에 완성되었다는 뜻이다.

대개 한의학은 내경과 외경을 중심으로 잡병과 탕액, 침구 등 5개 분야로 나누는 것이 일반적이다. 내경은 주로 오장육부의 구조와 기능을 다루고, 외경은 머리, 얼굴의 이목구비, 피부, 뼈, 항문, 손발 등 몸의 외부에 대해 살핀다. 잡병은 갖가지 질병에 대한 치료법, 탕액은 약재의 종류와 사용법, 침구는 침과 뜸의 사용법을 다룬다.

그런데 《황제내경》은 전체를 〈소문〉과 〈영추〉로 나누고, 〈소문〉에서는 음양오행설을 기초로 오장육부와 경락經絡, 병기病機(병증), 진법診法(진단법), 치칙治則(다스리는 법), 침구(침과 뜸), 방약方藥(약재와 제약법) 등에 관해 기술하고, 〈영추〉는 경락과 침구 분야에서 쓰이는 물리요법을 상세히 기술한다. 이 때문에 〈영추〉는 '침경針經'이라고도 한다. 한의학의 주요 이론은 〈소문〉 편에 망라된 셈이다. 이런 까닭에 조선에서 의관을 뽑는 의과에서

〈소문〉 편을 설명하는 시험을 보았다.

〈소문〉 편의 내용을 좀 더 구체적으로 설명하자면, 양생법, 질병의 증상, 질병에 대한 진단법, 치료법, 침구와 약재의 사용법 등 5개 분야로 나눌 수 있다.

양생법이란 간단하게 말해서 먹을 것을 가리고 몸과 마음을 다스려 건강한 몸으로 오래 살게 하는 방법을 일컫는다. 여기에는 상고천진론上古天眞論과 사기조신대론四氣調神大論이라는 두 가지 이론이 있다. 상고천진론은 고대로부터 건강법으로 알려진 내용을 정리한 것이다. 100세까지 건강하게 살기 위해서는 음식물 섭취를 적당히 해야 한다는 것, 계절의 변화에 맞춰 조화로운 생활을 할 것, 몸과 마음을 피로하지 않게 할 것, 술에 취한 상태에서 성관계를 하지 말 것 등의 내용을 담았다. 사기조신대론은 사계절에 따라 몸과 마음을 조화하는 방법을 설명하는데, 계절에 따른 운동법과 생활 방법을 다루고 있다.

질병의 증상과 관련해서는 인체의 모든 부분에 대한 병증을 다루기 때문에 그 내용이 매우 복잡하다. 기초는 음양오행설이고, 그에 따라 기혈의 흐름을 12경맥으로 나누고, 장기를 오장육부로 나누어 설명한다. 인간의 장기는 오장을 중심으로 형성되어 있고, 육부는 오장을 보조하는 장기로 간주한다. 오장은 간장, 심장, 비장, 폐장, 신장을 의미하고, 육부는 위, 담낭, 소장, 대장, 방광, 삼초三焦를 일컫는다. 여기서 삼초란 서양의학에는 없는 개

넘인데, 인체의 상체를 상초, 중초, 하초 등 3개 부분으로 나눈 것이다. 상초는 목 아래부터 명치까지를 의미하고, 중초는 명치 아래부터 배꼽까지, 하초는 배꼽 아래부터 방광까지를 의미한다. 이렇게 구분하는 것은 몸통을 구분하여 치료를 용이하게 하기 위함이다. 《황제내경》은 이 오장육부를 잘 관리하는 것이 건강의 관건이며, 오장육부의 균형과 조화가 무너지는 것을 병이라고 규정한다. 따라서 병의 치료는 당연히 오장육부의 균형과 조화를 되찾는 데 있다.

하지만 오장육부의 어느 곳에 문제가 생겼는지 알아내는 방법도 간단하지 않다. 그래서 진단법이 필요한데 진단법 역시 매우 전문적이고 복잡하다. 주로 진맥으로 진단을 하며, 맥의 종류도 다양하고 맥을 짚는 방법과 능력을 익히는 데도 상당한 시간이 소요된다. 맥은 계절에 따라 달라지는데 봄의 맥은 현맥弦脈이라고 하고, 여름의 맥은 홍맥洪脈, 가을의 맥은 부맥浮脈, 겨울의 맥은 침맥沈脈이라고 한다. 봄의 현맥은 거문고의 팽팽한 줄을 뜯는 것처럼 느껴진다고 해서 붙은 이름이고, 여름의 홍맥은 파도가 솟는 것처럼 힘이 있다는 의미다. 또 가을의 부맥은 어딘가 들떠 있는 것 같은 느낌이라 가볍게 짚어도 쉽게 느껴진다는 뜻이고, 겨울의 침맥은 깊게 누르지 않으면 느낄 수 없기 때문에 붙은 이름이다.

진맥 외에도 병을 진단하는 방법에는 몇 가지가 더 있다. 환자에게 어디가 불편한지 물어보는 문진問診이나 환자의 외부 상태를 관찰하는 망진望診도 있다.

치료법에 관련해서는 계절에 따라 음식과 생활 습관 등을 음양오행의 원리와 조화롭게 하는 것에 기초하여 침, 뜸, 약 등으로 치료하는 내용을 골자로 하고 있다. 침, 뜸, 약을 사용하는 방법은 매우 까다롭고 세밀하므로 이에 대한 내용 역시 매우 구체적이다. 특히 뜸과 침은 그 사용법이 상당히 난해하여 《황제내경》은 〈영추〉 편에서 이 내용을 별도로 설명한다. 이 과정에서 물리치료법을 병행하는 방법도 소개하고 있다.

우리나라에서 가장 오래된 의서,《향약구급방》

《향약구급방_{鄕藥救急方}》은 고려시대에 편찬된 의서로, 현존하는 우리나라 의약 서적 가운데 가장 오래된 책이다. 이 책이 처음 간행된 것은 원나라가 고려를 침입하여 수도를 강화도로 옮겼던 1236년경이다. 당시《팔만대장경》을 간행하기 위해 설치된 대장도감에서 백성의 치료에 도움을 주기 위해 인쇄하여 배포했다.

책명에 '향약'이라는 표현이 들어간 것은 우리나라의 약재를 기반으로 치료한다는 의미가 담겨 있다. 당시 중국에서 수입되는 약재를 당재_{唐材} 혹은 당약이라고 불렀고, 우리나라에서 생산되는 약재는 향약이라고 했다.

《향약구급방》은 비록 고려 고종 때 간행되긴 했지만, 이미 그 이전부터 전해지던 책으로 보인다. 이 책은 전문 의학 서적이라기보다는 일반 백성이 병증에 손쉽게 대처하게 하기 위한 대중

서로 만들어졌다.

이 책은 3권 1책으로, 내용이 매우 간략하고 찾아보기 쉽게 구성되어 있다. 상, 중, 하 3권이며, 상권은 18목, 중권은 25목, 하권은 12목으로 이루어져 있다. 목마다 하나의 병증과 그에 대한 치료법이 다양하게 서술되어 있다. 상권 18목에서는 주로 일상생활 가운데 흔히 걸리는 질병을 다루고, 중권 25목에서는 종기나 치질, 눈병이나 귓병 등 다소 중증에 해당하는 질병을 다루며, 하권 12목에서는 부인병이나 소아병, 학질이나 중풍과 같이 특이병을 다룬다.

《향약구급방》의 장점은 병증과 치료법 위주로 이뤄져 있어 의사가 아니더라도 글만 잘 이해하면 치료법을 활용할 수 있다는 데 있다. 말하자면 전란이 한창인 상황에서도 책만 읽을 수 있으면 웬만한 병증에 적용할 수 있도록 만든 것이다. 이를 위해 처방약의 명칭에는 백성이 흔히 쓰는 속명을 함께 썼다. 또 부록으로 필요한 약재 180여 종을 채취하는 방법도 실었다.

《향약구급방》은 우리나라 각지에서 구할 수 있는 약재를 사용하여 병을 고치는 방도를 나열했기 때문에 당시 백성에겐 가장 요긴한 책이었다. 이런 까닭에《향약구급방》은 당시 고려인이 가장 애용한 의서가 되었다. 조선시대에 이르러서도 나라 곳곳에 가장 널리 배포된 의서로 기록되어 있다.

태종 때엔 경상도 지역에서 이 책을 자체 간행한 적이 있었고,

세종 9년(1427) 9월 11일에 나주 목사 황자후의 건의를 받아들여《향약구급방》을 인쇄하여 전국 각처에 배포하도록 지시하기도 했다.《향약구급방》은 의서로서는 당대 최고의 베스트셀러였던 셈이다.

그러나 고려시대에 간행한《향약구급방》은 현재 남아 있지 않다. 현존하는 간행본 중에 가장 오래된 것은 조선 태종 17년(1417)에 경상도 의흥현(지금의 경북 군위군 의흥면)에서 간행한 것인데, 그것마저도 일본 궁내청 서릉부에 소장되어 있는 한 권이 유일하다.

조선 최초의 향약 사전, 《향약집성방》

조선에서 의학 발전에 가장 심혈을 기울인 왕은 세종이었다. 세종은 조선의 의학은 조선에서 산출되는 약재를 기반으로 발전해야 한다는 믿음이 매우 확고했다.《향약집성방鄕藥集成方》은 그런 세종의 염원을 기반으로 편찬된 조선 최초의 의학 사전으로, 85권 30책으로 구성되었다.

《향약집성방》이 완성된 때는 세종 15년(1433) 6월 11일이었다. 이와 관련하여 실록은 이런 기록을 남기고 있다.

《향약집성방》이 완성되었다. 권채에게 명하여 서문을 쓰게 했는데, 그 내용은 이렇다.

"신농神農과 황제黃帝 이후 대대로 의관을 두어 만백성의 병을 맡아보게 하였다. 유명한 의사가 병을 진찰하고 약을 쓰는 데는 모두 기질에 따라 방문을 내는 것이요, 처음부터 한 방문에만 구애되는 것은 아니다. 대개 백 리나 천 리쯤 서로 떨어져 있으면 풍속이 다르고, 초목이 생장하는 것도 각각 적당한 곳이 있고, 사람의 좋아하는 음식도 또한 습성에 달린 것이다. 그러므로 옛 성인聖人이 많은 초목의 맛을 보고 각 지방의 성질에 순응하여 병을 고친 것이다.

오직 우리나라는 하늘이 한 구역을 만들어 대동大東을 점거하고, 산과 바다에는 무진장한 보화가 있고 풀과 나무에는 약재를 생산하여 무릇 민생을 기르고 병을 치료할 만한 것이 구비되지 아니한 것이 없으나, 다만 옛날부터 의학이 발달하지 못하여 약을 시기에 맞추어 채취하지 못하고, 가까운 것을 소홀히 하고 먼 것을 구하여, 사람이 병들면 반드시 중국의 얻기 어려운 약을 구하니, 이는 7년 병에 3년 묵은 쑥을 구하는 것과 같을 뿐만 아니라, 약은 구하지 못하고 병은 이미 어떻게 할 수 없게 되는 것이다.

민간의 옛 늙은이가 한 가지 약초로 한 병을 치료하여 신통한 효력을 보는 것은, 그 땅의 성질에 적당한 약과 병이 서로 맞아서 그런 것이 아닐까. 천 리를 멀다 하지 아니하고 펴지 못하는 무명지를 펴려고 하는 것은 사람의 상정常情인데, 하물며 나라 안에서 나가지 아니하고 병을 치료할 수 있는 것이랴. 알지 못하는 것을 걱정할 뿐이다.

예전에 판문하 권중화가 여러 책을 뽑아 모아서 《향약간이방鄕藥簡易方》을 짓고, 그 뒤에 또 평양백 조준 등과 더불어 약국 관원에게 명하여 다시 여러 책을 상고하고, 또 동인東人의 경험을 취하여 분류 편찬하고 목판으로 간행하니, 이로부터 약을 구하기 쉽고 병을 치료하기 쉬우므로, 사람들이 모두 편하게 여겼다.

그러나 방서方書가 중국에서 나온 것이 아직 적고, 약명이 중국과 다른 것이 많은 까닭에, 의술을 업으로 하는 자도 미비하다는 탄식을 면치 못하였다. 우리 주상 전하께서 특히 이에 유의하여 의관을 골라서 매양 사신을 따라 북경에 가서 방서를 널리 구하게 하고, 또 황제에게 신주申奏하여 대의원大醫院에 나아가서 약명의 그릇된 것을 바로잡으며, 선덕宣德 신해년(1431) 가을에 집현전 직제학 유효통, 전의 노중례, 부정 박윤덕 등에게 명하여 다시 향약방에 대하여 여러 책에서 빠짐없이 찾아내고 종류를 나누고 더 보태어 한 해를 지나서 완성하였다.

이에 구증舊證은 338가지인데, 이제는 959가지가 되고, 구방舊方은 2,803가지인데, 이제는 10,706가지가 되었으며, 또 침구법 1,476조와 향약본초鄕藥本草 및 포제법炮製法을 붙여서 합해 85권을 만들어 올리니, 이름을 《향약집성방》이라 하였다."

《향약집성방》 편찬의 기반이 된 책은 정종 1년(1399)에 제생원에서 간행한 《향약제생집성방鄕藥濟生集成方》이었다. 《향약제생집성방》은 모두 30권으로, 338종의 병증과 그에 대한 치료법 2,803건을 다루었는데, 《향약집성방》은 내용을 보완하여 병증 959종과 치료법 1만 706건을 다루고 있다. 이 밖에도 침구법

1,476건과 향약본초 및 포제법 등을 추가하여 85권으로 확대 개편했다.

이후 세종은 《향약집성방》을 전라도와 강원도에서 나누어 간행하게 했다. 그 뒤에도 성종 9년(1478)에 복간했고, 인조 11년 (1633)에 훈련도감 소활자로 다시 인쇄했다.

《향약집성방》 편찬 과정에서 향약과 당재를 비교 연구하는 작업은 물론이고 각 지역에서 생산되는 향약의 실태도 조사했으며, 향약을 체계적으로 채취하기 위해 《향약채취월령鄉藥採取月令》이란 책자를 찍어 반포하기도 했다.

조선 최대 의학 백과사전, 《의방유취》

《향약집성방》 편찬 이후에도 세종의 의학 확립 작업은 계속되었고, 그것은 《의방유취醫方類聚》의 간행으로 이어졌다. 《의방유취》는 중국의 《황제내경》에서부터 한, 당, 송, 원과 명나라 초기의 각종 의서를 모두 수집하여 만든 의서로서, 당시에 존재하는 모든 의학 지식을 집대성했다. 세종은 이 작업을 위해 재위 19년(1437)부터 2년간 꾸준히 북경에 사신과 역관, 의관 등을 파견하여 수많은 의서를 수집했다. 이후 집현전 학자인 김예몽, 유성원, 민보화, 김문, 신석조, 이예, 김수온 등과 의관 전순의, 최윤, 김유지 등을 동원하여 재위 24년(1442)부터 3년 동안 집중적으로 편찬 작업을 진행하여 마침내 재위 27년(1445)에 365권으로 완성했다. 안평대군과 도승지 김사철, 우부승지 이사순, 첨지중추원사 노중례 등의 감수도 거쳤다.

책명을 《의방유취》라고 한 것은 153종의 의서를 시대순으로 인용하여 분야별로 관련 학설과 이론을 모아 싣고, 그 뒤에 처방을 따로 취합한 것에서 비롯되었다. 《의방유취》는 학술적 가치는 물론이고 실용적 측면까지 고려하여 만든 의학 대사전으로, 그 당시로서는 획기적인 책이었다.

그런데 《의방유취》는 그 분량이 너무 방대하여 간행이 쉽지 않았다. 그래서 문종 때 여러 유생을 동원하여 필사본을 만들도록 했다. 이 작업에 참여한 관료들에겐 특별히 상을 내리기도 했다. 그렇지만 이후에도 《의방유취》에 대한 간행 작업은 쉽게 이뤄지지 못했다. 그래서 세조 때 이르러서는 축약본을 다시 편찬하는 작업을 했다. 이와 관련하여 실록은 세조 4년(1458) 4월 6일에 이런 기록을 남기고 있다.

예조에서 아뢰었다.

"세종대왕조에 찬술한 《의방류초醫方類抄》를 제방諸方에 비재備載하였지만, 그러나 권질卷秩이 호양浩穰하여 졸지에 간행하기 어려우니, 우선 간요한 방서를 가지고 분문 강습分門講習하소서."

이에 그대로 따랐다.

《의방류초》는 곧 《의방유취》를 일컬으며, '호양하다'는 '너무 많다'라는 뜻이다. 말하자면 《의방유취》를 여러 곳에 비치했지만, 분량이 너무 많아서 간행할 수 없으니, 중요한 내용만 추려서 배우게 하자는 것이었다.

이후 세조는《의방유취》를 좀 더 간편하게 만들라고 지시했고 그 작업은 성종 때까지 이어졌다. 마침내 성종 8년(1477)에 266권으로 줄여서 간행되었다. 간행 과정에서 여러 차례 수정을 거쳤는데, 워낙 분량이 방대하여 수정 작업도 쉽지 않았다. 그래서 수정 작업에 참여한 유생들이 작업을 제대로 하지 못했다 하여 벌을 받는 상황도 연출되었다. 또한《의방유취》에서 핵심 내용만 추려 초록본을 만든 후 전국에 배포하기도 했다.

이렇듯《의방유취》는 방대한 분량 탓에 간행과 배포에 어려움이 컸다. 같은 이유로 보관과 유지도 쉽지 않아 민간에는 배포되지 못했다. 간행한 수량 또한 많지 않았다. 설상가상으로 임진왜란 때 왜장 가토가 궁궐에 보관된《의방유취》를 약탈해 가져가고, 다른 보관본은 모두 화재로 소실되어 조선에서는 구할 수 없는 책이 되고 말았다.

《의방유취》가 조선에 다시 돌아온 것은 1876년 강화도조약 이후다. 당시 일본인 의사 기타무라가 일본에서 복간한 두 질을 조선에 선물한 것이다. 따라서 현존하는《의방유취》는 성종 때 간행한 266권의《의방유취》를 일본에서 복간한 것으로, 국내본은 완전히 사라지고 일본판만 남은 셈이다.

성종 때 간행된《의방유취》원간본은 지금 일본 궁내청 도서

관에 보관되어 있다. 원질 중 12권이 유실된 상태였으나 원간본의 형식에 따라 12권을 보충해 완본으로 중인했다. 또 일본 의사 기타무라가 조선에 선물한 일본판 복간본 두 질 가운데 한 질은 현재 연세대학교 도서관에 소장되어 있다.

약이 되는 음식을 다룬 식이요법서,《식료찬요》

《식료찬요食療撰要》는 약으로 쓸 수 있는 음식을 다룬 책이다. 이 책을 편찬한 인물은 세종, 세조 때의 내의 전순의였다. 전순의는 《의방유취》 편찬 작업에도 참여했는데,《의방유취》에서 음식으로 치료하는 식료食療 부분만 골라내 하나의 책으로 묶은 것이 《식료찬요》다.

이 책의 서문에서 전순의는 음식을 통한 치료의 중요성을 강조하며 이렇게 역설한다.

사람이 세상을 살아가는 데 음식이 으뜸이고 약물이 다음이다. 시기에 맞추어 바람과 추위와 더위와 습기를 막아주고, 음식과 남녀 관계를 절제한다면 무슨 이유로 병이 생기겠는가? (…) 옛 선조들이 처방을 내리는 데 먼저 음식으로 치료하고, 음식으로 치료가 되지 않으면 약으로 치료한다고 했으니, 음식의 효능이 약의 절반이 넘는다 하겠다. 또한 병을 치료하는 데 당연히 오곡五穀, 오육五肉, 오과五果, 오채五菜로 해야지, 어찌 마른풀과 죽은 뿌리에 치료법이 있겠는가? 이것이 고인이 병을 치료하는 데 음식으로 한 이유다.

전순의가 병을 치료하는 데 가장 우선되는 것은 약이 아니라 음식이라는 점을 골자로 《식료찬요》를 편찬하게 된 배경에는 세조의 《의약론醫藥論》이 있었다. 세조는 직접 《의약론》을 지어 배포하도록 지시했는데, 이와 관련한 내용을 실록은 세조 9년 (1463) 12월 27일 자 기사에 다음과 같이 남기고 있다.

임금이 《의약론》을 지어서 한계희, 노사신과 아종 등에게 보이고, 임원준에게 명하여 주해註解를 만든 후 인쇄 반포하게 하였다. 그 논論에 다음과 같이 말했다.

"무릇 병을 치료하고, 약을 사용하여 길흉을 바꾸고, 조화를 부리고, 화복을 정하는 것은 다만 그 차고 더운 것을 분변하여 처방 치료하는 데 있을 따름이요, 그 성盛하고 쇠衰함을 틈타서 일찍 도모하는 데 있을 따름이니, 8종種의 의원醫員도 그것을 엿보지는 못할 것이다. (…) 무엇을 8종의 의원이라고 하는가 하면 첫째가 심의心醫요, 둘째가 식의食醫요, 셋째가 약의藥醫요, 넷째가 혼의昏醫요, 다섯째가 광의狂醫요, 여섯째가 망의妄醫요, 일곱째가 사의詐醫요, 여덟째가 살의殺醫이다.

심의라는 것은 사람으로 하여금 항상 마음을 편안하게 가지도록 가르쳐서 병자가 그 마음을 움직이지 말게 하여 위태할 때에도 진실로 큰 해가 없게 하고, 반드시 그 원하는 것을 곡진히 따르는 자이다. 마음이 편안하면 기운이 편안하기 때문이다. 그러나, 병자와 더불어 술을 같이 마시고 깨어나지 않은 자가 있다면 이것은 심의가 아니다.

식의라는 것은 입으로 달게 음식을 먹게 하는 것이니, 입이 달면 기운이 편안하고, 입이 쓰면 몸이 괴로워지는 것이다. 음식에도 차고 더운 것이 있어서 처방 치료할 수가 있는데, 어찌 쓰고 시다거나 마른 풀이나 썩은 뿌리라고 핑계하겠는가? 지나치게 먹는 것을 금지하지 않는 자가 있는데, 이것은 식의가 아니다.

약의라는 것은 다만 약방문을 따라 약을 쓸 줄만 알고, 비록 위급하고 곤란한 때에 이르러서도 복약을 권하기를 그치지 아니하는 자이다.

혼의라는 것은 위태한 때에 임하여 먼저 당혹하고, 급할 때를 당하여 문득 망연하여 혼혼惛惛하기가 실성失性한 것 같아서 조치할 바를 알지 못하므로, 일을 보더라도 무슨 일인지를 알지 못하고 말을 들어도 무슨 뜻인지를 알지 못하며, 우두커니 앉아서 잠자코 자기가 해야 할 바를 제대로 하지 못하는 자이다.

광의라는 것은 자상히 살피지 아니하고, 갑자기 열약烈藥과 침폄針砭

등을 쓰기를 또한 꺼리지 아니하고, 스스로 말하기를, '나는 귀신을 만나도 공격하여 이길 수 있다'고 하나, 만약 무당의 제사를 만나면 문득 들어가서 술에 취하여 춤을 추는 자이다.

망의라는 것은 목숨을 건질 약이 없거나 혹은 병자와 같이 의논하지 않아야 마땅함에도 가서 참여하기를 마다하지 않는 자이다.

사의라는 것은 마음으로는 의원이 되려고 하나 의술을 잘못 행하고, 사실 온전히 의술을 알지 못하는 자이다.

살의라는 것은 조금 총명한 점이 있어서 스스로 의술이 넉넉하다고 생각하나, 세상의 일을 겪어보지 못하여 인도人道와 천도天道에 통달하지 못하며, 병자를 측은하게 여기는 마음도 일찍이 가진 적이 없어서 병에 이기기를 좋아하는 뜻을 굳게 지키면서 동쪽을 가지고 서쪽을 꺾으며, 말을 먼저 하고 난 뒤에야 마음에 구求하는데, 구하여도 얻지 못하면 억지로 부회附會하지만 그 의리義理에 합당치 않은 자이니, 어찌 아는 사람에게 부끄럽지 않겠는가? 아직도 미혹한 사람에게는 자랑하며, 거만하여 신인神人을 소홀히 여기어 종종 직업에 미혹한 짓을 범하니, 지금 당장 나타난 재액은 없다고 할지라도 어느 때에 그 행동을 고치겠는가? 이것을 살의라고 하는 것이다. 살의는 어리석은 사람이 아니라, 스스로를 옳다고 여기고 다른 사람을 그르다고 여기어 능멸하고 거만하게 구는 무리이다. 최하의 쓸모없는 사람이니, 마땅히 자기 한 몸은 죽을지언정 다른 사람은 죽이지 말아야 할 것이다.

또 무심한 의원이 있으니, 마음은 생生이 되나 근본은 생이 없는 것이다. 생이 없다면 병도 없을 것이요, 병이 없다면 의술도 없을 것이요, 의술이 없다면 아무 일도 없을 것이다."

세조가《의약론》에서 거론한 여덟 종류의 의사 중에《식료찬요》는 '식의', 즉 음식으로 치료하는 의사의 치료법을 담았다고 할 수 있다.

전순의는 식의의 입장에서《식료찬요》를 1책으로 편찬했다. 이 책을 편찬하면서 전순의는《식의심감食醫心鑑》과《식료본초食療本草》,《경사증류대전본초經史證類大全本草》 등을 참조하고 식치食治의 처방을 중심으로 서술했다. 그 내용은 모두 45문으로 이루어져 있는데, 상당히 일목요연하게 구성되어 찾아보기가 편리하다. 그래서 성종은《식료찬요》에 대해 이런 평가를 남겼다.

"이 책은 보기에 편리하게 되어 있어서 내가 매우 가상히 여긴다."

가장 대중적인 민간용 의서,《구급간이방》

───────────

《구급간이방救急簡易方》은 성종 때 편찬된 의서로서 조선의 의학 서적 중에 백성에게 가장 인기 있고 친밀했던 책이다. 이 책이 편찬된 것은 성종 20년(1489) 5월인데, 성종은 이 책을 살펴보고 이렇게 언급했다.

"많이 인출하여 중외 모든 고을에 두루 반포함이 가하다. 또 민간의 소민小民들도 모두 인출한 것을 얻도록 하라."

소민이라고 함은 양반이 아닌 일반 백성을 의미한다. 성종은 《구급간이방》이 일반 백성도 편리하게 사용할 수 있을 정도로 쉽게 서술되었다고 판단했던 것이다.

이 책의 편찬자 중 한 명인 허종의 서문에 따르면《의방유취》를 바탕으로《향약제생》,《구급방》 등이 편찬되었는데,《구급간이방》은 다시《향약제생》과《구급방》의 미흡한 점을 보완하고

자 만들어졌다.

《구급간이방》은 제목 그대로 구급에 매우 용이한 의서였다. 구급이란 위급 상황에서 환자를 구해내는 것을 의미하는데, 그 당시 의학적 상황에서 《구급간이방》은 가장 잘 짜인 구급방서였다. 그런 까닭에 훈민정음으로 번역된 언해본도 배포되었다.

《구급간이방》의 편찬자는 총 3인으로 윤호, 임원준, 허종이다. 이 중 의학 지식이 풍부했던 인물은 임원준이었다. 임원준은 문신으로 문장력이 뛰어났을 뿐 아니라 풍수와 의학에도 밝았다. 그래서 실록엔 그가 의학에 정통하여 의관들을 가르치도록 했다는 기록이 있다. 하지만 임원준에 대한 실록의 평가는 매우 비판적이다. 그가 비록 재주는 뛰어났지만 인간성에 문제가 있다는 지적이 남아 있다.

의서 훈도醫書訓導 임원준이 문학과 기예가 모두 남아돌았으나, 재주가 덕을 앞서는 자였다. 세종조 때 남을 위해 과시장에 가장하고 들어가 대작代作(대신 답안을 작성하는 것)한 사실이 발각되어 그 부거赴擧(과거에 응시하는 것)가 영구히 정지되었던 것이 이제 비로소 허통되었다. _세조 1년(1455) 8월 19일

연산군 때 간신인 임사홍의 조부이기도 한 임원준은 비록 성격이 교활하고 탐욕스러워 세간의 평은 좋지 않았으나 의학 지

식과 재주는 남달랐던 모양이다. 또 문장력이 뛰어나 사람들이 알아듣기 쉽게 기술하는 능력이 있었다. 《구급간이방》은 임원준의 그런 능력이 십분 발휘된 의서였다. 이후 임원준은 여러 기관을 두루 거치며 승승장구했고, 육조 중 네 곳에서 참판을 지낸 뒤 예조판서 자리까지 올랐다.

《구급간이방》은 민간에서 가장 흔히 앓는 중풍, 두통 등 127종의 질병에 대한 치료방문으로 구성되었다. 덕분에 민간에서 매우 반응이 좋았고, 나라에서는 훈민정음으로 언해하여 배포했다. 이후 《구급간이방》은 훈민정음을 알기만 해도 쉽게 질병 치료에 응용할 수 있는 아주 요긴한 책으로 이름을 알렸다.

실록에 따르면 이 책은 9권으로 구성되었다고 하는데, 서문 등에 근거하면 8권 8책이 정확하다. 또 원간본은 전하지 않고 중간본만 전한다. 원간본이 전국 각 도에 배포된 후에 각 지방에서 중간본이 다수 만들어졌다.

《고사촬요》에 기록된 책판 목록에 따르면 원주, 전주, 남원, 합천, 해주 등에 책판이 있었으나, 현재 전하는 중간본도 완질은 없고, 5권만 남아 있다. 그중 《구급간이방》 언해본 6권은 현재 보물 제1236호로 지정되어 있다. 임진왜란 이전에 편찬된 의서로서 한글로 작성된 거의 유일한 책이기 때문이다.

핵심만 간추린 요긴한 의서, 《의림촬요》

《의림촬요醫林撮要》는 선조시대의 명의 양예수가 편찬한 책으로 전하는데, 《동의보감》의 〈역대의방서목〉에는 정경선이 편찬하고 양예수가 교정한 것으로 기록되어 있다. 정경선은 양예수와 허준보다 세대가 젊은 궁궐 내의였다.

《의림촬요》는 선조 때 명의 양예수가 8권으로 편찬한 것을 정경선이 13권으로 확대 재편집한 것으로 추정된다. 현재 전하는 《의림촬요》는 13권 13책으로 구성되어 있는데, 이 책의 서두에 있는 〈역대의학인물〉 편에서 양예수가 《의림촬요》 8권을 찬술했다고 적고 있는 까닭이다. 하지만 현재 8권으로 된 양예수 편찬본은 전하지 않는다.

이 책은 13권 전체가 병증 중심으로 기술되어 있어 질병 치료에 직접 적용하기 좋다. 병명과 병증이 세분되어 있을 뿐 아니라 처방약도 구체적으로 적고 있어 시골 의사라도 쉽게 치료에 응용할 수 있다. 예컨대 제1권에서 중풍에 관해 다음과 같이 기술하고 있다.

중풍에는 크게 네 가지 종류가 있다. 첫째는 편고偏枯이니 반신이 불수인 것이고, 둘째는 풍비風痱이니 몸에 통증은 없으나 사지를 움직일 수 없는 것이며, 셋째는 풍의風懿이니 사람을 갑자기 몰라보는 것이고, 넷째는 풍비風痹이니 중풍과 유사한 여러 마비 증상이다. 기체氣體가 허약해지고 영위榮衛가 제대로 운영되지 못한 데다 칠정七情과 과도한 노동으로 진기眞氣가 흩어진 상태에서, 주리腠理(피부)가 열리자 사기邪氣가 허한 틈을 타서 몸 안으로 침입함에 따라 중풍에 걸리는 것이다. (…)

반신불수는 경락이 공허한 상태에서 적사賊邪(나쁜 사기)가 몸 밖으로 배출되지 않고 몸의 왼쪽이나 오른쪽에 영향을 미치는 것이다. 사기는 여유가 있어지고 정기正氣는 반대로 급해져서, 정기가 사기를 끌어당기느라 입이 비뚤어져 몸이 여의치 못한 것이다. (…)

얼굴에 오색五色(청황적백흑의 다섯 색깔)이 나타나면서 표증表證이 있고, 부맥浮脈에 풍한風寒을 싫어하면서 구급拘急(근육이 오그라드는 것)한 것은 육부에 풍이 든 것이다. 사지에 증상이 나타나는 경우가 많다. 마땅히 속명탕으로 표증을 없애고 통성산通聖散이나 신량辛凉한 약재를 사용한다.

입술이 늘어져서 발음이 제대로 되지 않고 코가 막히고 귀가 멀며 눈이 어둡고 변비인 것은 오장에 풍이 든 것이다. 구규九竅에 적체된 것이 많으므로 삼화탕三化湯으로 적체된 것을 통하게 하고, 십전탕十全湯이나 사물탕四物湯으로 조정한다. 장과 부가 동시에 상한 경우에는 약을 반드시 함께 사용해야 한다.

안으로는 육경六經의 증상이 없고 밖으로는 대소변의 어려움이 없지만, 사지를 움직일 수 없고 입으로 말하지 못하는 것은 경락에 풍이 든 것이다. 대진교탕大秦艽湯으로 혈을 보하고 근육을 키워야 한다.

이처럼 《의림촬요》는 병증마다 그 원인과 증상을 설명하고, 증상에 따라 어떤 약을 처방해야 하는지 매우 상세하게 기술해, 설사 의사가 아니더라도 처방전을 만드는 데 어려움이 없었다. 비단 중풍과 같은 큰 병뿐 아니라 우리가 일상생활에서 흔히 접하는 잡병에 대해서도 자세하게 설명했다. 다음은 한국인의 상당수가 앓고 있다는 치질에 대한 설명이다.

본래 열독熱毒이 몰려 있는데, 구운 것, 술, 밀가루 음식을 지나치게 먹거나 칠정이 울결鬱結되거나 술에 취한 다음 배불리 먹고 성생활을 하면 그 독이 흩어지지 않고 기혈이 아래로 처져 내려가서 항문에 몰리고 뭉쳐서 비어져 나오는데 이것이 치질이다. 크기가 큰 것은 달걀, 연꽃, 복숭아씨만 하고 작은 것은 소 젖꼭지, 닭의 염통,

쥐 젖꼭지, 앵두만 하다. 고름이 나오고 새빨간 피가 나와서 걷거나 앉을 때 몹시 불편하다. 오랫동안 치료하지 않으면 기혈이 쇠약해지면서 누창漏瘡이 생긴다.

항문 둘레에 쥐젖처럼 살이 여러 개 나오고 고름이 나오는 것을 수치질이라 하고, 항문 둘레에 하나가 나와서 고름이 나오고 터진 것을 암치질이라 한다. 항문에 작은 덩어리가 생겨서 아프고 가려운 것을 맥치라 하고, 장위腸胃 속에 멍울이 생기고 추웠다 열이 났다 하는 것을 장치라 한다. 멀건 피가 나오는 것을 혈치라 하고, 술을 마시면 발작하는 것을 주치라고 하며, 근심하거나 성내면 발작하는 것을 기치라고 한다.

치질의 원인과 병증에 대한 설명이 현대 의학의 소견과 별다를 바가 없다. 그렇다면 치료는 어떤 식으로 했을까? 치질의 초기 단계부터 중증에 이르기까지 치료 방법도 설명하는데, 주로 다음과 같은 방식으로 이루어졌다.

치질의 초기에는 여러 해 묵은 괴황근槐黃根(늙은 회화나무의 누런 뿌리)을 달이면서 김을 쏘이고 그 물로 씻는다. 또한 지각 가루를 행인유杏仁油에 개어서 바르기도 한다. 먼저 버드나무 가지를 진하게 달인 물로 씻고 그 자리에 뜸을 뜨는데 뜸을 많이 떠서 헐어 터지게 하면 낫는다.

남자는 사물탕에 볶은 괴화槐花(회화나무 꽃), 지각, 황금, 황련, 승마升麻를 넣어 쓰고, 여자는 사물탕에 홍화紅花, 도인桃仁, 목단피牡丹皮, 황금, 황련을 넣어 쓴다.

상기 처방에서 매우 특이한 점은 병증의 처방에도 남자와 여자에게 다른 약재를 사용했다는 것이다. 아마도 음양오행설에 따른 세밀한 처방법이 아닌가 한다.

그런데 당시 의학에는 다소 엉뚱한 이론도 등장한다. 예컨대 다음과 같은 것이다.

임신한 지 3개월째를 시태始胎라 하는데 혈맥이 흐르지 않아 모양새가 변할 수 있다. 이때는 아직 사내인지 여아인지 정해지지 않아서 약을 먹거나 방법을 써서 성별을 바꾸어 사내아이를 낳을 수 있다. 《득효방》에 나온다.

임신이 된 것을 처음 알았을 때 임부가 모르게 자리 밑에 도끼를 둔다. 만약 믿지 못하겠으면 닭이 알을 품을 때를 기다려 닭장 아래 도끼를 걸어두면 그 닭장에서는 다 수평아리가 깨어나는 것을 경험할 수 있다. 《의학입문》에 나온다.

석웅황 한 냥을 붉은 주머니에 담아 임부로 하여금 왼쪽 허리춤에 차고 다니게 한다. 궁노현弓弩弦(활줄) 한 개를 붉은 주머니에 담아 그것을 임부의 왼쪽 어깨에 묶거나 또는 궁노현을 임부 허리에 묶어두었다가 3개월 후에 푼다. 원추리꽃을 일명 의남宜男이라 하는데 임부로 하여금 허리에 차고 다니게 한다. 수탉의 긴 꼬리 3대를 뽑아 임부 몰래 잠자는 곳 아래 놓아둔다. 남편의 머리카락, 손톱, 발톱을 모아 임부 몰래 자리 밑에 깔아놓는다.《기효양방》에 나온다.

이것은 전여위남법轉女爲男法이라는 비방인데, 말하자면 여자아이를 남자아이로 바꾸는 비법인 셈이다.《의림촬요》뿐 아니라 당시 사용하던 의서에는 이와 같이 다소 황당한 비방이 적지 않았다. 비록 이런 단점이 간혹 눈에 띄긴 하지만,《의림촬요》는 당시로선 글을 아는 사람이라면 누구나 병증 치료에 도움을 얻을 수 있는 아주 요긴한 의서였다.

동양의학을 대표하는 명저,《동의보감》

《동의보감東醫寶鑑》은 광해군 때인 1610년 8월에 완성되어 3년 뒤인 1613년에 출간된 책이다. 이후《동의보감》은 한국과 중국, 일본, 타이완으로 퍼져나가 엄청난 각광을 받았다.

　《동의보감》은 어떤 이유로 이토록 널리 사랑받는 의서가 될 수 있었을까?《동의보감》이전에도 의학 백과사전은 있었다. 세종 때인 1433년엔 85권으로 된 방대한 분량의《향약집성방》이 간행되었고, 역시 세종 때인 1445년엔 우리나라에서 간행된 의학서 중 가장 방대한 분량인 365권으로 된《의방유취》가 편찬되었다. 하지만《향약집성방》과《의방유취》는 지나치게 방대하여 보급은 물론이고 찾아보기도 어려웠으며, 그 때문에 실질적으로 도움이 되지 못했다. 이런 문제는 조선뿐 아니라 중국이나 일본에서도 겪고 있는 일이었다.

《동의보감》은 이런 문제점을 보완한 책이다. 우선 분량을《의방유취》의 10분의 1도 되지 않는 25권으로 줄였고, 편집 체계도 아주 일목요연하게 구성했으며, 처방도 중국에서 유래된 처방과 조선 의원들만의 처방으로 구분하여 알려줌으로써 국적에 관계없이 의사들이 매우 편리하게 사용할 수 있도록 했다.

많은 사람들이《동의보감》을 허준 혼자 저술한 책으로 알고 있으나, 사실《동의보감》은 당시 조선 왕조에서 보관하고 있던 150여 종의 의서에서 주요 내용을 추려서 편집한 책이다. 이 책의 편찬을 명령한 왕은 선조였다. 선조는 임진왜란으로 인해《의방유취》를 비롯한 수많은 의학 도서가 멸실된 것을 안타깝게 여기고 1596년에 새로운 의학 서적의 편찬을 지시했다. 이 작업에 동참한 인물은 허준 외에도 당대 최고의 의사인 양예수, 이명원, 김응탁, 정예남, 정작 등이 있었다. 이들 5인 중 정작을 제외한 4인은 어의였고, 정작은 한양에서 명성을 떨치던 의원이었다.

하지만 이들은 모여서 책의 목차만 겨우 마련했을 뿐, 편찬 작업에 제대로 착수하지도 못했다. 정유재란이 일어나 의원들이 뿔뿔이 흩어져 작업이 중단되었기 때문이다. 임진왜란이 끝나고 전쟁 후유증이 어느 정도 수습된 뒤 1601년에야 선조는 다시 왕실 의서 500여 권을 내주며《동의보감》편찬 작업을 지시했다. 이번에는 허준에게 단독으로 내린 명령이었다. 그때 허준은 공무를 겸하고 있었기 때문에 편찬 작업에 박차를 가할 수 없었다. 그런 와중인 1608년에 선조가 승하했고, 허준은 의주로 유배되었다. 허준은 유배지에서 편찬 작업에 속도를 내기 시작했다. 1609년에 유배에서 풀려나 마무리 작업을 한 끝에 1610년 8월에 완성을 보게 되었다. 하지만 완성 이후에도 전란 후유증 때문에 3년이나 출간이 미뤄지다가 1613년에 목판본으로 출간되었다.

《동의보감》은 편찬 작업이 시작될 때부터 3대 원칙하에 이루어졌다. 첫째는 병을 고치는 것보다 걸리지 않는 방법을 중시한다는 것이었는데, 몸을 잘 관리하고 병을 예방하는 것이 병에 걸린 후에 치료하는 것보다 훨씬 나은 방도라고 여겼기 때문이다. 둘째는 방대한 분량으로 전해져 내려오는 처방들의 요점만 간추린다는 것이었는데, 이는 고대 중국에서부터 전해지는 수많은 처방과 조선 내에서 전해지는 처방이 합해져 두서없이 처방이 이뤄지는 문제를 타개하기 위함이었다. 셋째는 조선의 약을 쉽게 쓸 수 있도록 약초 이름에 조선 사람이 부르는 명칭을 훈민정음으로 함께 표기하는 것으로서, 이는 모든 사람이 주변에서 쉽게 약초를 구할 수 있도록 하기 위함이었다.

이런 3대 원칙에 기초하여 《동의보감》은 25권 25책으로 구성되었다. 지금 번역본으로 보자면 5권 분량에 권당 700쪽 정도다. 이것 역시 적지 않은 분량이지만 백과사전이라는 것을 감안한다면 의사 입장에서 그나마 소장할 수 있는 수준이다.

25권의 내용을 살펴보면, 목차가 2권이고, 의학 내용은 23권이다. 23권은 5편으로 구성되는데, 〈내경〉 편이 4권, 〈외형〉 편이 4권, 〈잡병〉 편이 11권, 〈탕액〉 편이 3권, 〈침구〉 편이 1권이다.

〈내경〉 편은 모두 26개의 주제로 구성되며, 몸의 내부를 구성하는 오장육부의 구조와 기능, 질환 등 주로 내과 영역에 해당하는 내용을 다룬다. 그 외에도 병 없이 오래 사는 방법, 정신과 기혈에 대한 설명에 더하여 꿈이나 목소리, 말소리, 땀, 눈물, 가래 등을 몸 상태를 알려주는 매우 중요한 요소로 설정하여 별도 항목을 만들어 기술했다.

〈외형〉 편은 머리, 눈, 코, 입, 피부, 뼈, 항문, 손발 등 몸의 외부 질병을 살피고, 그 외형의 변화가 신체 내부의 질병과 어떤 관계가 있는지 알 수 있게 구성되어 있다.

〈잡병〉 편은 감기, 중풍, 당뇨와 같은 잡다한 질병을 치료하는 방법에 관해 서술한다. 전체에서 가장 많은 부분이 할애되어 있다. 〈내경〉과 〈외형〉이 신체 전반과 질병에 대한 총론적인 성격이라면 〈잡병〉은 구체적인 병증마다 어떤 처방을 내려야 하는지를 알려주는 각론 성격이라고 할 수 있다.

〈탕액〉 편은 약초와 약으로 쓸 수 있는 모든 것을 기술한 부분이다. 흔히 약이라고 하면 약초만을 쓰는 것으로 생각하기 쉽지만 우리 생활에서 흔히 볼 수 있는 물이나 흙, 가축, 곤충, 심지어 금속에 이르기까지 모두 약이 될 수 있다는 것이 〈탕액〉 편의 핵심이다. 그래서 무려 1,393종의 약용 재료를 망라한다.

〈침구〉 편은 침과 뜸의 사용 방법에 관해 기술하고 있다. 침은 신체에 흐르는 기가 막혀서 질병이 유발될 때 사용해야 하며, 뜸은 몸속에 찬 기운이 뭉쳐 대사순환을 방해할 때 사용해야 한다는 기본 원칙을 제시하고, 증세에 따라 침과 뜸을 어떻게 쓰는지 설명한다. 하지만 〈침구〉 편은 다소 부족한 점이 있다는 평가가 있는데, 이는 허준이 침과 뜸 분야에 약했기 때문이다. 그래서 한의사들 상당수가 침구의 사용에 대해서는 선조와 인조 때 침구의 달인으로 명성을 날렸던 허임이 저술한 《침구경험방》으로 보충할 필요가 있다고 주장한다.

《동의보감》이 비록 이전의 의서에 비해서는 분량이 적지만 그래도 소장하기에는 분량이 너무 많다는 비판도 제기되었다. 그래서 총 9권으로 편집된 강명길의 《제중신편》이나 1권으로 만들어진 황도연의 《병약합편》과 같은 요약본이 등장하기도 했다.

그럼에도 《동의보감》은 명실상부 1613년에 편찬된 이래 조선을 대표하는 의학 백과사전이 되었다. 중국에서도 30회 이상 출간되었으며, 일본과 대만에서도 가장 각광받은 동양의학서였다.

《동의보감》은 청나라보다 일본에서 먼저 간행되었다. 1724년에 《동의보감》이 일본에서 처음 출간될 때, 이 출간본의 서문은 《동의보감》의 가치를 이렇게 쓰고 있다.

"이 책은 이론이 정밀하고 오류가 없어 생명을 구하는 데 없어서는 안 될 책으로 의학 발전에 지대한 공을 세웠다."

중국에서는 일본보다 먼저 《동의보감》을 가져갔지만 《동의보감》을 인쇄한 것은 1766년이었다. 놀라운 것은 국가에서 먼저 간행을 계획한 것이 아니라 청나라 의사들이 《동의보감》을 보급해줄 것을 요청했다는 사실이다. 《동의보감》의 명성을 익히 들은 청나라 의사들이 1731년에 황제에게 단체로 청원서를 넣은 것이다. 그로부터 35년 뒤인 1766년에 국가에서 목판본으로 인쇄하여 중국 각지에 보급했다. 당시 청나라 의사들이 이 책을 얼마나 귀하게 여겼는지는 책 서문만 봐도 알 수 있다.

"한 줄기 햇빛이 작은 구멍을 통해 들어오기만 해도 어둠이 금방 사라져버리는 것처럼 《동의보감》은 피부 깊숙이 감춰진 몸속을 환히 꿰뚫어 볼 수 있는 거울과 같은 책이다."

이렇듯 뛰어난 의서인 까닭에 《동의보감》은 현재까지도 한의사들의 처방에 가장 많이 활용된다. 2009년 7월에는 유네스코 세계기록유산으로 등재되기도 했다. 그야말로 한국의 의학 서적이 동양의학을 대표하게 된 것이니, 《동의보감》이 얼마나 중요한 의서인지는 짐작하고도 남는다.

사상의학의 뿌리, 《동의수세보원》

허준의 《동의보감》, 허임의 《침구경험방》과 함께 한의학에 가장 지대한 영향을 끼친 3대 의서를 꼽으라면 동무 이제마의 《동의수세보원東醫壽世保元》을 빠트릴 수 없다. 이제마는 헌종 3년(1837)에 함흥에서 태어나 고종 2년(1875)에 뒤늦게 무과에 급제하여 관직에 오른 인물이다. 이후 진해 현감과 병마절도사를 겸하며 관직 생활을 지냈고, 1889년에 관직에서 물러난 뒤 의학에 몰두하여 《동의수세보원》을 집필했다.

《동의수세보원》의 집필 기간은 1893년 7월 13일부터 1894년 4월 13일까지 9개월간이었다. 당시 그는 이원긍의 한남산중漢南山中이라는 택호를 단 집(지금의 서울 중구 필동)에 머물며 집필한 것으로 전해진다. 《동의수세보원》 집필 이후, 그는 고향 함흥으로 돌아가 있다가 다시 고원 군수로 임명되었으나 부임하지 않왔다. 그리고 1898년부터 함흥에서 한약국인 보원국을 운영하다 1900년 9월에 64세로 유명을 달리했다.

이제마의 가장 큰 업적은《동의수세보원》을 통해 사상의학을 창시한 것이었다.《동의수세보원》의 '동의東醫'는 중국 의학이 아닌 조선의 의학을 의미하고, '수세壽世'는 사람의 수명을 연장한다는 뜻이며, '보원保元'은 세상 모든 것의 중심인 도를 보전한다는 뜻이다.

이 책에서 이제마는 사람의 체질을 소양少陽, 태양太陽, 소음少陰, 태음太陰으로 나누고, 타고난 체질에 따라 치료법을 달리해야 한다고 주장했다. 그의 주장에 따르면 사람은 양인과 음인으로 나눌 수 있으며, 양인은 다시 소양인과 태양인, 음인은 소음인과 태음인으로 구분할 수 있다.

4권 2책으로 구성된 이 책은, 성리학 이론 2개(성명론, 사단론), 확충론, 장부론, 의학 일반론 3개, 소음인 관련 이론 3개(소음인신수열표열병론, 소음인위수한이한병론, 범론), 소양인 관련 이론 3개(소양인비수한표한병론, 소양인위수열이열병론, 범론), 태음인 관련 이론 3개(태음인위완수한표한병론, 태음인간수열이열병론, 범론), 태양인 관련 이론 2개(태양인외감요척수병론, 태양인내촉소장병론), 사상에 대한 통론 2개(광제설, 사상인변론증론), 마지막으로 사상에 따른 약 처방에 관한 이론인 사상방약으로 구성되어 있다.

《동의수세보원》에 따르면 사상 중 소양인은 비대신소脾大腎小,

즉 비장은 강하고 신장은 약한 체질이고, 태양인은 폐대간소肺大肝小, 즉 폐는 강하고 간은 약한 체질이다. 또 소음인은 비소신대, 즉 비장은 약하고 신장은 강한 체질이고, 태음인은 간대폐소, 즉 간은 강하고 폐는 약한 체질이다. 따라서 소양인은 위장과 비장이 좋아 소화기관이 발달하여 활동적인 기질을 가졌으나 신장이 약해 생식기능이 약하고 참을성이 부족하기 십상이고, 태양인은 폐가 발달하여 공명정대한 기질을 가졌으나 간이 약하여 화를 잘 참지 못한다. 또 소음인은 비위가 약하여 활동성이 부족하고 배가 자주 아파 내성적인 성질을 가지는 반면 신장이 발달하여 생식기능이 좋고 인내력이 강한 체질이며, 태음인은 간이 발달하여 화를 잘 삭이고 함부로 남에게 성질을 드러내지 않지만 폐가 약하여 활동성이 부족하고 맺고 끊을 줄 몰라 우유부단한 성정을 가진 체질이다.

이제마는 체질을 판단하는 기준으로 체형과 성격, 땀 등을 예로 들고 있으나 애매모호한 구석이 많다. 더구나 이제마는《동의수세보원》에 몇 가지 이론을 더 보태고자 했으나, 이를 집필하지 못하고 생을 마감했다. 그 때문에 이제마의 사상의학은 미완성인 상태로 세상에 알려지게 되었다.

앞에서 사상 체질의 특징을 서술한 부분에서 알 수 있듯이 이제마는 오장육부의 오장 중에서 심장을 제외한 채 사상 체질을 논하고 있다. 이는 이제마가 음양오행 사상에 기반한 한의학을 성리학의 사단칠정론에 대입하는 과정에서 일어난 문제다. 성리학에서는 만물의 중심에 태극이 있고, 그 태극이 곧 우주 만상 원리의 본체인 이理라고 설명한다. 따라서 만물이 모두 이에 의해서 지배받고, 인간에게도 이가 있으며, 이에서 인간의 네 가지 본성인 인, 의, 예, 지가 나온다는 것이다. 이를 사단四端이라 규정하는데, 이제마는 성리학의 이와 사단의 원리에 오장육부 체계인 한의학을 대입했다. 그러다 보니 심장은 오장의 중심인 태극이 되고, 나머지 비장, 신장, 간장, 폐장은 사단이 된 것이다. 그 결과, 사상의학에서는 심장이 다른 네 가지 장기와는 차원이 다른 장기로 간주되는 상황이 발생했다.

그런데 정작 이제마가 사상 체질을 설명하면서 사용한 의학 이론은 오행 사상에 기반을 둔 《황제내경》과 《상한론》이었다. 따라서 이제마의 사상의학은 불협화음을 일으킬 수밖에 없었다. 이것이 이제마의 사상 체질론이 가진 한계다. 이제마는 체질마다 심장을 제외한 나머지 네 가지 장기 중에서 강한 장기 하나와 약한 장기 하나씩을 부여하는 방법으로 체질을 나눴다. 이를테면 소양인은 비장은 강한데 신장은 약하고, 태양인은 폐장은 강한데 간장은 약하며, 소음인은 신장은 강한데 비장이 약하고, 태음인은 간장은 강한데 폐장은 약하다는 식으로 설정한 것이다.

그렇다면 심장은 모든 체질에 어떻게 작용하는가? 심장이 약한 사람과 강한 사람이 있는데, 이는 체질과 어떤 연관이 있는가? 또 소양인은 비장은 강하고 신장은 약한데, 소양인의 간장과 폐장은 어떻단 말인가? 이런 의문이 생길 수밖에 없게 되었다. 이제마는 이 문제들에 대한 해결점을 찾지 못하고 세상을 떠났다. 하지만 이제마 이후로 체질의학에 대한 연구가 꾸준히 이뤄졌고, 사상의학의 체계도 매우 견고해졌다. 덕분에 오늘날 체질의학은 한의학의 새로운 조류가 되었다. 이는 이제마의 《동의수세보원》이 아니었다면 불가능했을 것이다. 그런 의미에서 이제마는 동양의학의 미지의 세계를 개척한 선구자라고 할 수 있다.

그 밖의 주요 의서

앞서 열거한 책들 외에도 조선 의학에 지대한 영향을 끼친 의서
가 더 있다. 세종 때 편찬된《벽온방辟瘟方》, 중종 때 학자 겸 무
신이자 명의였던 박영이 쓴《활인신방活人新方》을 비롯하여 유학
자이자 의사로 유명했던 정렴의《정북창방鄭北窓方》, 명종 때 종
기 치료로 이름을 날린 임언국의《치종비방治腫秘方》과《치종지남
治腫指南》, 명나라 명의 이시진이 쓴《본초강목本草綱目》, 침과 뜸으
로 유명했던 선조 때 허임이 편집한《침구경험방鍼灸經驗方》, 소아
과 명의로 이름을 날린 조정준의《급유방及幼方》, 유의로서 이름
을 떨친 이경화의《광제비급廣濟秘笈》, 홍역 치료법의 최고봉으로
치는 정약용의《마과회통麻科會通》, 의학 실용서로 이름을 떨친 황
도연의《부방편람附方便覽》등이 대표적이다.

　이 가운데 박영의《활인신방》과 정렴의《정북창방》은 이름만

전하고 책은 남아 있지 않다. 《활인신방》 역시 《중종실록》의 박영 전기에 이름만 남아 있고, 《정북창방》은 내용 일부가 양예수의 《의림촬요》에 인용되어 있어 그 존재가 확인될 뿐이다.

《벽온방》은 온역瘟疫의 치료법을 서술한 책이다. 온역이란 급성 열성 전염병에 가까운 질환인데, 오늘날의 전염성 질환 또는 유행성 전염병을 일컫는다. 따라서 《벽온방》은 전염병이 일상이었던 조선시대엔 매우 요긴한 의서였다. 이는 중종 13년(1518) 김안국이 훈민정음으로 풀이한 《언해벽온방》이나 중종 20년(1525)에 김순몽이 편찬한 《간이벽온방》만 봐도 알 수 있다.

임언국의 《치종비방》은 화정火疔, 석정石疔, 수정水疔, 마정麻疔, 누정縷疔 등 5정五疔에 대한 병증과 치료법을 다루고 있는데, 특히 종기의 절개법을 논한 것이 다른 종기 치료 의서와 구별되는 부분이다. 명종 14년(1559)에 간행되었는데, 이 책의 원본은 국내에선 찾아볼 수 없고, 현재 일본 궁내청 서릉부에서 소장하고 있다. 현재 장서각에 있는 것은 영인본이다.

임언국의 또 다른 종기 치료법에 관한 의서인 《치종지남》 역시 한국에서는 구할 수 없고, 일본 교토대학교 도서관에 초본이 소장되어 있다. 2권 1책으로 된 이 책은 종기를 치료하는 방법을 그림으로 설명하는 것이 특징이다. 한의학에서 드문 외과적 수술, 침으로 종기를 절제하는 기법을 소개하고 있어 종기 치료에 일대 혁신을 불러일으켰다.

조정준의 《급유방》은 13권 6책으로 된 책으로, 소아병을 주로 다루고 있다. 조정준의 치료법은 생약을 투여한다는 것이 매우 특징적인데, 이는 중국 의학에서는 찾아볼 수 없는 독자적인 방법이었다. 특히 그는 소아병에 관해 특별한 치료법을 고안해 이 책의 4~7권에 주로 실었다. 4권에서는 소아의 경련성 질환을, 5권에서는 마진, 즉 홍역과 두드러기를, 6권에서는 열성 질환과 안질, 구설창, 번갈煩渴(가슴이 답답하고 목이 마른 증세)을, 7권에서는 감질疳疾(비장과 위의 기능 이상으로 몸이 야위는 병으로 대개 5세 이하의 소아에게서 발병함)과 적積(체증이 오래되어 배 속에 덩어리가 지는 병)의 치료법을 설명했다.

《본초강목》은 조선의 《동의보감》에 비견되는 명나라의 의학 명저다. 52권 37책으로 이루어진 이 책은 명나라의 박물학자이자 약학자인 이시진이 30여 년의 노력 끝에 편찬한 역작이다. 이 책을 편찬하기 위해 이시진은 800여 종의 의서를 두루 살폈고, 민간에 널리 퍼진 치료법을 수집했으며, 중국 각처에 흩어진 약재를 수집하고 분석했다. 덕분에 《본초강목》은 불후의 명저가 되어 명나라는 물론이고 조선과 일본, 동남아시아에까지 전해졌다. 《본초강목》의 위대함은 5권에서 52권에 걸쳐 언급된 1,892종의 약물 해설에 있다. 그런 점에서 이 책은 중국 본초학의 최고봉으로 평가받는다. 조선에서도 《본초강목》의 영향을 받아 다수의 책이 출간되었는데, 《광제비급》이나 《부방편람》이 대표적이라고 할 수 있다.

　허임의 《침구경험방》은 《동의보감》의 〈침구〉 편을 보완하는 책이라고 할 정도로 침구 시술에 대해서는 최고의 의서라고 할 만하다. 허임은 자신의 경험을 중심으로 침과 뜸에 이용되는 경락과 경혈을 일목요연하게 정리했다. 특히 침과 뜸의 보사법補瀉法에 대해서는 독보적인 분야를 개척한 책이라고 평가받는다. 보사법이란 보법과 사법을 합쳐서 부르는 용어로, 보법은 정기를 보충하는 방법을 일컫고, 사법은 사기邪氣, 즉 나쁜 기운을 제거하는 방법을 일컫는다. 일반적으로 침은 사기를 제거하는 사법으로 이용되고, 뜸은 정기를 보충하는 보법으로 이용된다. 하지만 침술과 뜸에서도 각기 보법과 사법이 있다. 침술에서는 침을 진동시키는 동요술, 넣었다 뺐다 하는 진퇴술, 침을 돌리는 회전술 등으로 보사법을 행한다. 뜸에서는 애주(쑥 뭉치)의 크기를 길고 좁게 하여 보법으로 삼고, 애주의 크기를 짧고 넓게 하여 사법으로 삼는다. 《침구경험방》은 이러한 침구의 보사법을 매우 상세하게 기록해 현대에 와서도 큰 도움이 되고 있다.

　이경화의 《광제비급》은 4권 4책으로 구성된 의서로서 구급, 잡병, 부인병, 소아병 등에 역점을 두고 편찬되었다. 정조 14년(1790)에 간행되었는데, 이경화에게 이 책을 편찬하도록 지시한 사람은 함경도 관찰사였던 이병모였다. 그는 시골 사람들이 의료 혜택을 받지 못해 병마로 고생하는 것을 안타깝게 여기고 이경화에게 특별히 부탁하여 《광제비급》을 편찬하도록 했다. 이 책의 핵심은 잡병 250종을 다루고 있는 2권이다. 이경화는 백성이 자주 앓는 잡병 250종의 병증은 물론이고 처방에 대해서도 매우 체계적으로 기술했다. 특히 산천에서 흔히 얻을 수 있는 생약을 많이 수록했는데, 이는 백성이 스스로 주변에서 약재를 찾아 쉽게 처방할 수 있다는 점에서 매우 실용적이라고 평가된다. 심지어 지금도 《광제비급》에 쓰인 생약이 질병 치료에 활용되고 있을 정도다.

《마과회통》은 정약용이 편찬한 마진, 즉 홍역 치료 전문서다. 6권 3책으로 된 이 책은 정조 22년(1798)에 편찬되었는데, 주로 중국 의서인 이헌길의 《마진기방麻疹奇方》을 중심으로 여러 중국 의서들을 참조하여 편술했다. 《마진기방》 이외에 임서봉의 《임신방壬申方》, 허준의 《벽역신방辟疫神方》, 조정준의 《급유방》, 이경화의 《광제비급》 등도 인용했다. 내용은 〈원증〉 편, 〈인증〉 편, 〈변사〉 편, 〈자이〉 편, 〈아속〉 편, 〈오견〉 편, 〈합제〉 편 등 7편으로 되어 있는데, 그중에 〈아속〉 편과 〈오견〉 편에서는 조선에서 유행한 마진의 증세와 치료법을 기술했다. 부록으로 〈신증종두기법〉 1편에는 에드워드 제너Edward Jenner의 우두방을 실었다.

철종 6년(1855)에 편찬된 황도연의 《부방편람》은 《동의보감》과 《본초강목》을 혼용해 만든 가장 실용적인 의서로 평가된다. 황도연은 두 권의 책에서 가장 요긴한 부분만을 간추려 이 책을 편찬했는데, 조선 말기엔《동의보감》보다 오히려《부방편람》이 실생활에 더 많이 이용되었다고 전해진다. 분량이 적어 부담 없이 구입할 수 있었고, 증상과 치료법 위주로 서술되어 있어 활용도가 매우 높았기 때문이다.

Medical
朝鮮